www.ingramcontent.com/pod-product-compliance
Lightning Source LLC
LaVergne TN
LVHW022303060326
832902LV00020B/3252
9789492675071

رادیو وبلاگستان

سرمقاله‌های رادیو زمانه از ۲۰۰۶ تا ۲۰۰۸

RaDintellect

رادیو وبلاگستان

مهدی جامی
و دیگران

سرمقاله‌های رادیو زمانه
از ۲۰۰۶ تا ۲۰۰۸

• طرح و صفحه‌آرایی: داود صفری ○ عقل سرخ
• عقل سرخ ۲۰۱۹ • ۲۸۳ صفحه

RwDintellect

....

• شابک: ۹۷۸۹۴۹۲۶۷۵۰۷۱

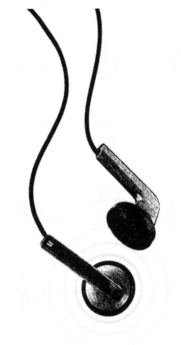

فهـرست

چه‌کسی از رادیو زمانه می‌ترسد؟

بیست و سه مهر هشتاد و شش

سنجش یک گزارش - بخش اول

درباره انتقادات تند و تیز روزنامه فولکس کرانت از زوایای مختلف می‌توان روشنگری کرد اما این بحث را چنان باز می‌کند که دایره مفاهیم را وسیع‌تر از آن می‌سازد که بتوان به کوتاهی طرح و جمع کرد. می‌توان نشان داد که نویسندگان گزارش از پیش تصمیم خود را گرفته بوده‌اند که چه بنویسند و گرنه در منابع خود دقت بیش‌تری می‌کردند و به آن‌ها تنوع کافی می‌دادند. نویسندگان فولکس کرانت وقتی با من مصاحبه می‌کردند گفتند که روزنامه ما شبیه گاردین است. از چپ آمده‌ایم و توان روشنفکرانه داریم. اما حاصل کار آن‌ها اگر نمونه‌ای از شیوه کار عمومی روزنامه باشد باید ادعاشان را در باره شباهت به گاردین مانند ادعاهاشان درباره رادیو زمانه دانست! چپ‌گرایی آن‌ها بیش‌تر مرا به یاد چپ دگماتیک روسی می‌اندازد تا چپ دینامیک اروپایی.

می‌توان نشان داد که مصاحبه‌شوندگان در مواضع خود از گروه‌هایی نمایندگی می‌کنند که محبوبیت فراگیر ندارند. دو تن از آن‌ها سلطنت‌طلب‌اند و آن را

پنهـان نکرده‌انـد، یکـی طرفدار مجاهدین خلق اسـت، یکـی از گـروه حـزب الله جدا شـده اسـت و طرفـدار آیت الله کاظمینـی بروجـردی اسـت و دیگری بـه سـازمانی وابسـتگی دارد کـه کم‌تـر کسـی می‌شناسـد. ایـن افـراد کـه بـه عقایـد آن‌هـا احتـرام می‌گـذارم هـر چـه باشـند نماینـده خوبـی از تنـوع ایرانیان در داخـل یا خـارج از کشـور نیسـتند. روزنامـه نمی‌توانـد بـا اتکای یک‌جانبـه بـر افـرادی از گروه‌هـای معیـن سیاسـی دربـاره رسـانه‌ای کـه می‌خواهـد فراگیر باشـد قضـاوت کند.

می‌تـوان بـه آسـانی نشـان داد کـه گزارشـگران هیچ‌گونـه شـناخت دسـت اولـی از آنچه موضـوع گزارش و ادعاهـای مصاحبه‌شـوندگان اسـت ندارنـد. آن‌هـا زبان فارسـی نمی‌داننـد تـا خـود ارزیابـی بی‌واسـطه‌ای از زمانـه و پوشـش خبـری و رسـانه‌ای‌اش داشـته باشـند. می‌تـوان بـه جرات گفـت کـه آن‌هـا درک روشـنی هـم از روزنامه‌نگاری شـهروندی ندارنـد. چنانکه مصاحبه‌شـوندگان هـم. بـه همیـن ترتیـب آن‌هـا نـه بافت رسـانه‌ای ایران را می‌شناسـند و نـه حتی دیگـر رسـانه‌های ناشـی از طـرح پلورالیسـم رسـانه‌ای پارلمان هلند را. بسـیار سـاده اسـت کـه بیـن زمانـه بـا مجلـه کارگاهـی زیگـزاگ یا جدیدمدیا مقایسـه کنیم و ببینیـم کـه ایـن دو شـریک رسـانه‌ای زمانه مثلا بدون هیـچ کار سیاسـی صرفـا به تنوع بخشـیدن بـه صحنـه رسـانه‌ای فارسی‌زبان همت گماشـته‌اند و موفـق هم هسـتند. هیچ اسـتدلالی نمی‌توانـد زمانـه را بـه غیرسیاسـی بـودن توصیـف کنـد و آن را نقطه ضعف زمانه بشـمارد امـا اسـتدلال خـود را بـه دیگـر رسـانه‌های هم‌سـو بـا آن تعمیم ندهد.

زمانـه از زمـان راه افتادنـش تـا امـروز از ایـن بختیـاری برخـوردار بـوده اسـت کـه گـروه وسـیعی از افـراد سرشـناس داخـل و خـارج از ایـران بـا آن همـکاری داشـته‌اند. شـماری از آن‌هـا زندانیـان سیاسـی بوده‌انـد (ماننـد منیـره بـرادران و شـهرنوش پارسـی‌پور)، شـماری از سـرآمدان روشن‌اندیشـی ایرانند (ماننـد محمدرضا نیکفر)، گروهـی از نویسـندگان به‌نـام و ضدسانسـورند (ماننـد عبـاس معروفـی)، برخـی چون ابراهیـم نبـوی برنـده جایزه‌هـای معتبـری از همیـن هلنـد هسـتند ماننـد جایزه پرنس

کلاوس (در سال ۲۰۰۵) و بسیاری از آنها از تعقیب‌شدگان جمهوری اسلامی‌اند (مانند نیک‌آهنگ کوثر) و کسانی از ایشان از منتقدان جدی اندیشه دینی‌اند و روشنفکرانی سکولار (مانند مهدی خلجی و عبدی کلانتری). آسان می‌توان دید که هیچ یک از این چهره‌های شاخص طرف مشورت و مصاحبه فولکس کرانت قرار نداشته است. این یا بی‌اعتنایی به جمعی است که گرد زمانه جمع آمده‌اند و یا نشناختن آنهاست و هر دو البته برای کسی که مدعی کار زمانه است خبطی عظیم.

گزارشگران فولکس کرانت با نادیده گرفتن شبکه بزرگ همکاران زمانه که نزدیک به ۲۰۰ نویسنده و روشنفکر و تحلیلگر و هنرمند و روزنامه‌نگار را در بر می‌گیرد و با اتکا به نظر کسانی که غالبا روزنامه‌نگار نیستند و یا درکی کهنه از روزنامه‌نگاری دارند گزارشی ارائه می‌کنند که از دادن تصویری نزدیک به واقعیت ناتوان است. در دوری از این واقعیت است که آنها می‌توانند برچسب بزنند که زمانه چنین است و چنان. اما اگر زمانه به این بی‌اعتباری بود که گفته‌اند فکر نکرده‌اند چرا باید افراد شاخص و معتبر گرد آن جمع آیند و به آن کمک کنند؟

آنها می‌نویسند که شمار ۱۲۰ هزار نفر خواننده (یونیک ویزیتور) بخش خبری زمانه در ماه اوت چیز مهمی نیست اما نمی‌نویسند که موقعیت زمانه در بازار رسانه و در میان شرکای رسانه‌ای‌اش کجاست. آنها و مصاحبه‌شوندگانشان در عوض به آمار چند میلیونی کاربران اینترنت در ایران اشاره می‌کنند گویی که دیگر رسانه‌ها مثلا به این چند میلیون دسترسی دارند و این تنها زمانه است که ندارد. این مثل آن است که بگوییم در جامعه ایران فرضا ۴۰ میلیون فرد باسواد وجود دارد اما فلان روزنامه فقط ۱۰۰ هزار یا ۳۰۰ هزار تیراژ دارد پس هنوز خیلی عقب است! اگر همین استدلال را در باره خود فولکس کرانت به کار بریم نتیجه چه خواهد بود؟ این نوع مقایسه‌های نادرست اگر سهوا اتفاق افتاده باشد

نشـانه محـک نخـوردن روش کار گزارشـگران اسـت و نابلـدی آن‌هـا و اگر عمدا باشـد که البتـه نیاز به توضیـح ندارد.

جهـت تنویـر افکار مخاطبان بایـد بگویم که زمانه از شـرکای رسـانه‌ای خود که بـه همـه آن‌ها حرمت می‌گذارد جلوتر اسـت. حتی سـایت «گذار» با همه سیاسـی بودنـش بـه پـای زمانـه نمی‌رسـد و «شـهرزاد نیـوز» هـم بـا وجـود اینکـه باید بر اسـاس معیارهای فولکس کرانت سـایتی موفق باشـد مخاطب زمانه را ندارد. برای همـه کنجکاوان آسـان اسـت که بـا مراجعه به منابـع عمومی مانند الکسـا موقعیت زمانـه را بـا دیگـران بسـنجند. زمانه نـه تنها بـا رسـانه‌های نوپای طرح پلوراليسـم رسـانه‌ای به‌خوبـی قابل مقایسـه اسـت بلکـه در قیاس بـا سـایت‌های قدیمی‌تری ماننـد رادیـو فـردا هم از برخی جهات جلوتر اسـت. کافی اسـت میـزان لینک‌هایی را کـه کاربـران وب بـه مطالب زمانـه داده‌اند با میـزان لینک‌هایی که به فـردا داده‌اند بسـنجیم. زمانه اصلا شرمسـار کارآمدی خود نیسـت. شـبکه سـوم تلویزیون هلند از زمانـه خواسـت بـا گزارشـگران روزنامـه در یک برنامـه درباره بررسـی ادعاهای ایشـان شـرکت کنیـم. ما آمـاده بودیـم. آن‌ها تن زدنـد. نگران چـه بودند؟

گزارشـگران فولکـس کرانـت مـدام نقل قـول می‌کنند. امـا هر گزارشـگر خوبی می‌داند که نقل قول کافی نیسـت. اسـتدلال هم لازم اسـت. آن‌ها اسـتدلالی ندارند. نقل قول‌هاشـان هم یکسـونگرانه اسـت و مخدوش. مثلا من به آن‌هـا توضیح دادم کـه چـرا از پخـش ادامه مصاحبـه با امیر فرشـاد ابراهیمی جلوگیری کـردم اما آن‌ها ترجیـح داده‌انـد بـه خطا بنویسـند که مصاحبه اصلا پخش نشـد و بـه دلایل مهمی کـه آورده بودم اعتنـا نکرده‌اند.

مـن گفتـم که پس از پخش فسـمت اول مصاحبـه با امیر فرشـاد ابراهیمی درباره ماجـرای ضـرب و شـتم نـوری و مهاجرانی - دو وزیـر دوره آقـای خاتمی - جلو

ادامـه کار را گرفتـم زیـرا آقـای ابراهیمـی در آن مصاحبـه مدعی می‌شـود کـه قرار بـوده آقـای نـوری ترور شـود بدون آنکه شـاهدی جز خـودش ارائه کنـد. بهعلاوه او فـردی را بـا ذکـر نـام متهـم بـه داشـتن چاقـو بـرای تـرور می‌کند. هیچ رسـانه‌ای نمی‌توانـد در ایـن دسـت مسائل لاقید باشـد. بـرای ما قطعی اسـت کـه نمی‌تـوان کسـی را در رسـانه متهـم کـرد بـدون اینکه بـه او محل دفـاع داد و نمی‌شـود آنچـه را بـر عهـده دادگاه اسـت از رسـانه طلـب کرد همچنـان کـه نمی‌تـوان هـر خبری را بـدون وارسـی آن منتشـر کـرد. من از همکارانم خواسـتم کـه از آقـای ابراهیمی سـند و شـاهد بیش‌تـر طلـب کننـد و بـا کسـان دیگـری نیز مصاحبـه کننـد تا موضـوع از جوانـب مختلف بررسـی شـده باشـد. ایـن تصمیم کامـلا قابل دفـاع اسـت و کسـی نمـی‌توانـد بـا برچسـب زدن، راه ایـن دسـت خبردهـی را بـه زمانه همـوار کند. آیـا فولکس کرانت خـود حاضـر اسـت حـرف‌هـای آقـای ابراهیمی را بی‌درخواسـت سـند در این زمینـه منتشـر کند؟

آقـای ابراهیمـی می‌گویـد زمانـه پروانه‌ای اسـت کـه از داغی شـمع خبر می‌دهد. کسـی نبایـد انتظار داشـته باشـد کـه رسـانه بیش از این بگویـد. رسـانه حتی در جنگ هـم شـرکت کند نمی‌جنگـد. صرفا گـزارش می‌دهد.

....

این بحـث را در بخشـی دیگـر با بررسـی مسـاله سیاسـی بـودن یا نبـودن زمانه ادامه می‌دهم.

متن کامل گزارش فولکس کرانت را در اینجا بخوانید:

«رادیو زمانه برنامه‌های بی‌خطر می‌سازد»

http://zamaaneh.com/blog/10/2007/post_70.html

○ نمـی خواسـتم چیـزی بگویـم چـون حاجتـی نیسـت ولـی یـک سـوال داشـتم : مقصودتـان از تـرس در تیتـر «چـه کسـی از رادیـو زمانـه مـی ترسـد» آنهم بـا علامت سـوال چیسـت ؟ ماشـا الله از شما آدم اسـتاد بعید است که وحشـت را از ابتدای مطلب بـا کلمـه «تـرس» بـه خواننـده القـا کنید . پیشـنهاد می کنـم عنوان ایـن نوشـته را تغییر بدهیـد . بـازی بـا کلمـات هنـر دلچسـبی اسـت که شـما از آن پـر بهره هسـتید .

منوچهر , Oct 15, 2007

....

● *منوچهـر هنرمنـد عزیـز، عنـوان برگرفتـه از نـام اثر مشـهور «چـه کسـی از ویرجینیا ولـف می ترسـد» اسـت. - مهـدی جامی*

....

○ اسـتدلالات واقعـا جالبـی اسـت.چه کسـی تعییـن میکنـد کـدام گروههـا محبوبیت فراگیـر دارنـد؟ تـا بحـال جمهوری اسـلامی و رسـانه هایـش تعیین میکردنـد حالا هم شـما! دسـته بنـدی افـراد و برچسـب زدن به افـراد بدون اینکـه به اصل حـرف و انتقاد آنهـا هـم توجه شـود شـیوه ای حکومتی اسـت که حـالا اینجا هـم بکار میرود. ضمن اینکـه مـن کـه مطلـب را خواندم هیچکـس کمتریـن نامـی از عقاید سیاسـی مطلوبش نبـرده ولـی شـما اینجـا عمـلا عقاید افـراد را نامبـرده، تفتیـش و بعنوان مـلاک انتخاب قـرار میدهیـد. جالـب اسـت یکـی از معتبرتریـن و بـا سـابقه ترین رسـانه یک کشـور دموکراتیـک هـم براحتـی متهـم بـه نداشـتن درک از انـواع روزنامـه نـگاری و مفاهیـم رسـانه ای میشـود، چون سیاسـت زمانه را سـر سـوزنی نقد و روکرده. اتفاقا زمانه غیر سیاسـی نیسـت تا با رسـانه های غیر سیاسـی قیاس شـود، بلکه حرف روشـن، سـمت

گیری سیاسی اش در جهت تفکر و جناح مشخصی از رژیم جمهوری اسلامی است. سبک نوشته شما بروشنی بجای اینکه به انتقادات مطرحه بپردازد ناجوانمردانه به اتهام زنی به مصاحبه شوندگان و مصاحبه کنندگان پرداخته و البته در جهت تبرئه خود از سواستفاده از نام برخی که بصورت تکنمود هائی مطالب نوشته شدشان در زمانه هم همزمان درج شده خودداری نمیکند که اصلا منصفانه نیست. خوبست به همان شیوه که مصاحبه شوندگان را با مارکی دسته بندی کردید آن گروه وسیع همکارانتان را هم یکبار دسته بندی کنید تا خودتان از توهم در بیایید و به چشم خود ببینید که تعلق فکری و سیاسیشان به کدام سمت متمایل است و شما آشکار و نهان مبلغ چه خط مشی غالبی هستید. آقای جامی شما اگر اهل رسانه آزاد و کثرت گرا و بذیرش نقد بودید رویکردتان با این مطلب ساده اینچنین عکس العملی و ناشیانه نبود. ضمنا تیراژ رسانه های زرد هم بدلائلی که درباره بخشی از مطالب شما صدق میکند بالاست این ارقام بی محتوا را بهانه نکنید. به این سئوال جدی نه فقط مالیات دهندگان هلندی بلکه مخاطبان و ایرانیان باسخ دهید که بودجه های ملیونی که بابت یک رسانه آزاد گرفتید چگونه در جهت ترویج منافع جناحی از حکومت بکار گرفتید. یا میتوانید اینها را تهمت و مخالفت تلقی کرده کماکان چشم به واقعیات ببندید.

علی , Oct 15, 2007

....

○ زمانه بدون شک در میان تمام سایت ها و بخصوص ردیویی کاملن متفاوت است. برای من ساختارش شبیه رادیو فرانسه است منظورم رادیو فرانسه نه بخش فارسی بلکه فرانسوی ان. اما رادیو زمانه نمودار فرهنگی ما نیز هست. بخشی از ناتوانایی های رادیو زمانه به کاستی های فرهنگی ما بر میگردد. مانند کتابفروشی ها ی ما که اگر کتابهای ترجمه و خارجکی را بگذاریم بیرون. سخت چیزی برای ارایه پیدا خواهند کرد. ازین نظر این ضعف رادیو زمانه فقط انعکاس عقب ماندگی فرهنگ ایران است بیش. متن اقای جامی بنظرم کمی تهاجمی بود و

میتوانست ارام تریا بقول خودشان میانه رو تر ! باشد. از انسو انتقاد نیز بر رادیو زمانه وارداست و نمی توان به یک چوب تمام انتقاد ها را پس زد. بنظر شخصی من بخش اخبار رادیو زمان بسیار ضعیف است. از انسو بخش طنز رادیو زمانه بیشتر ازین ضعف سود جسته است و انرادتسمایه کاری خود قرار داده است. صفحه رادیو که باز میشود بخش اخبار ان با ان رنگ خاکستری مرده چیزی زیاد جالب نمی نماید. من فکر نمی کنم زمانه در بسیاری موارد تیتر ی را از واقعیت ماجرا انتخاب کرده است. این واقعیت خبرهاست که به خبر ها جهتگیری میدهد نه اینکه زمانه بخواهدبه انها جهت دهد. مثلن اگر در یک فاز زمانی مجموعه اتفاقات اعدام و زندا ن و کشتار و شکنجه در مملکتی تکرار شود گزارش انهاست که معنی انعکاس واقعیت را میدهد و نه عدم گزارش انها. این فقط یک مثال بود و نه اینکه چنین چیزی اتفاف افتاده باشد. من فکر میکنم بهر حال دید اقای جامی بعنوان مدیر این روزنامه تعیین کننده سیاست های کاری رادیو زمانه تا حدی هست و دید ایشان را میتوان حدی از گزارش سفرشان به ایران دید. از طرفی دیگر رادیو و سایت های ایرانی خارج کشور هم فقط تمرکز بر بخش اخباری دارند که بسیار سیاسی است ونه چندان جامعه شناختی. بهر حال شما وقتی سایت خبری سایت رادیو فردا و افتاب امروز را کنار هم بگذارید این سیاه و سپیدی را بیشتر میبینید. بنظرم من هیچ رنگ خاکستری نیز درین میان وجودندارد که بتوان انرا روش کاری خویش برگزید بلکه فارغ شدن از دیگاهای ملی گرایانه و ایدولوگیک و سیاسی (متعلق به هر گروهیست) که میتواند بخش خبری را بهبود بخشد.. من اینرا میتوانم در بخش نیلگون مثال زنم رویکرد بخش نیلگون نسبت به سخنرانی در دانشگاه کلمبیا رویکرد بسیار جالبی بود و چندین برنامه بعدان نشان داد چگونه بیرون از دایره قضایا را نگاه میکند. بنظرم این در خبرگزاری هم میتواند انجام گیرد. از انسو افردی که رادیو زمانه را بخاطر بخش خبریش حمله میکنند بایددر نظر گیرند بخش فرهنگی رادیو زمانه غالب بر بخش خبری ان بوده است. درین میان ضعف بخش خبری را و کاستی های بخش فرهنگی را باید در نظر گرفت

رادیـو زمانـه در بخش مصاحبـه ها وتماس با طیف روشـنفکری شـروع خوبی داشـته و خـوب عمـل کـرده اسـت. همانطور گفته شـد بسـیاری از ضعـف ها به نبـود چیزی بـرای ارایـه بر میگردد. بخش اندیشـه زمانه بـه مرور به انعکاس مصاحبـه ان اختصاص داده شـد. اینهـم از روی ناچاریسـت چـون مقاله نویـس خوب که را داریـم و چندنفر؟ از انسـو متاسـفانه بخش نیکفر فعالیتش محدود گشـت و بخش اندیشـه هم شـروع به دسـت و پـا زد ن نمـود. بنظر مـن بخش ادبیـات زمانه میتوانسـت ازبخش هایی باشـد کـه زمانـه رو ی ان تمرکـز خوبـی کنـد ولی انـگار رادیو زمانـه در چالش هـای روابط میـان افـراد گرفتارامـده اسـت که اصلن بـه جایزه گرفتن ایـن و ان قابل توجیه نیسـت. بخـش رادیـو زمانه درخصوص شـعر هیـچ چیزی برای گفتـن ندارد. این در حالیسـت که سـایتهای شـعری خوبی و همینطور شـاعران جوان خوبی هسـتند. در زمینه داسـتان خوانـی و مصاحبـه رادیـو زمانـه بسـیار خوب عمل کـرد ولی فقـط ادامـه‌ی آن میتواند ایـن بخـش را زنـده نـگاه دارد. بخـش ادبیـات رادیـو زمانـه تـا درصـد بالایـی تحـت سـیطره نـگاه خاصیسـت. بـودن ان نـگاه هیچ اشـکالی نـدارد ولـی این صـدای ادبیات ایران نیسـت. شـما اینرا در مسـابقهِ رادیو زمانه دیدید. انتشـار خوب و بدون سانسـور داسـتانهای بسـیاری جنبـه بسـیار مثبـت و ارزنده ی این سـایت رادیویی بـود که با یک برخورد پایین فرو نشسـت. و شـاید حتا بهتر میبوددر همان سـطح انتشـار باقی میماند ونه مسـابقه. اینها مشـکلاتی اسـت که بسـیار نمادین اسـت بخـش ادبیات رادیـو زمانه پتانسـیل و فضـای خوبـی بـرای حرکـت میتوانـد داشـته باشـد. و مـن مطمئنـم بازدید کنندگان سـایت با بهبود ش افزایش خواهند یافت. بسـیاری از سـایتهای حتا شـخصی ا در زمینـه ی شـعرو ادبیـات بهتـر عمـل میکنند بنظرم چـون فضای ازادتـری دارند ونه تعلـق بـه علاقـه هـای شـخصی مطرح باشـد. رادیـو زمانـه بنظرم بـا پدیـده ی وبلاگ نویسـی ارتبـاط زیـادی را نسـبت بـه تبلیغـش نـدارد. بنظر مـن رادیـو زمانـه میتواند با طیـف دانشـجویی خـارج کشـور وحتـا داخل کشـور رابطـه برقـرار کند ولـی محافظه کاریـی دریـن میان حاکم اسـت. بخـش کانادایی رادیو زمانه گذشـته از چند گزارشـش خوابیده اسـت و دقیقن همان مشـکل بخش ادبی رادارد و بسـا به میزان بسـیار بیشـتر

. اینها همه نشان از عدم رابطه رادیو زمانه با طیف ایرانیان مهاجر چه در اروپا و چه درامریکاست. با درون ایران هم که مشکلات قابل توجیه است. بهر حال من فکر میکنم رادیو زمانه وقتی میتواند رشد کند که انتقادات را جدی گیرد و از طرفی من فکر میکنم حتا افراد سیاسی خارج کشور هم بخشی از جامعه ایرانی محسوب میشوند. چه سلطنت طلب باشندو چه مجاهدو ووو انها وجود دارند. همانطور که روشنفکر دینی و طرفداران سروش و منتظری و غیره وجوددارند ومیتواندد حضور داشته باشند. پس زدن انها دلیل بسیار موجهی بر ادعای انها خواهد بود که رادیو زمانه رادیو طیف به اصلاح اصلاح طلب ایران است. چون رادیو زمانه حتا نتوانسته رابطه مناسبی با نگاه سیاسی درون کشو ر هم برقرار کند و این یک واقعیت است که بسیار از مسایل و اخبار اجتماعی ما برچسب سیاسی دارند و ما جامعه ی ایران رنجور از سیا ست های غلط حاکمیتی است. اگر رادیو زمانه نتواندایـن واقعیت را ببیند و انرا تحت طنز یا الگو های شخصی طنز و ادبی مخالف سیاست ها(خود جای سواال) نگه دارد میانه روی و استقلال و تعادل فقط در حد یک شعار پوپولیستی می ماند .

علیرضا , Oct 15, 2007

....

آقای جامی، عنوان جالبی برای نوشتهء خود انتخاب کردهاید. جواب پرسشتان اینست که «هیچکس!» مسئلهء محوری مطرح‌شده در آن مقاله همین است: زمانه آنچنان در موضعگیری خود سست و محافظه‌کار و سربه‌راه است که دیگر ترس، که هیچ، حتی توجه زیادی هم نمیتواند برانگیزد.

نه تخریب چهرهء کسانی که در آن مقاله اظهار نظر کرده‌اند و سعی در منزوی کردن آنان و جدا کردن حسابشان از دیگران برای شما سودی دارد، نه تلاش برای پایین آوردن ارزش آن روزنامه و این ادعا که دگم هستند و ال هستند و بل هستند و «درک روشنی هم از روزنامه نگاری شهروندی ندارند». مگر زمانه دارد؟ «اتکای یکجانبه» به یک موضع را که شما باید بسیار خوب بشناسید آقای جامی. یک

سوزن به خود، یک جوالدوز به دیگران!
مگر زمانه چند بار برای تخمین کار خویش به غیرخودیها متوسل شده است (خوانندگان به عنوان مثال نگاهی به نوشته‌های سالگرد یک‌سالگی زمانه بیندازند تا ببینند چیزی جز مدح و تحسین هم پیدا میکنند یا نه) که آن روزنامه باز هم به همان اشخاص (که مورد احترام من هم هستند) مراجعه کند و از آنها نظر بخواهد؟ فولکس کرانت برای اولین بار تریبون را به منتقدان زمانه سپرده است، کاری که شما با وجود ادعاهای فراوان عمداً از آن غافل بوده‌اید. یعنی هیچ کدام از این اشخاص قبلاً سعی نکرده‌اند که حرفهایشان در خود زمانه منتشر بشود و یکراست به سراغ فولکس کرانت رفته‌اند؟! لطفاً شما یا انتقادات تند و تیز دیگران را که اینجا منتشر نشده‌اند (مثل نامه‌ای که خود من دو ماه پیش برای زمانه فرستادم و حتی خصوصی هم به آن جواب داده نشد) در سایتتان بگذارید، و یا دیگر از تنوع منابع صحبتی نکنید.
من اطلاع دقیق دارم که بسیاری از همین همکاران فعلی و یا همکاران سابق که مانند من روش مدیریت شما را برنتابیده‌اند، به دلایلی که خودشان میدانند و من کمتر میتوانم درک کنم، در سایت زمانه با امضای ناشناس پیام میگذارند و مطالب را نقد و به محتوا و سبک گزارشگری زمانه اعتراض میکنند. پس زیاد به همکاری این و آن با زمانه غره نباشید و فکر نکنید که هر کس برایتان کار میکند، این را با کمال میل و با تأیید روش فکری و مدیریت شما و سبک کار زمانه انجام میدهد و اصلاً هم دربه‌در در جستجوی کار در رسانه‌های دیگر نیست! عفت بی‌بی از بی‌چادری هم میتواند باشد، آقای جامی. بعد از خداحافظی بعضی از همکاران زمانه به محض یافتن کار در جای دیگر، باید این را خودتان تا به حال متوجه شده باشید.
حالا اصلاً باشد، حق با شما، یک روزنامهٔ دگماتیک چپ واخوردهٔ مزخرف بی‌خواننده با چند مهرهٔ سوخته و نامحبوب! مصاحبه کرده است. اینجور که شما قضیه را نمایش میدهید، اصلاً در شأن شما و زمانه نیست که به آن جواب بدهید. اما حالا که جواب میدهید، لطفاً به مواردی که مورد نقد و بحث قرار گرفته‌اند

بپردازید. نویسندگان مقاله فارسی بلد نیستند؟ نباشند. آنها به سیاست دولت خود در اختصاص بودجه به زمانه معترضند و میگویند به گفتهء این اشخاص که فارسی بلدند و از همکاران سابق زمانه هستند این بودجه به هدر میرود و از آن استفادهء مثبتی نمیشود. ما که فارسی بلدیم. مصاحبه‌شوندگان که بلد بوده‌اند. برچسب نزنید، پاسخگو باشید.

به خصوص در این مورد که به فولکس کرانت گفته‌اید همکاران رادیو زمانه در آمستردام همه حرفه‌ای هستند و شما تنها با اشخاصی غیرحرفه‌ای در خارج از زمانه همکاری دارید. مگر خانم آزاده اسدی همین چند وقت پیش در همین سایت با آب و تاب تمام و کمال افتخار در تیتر نوشته‌اش نگفت رادیو زمانه مجری حرفه‌ای ندارد؟!

پانته‌آ , Oct 15, 2007

....

آه دوست گرامی اینجا خاورمیانه است:

من می اندیشم پس ترسو هستم، من می اندیشم پس بزدلم، من می اندیشم پس خائن ام.

من می اندیشم پس نیستم!

اینجا خاورمیانه است مرکز تمدن بخور و بخواب!

http://www.dastkrd.blogfa.com

احمد , Oct 15, 2007

....

این پاسخ کوتاهی است به نوشته آقای علیرضا ؟

دوست عزیز ببخشید شما هنوز اندازه و تفاوت اظهار نظر و مقاله را نمی دانید .

اگر می دانستید این همه دراز نمی نوشتید .

ایراد دوم من به آقای جامی است که بدون کم و کاست این مقاله را در بخش نظرها منتشر کرده و ضمن تلف کردن وقت مردم ، همه را از اظهار نظر در باره

یک «سوژه» گریزان کرده است .

آقای علیرضا بهتر بود توضیح می دادند که چه می خواهند بگویند . بنده بیسواد که هر چه خواندم نفهمیدم . آقا جان ! قضیه یارگیری نیست ولی چرا مثل خاتمی اظهار نظر «دراز بی محتوی» می کنی ؟... رفیق شیر هستی یا روباه ؟

منوچهر , Oct 15, 2007

....

آقای منوچهر هنرمند: از من به جنابعالی یه نصیحت و آن اینکه این اقای علیرضا از بن(از بن اش یادش رفته) را بحال خود رها کنید که این فقط شما نیستید که ایشان را نمی فهمند خودشان هم خودشان را نمی فهمند. این از آن نوابع کمیابی هستند که اقای خلجی را با آقای سروش مقایسه کرده اند. ایشان عبد و غلام اقای دوستدار هستند و بجز ایشان احدی را قبول ندارند. مشکا آنجاست که نه تنها دوستدار را نمی فهمند بلکه که از درک ساده ترین افسانه های کودکان هم عاجزند. من تعجب می کنم که در کدام موسسه آلمانی ایشان به یاد گرفتن علوم زیست شناسی و ÷نتیک مشغولند. ؟ خدا با داد موسسه ای بشتابند که ایشان درش به تحصیل جهالت مشغولند. ایشان به اندازه یه اتم هم رفلکشن ندارند که وقتی همفکرانش به شیوه نوشتن اش اعتراض می کنند یه نگاهی به درونشان به اندازند.

خانم پانته آ: از خواندن پیامتان جدا لذت بردم . خیلی متین و با دلایل و استدلال محکم.

اقای جامی: یکی بود یکی نبود زیر این گنبد کبود یه شاهی بود که شاخ داشت و یعد از هر اصلاح سرش سلمانی بد بخت را می کشت که رازش از پرده بیرون نیافتد. روزی از یکی از سلمانی هایش خوشش آمد و ازش خواست کخ اگر رازش را با کسی در میان نگذارد ایشان را نخواهد کشت. سلمانی قول داد که در باره شاخ شاه شان با کسی حرفی نزند. بعد از مدتی از طرفی نمی توانستند حقیقت را کتمان کنند و از طرفی از مرگ اش می ترسیدند. بالاخره مجبور می شوند که به صحرایی رفته و گودالی کنده و دهانش را داخل گودال کرده و سه بار داد بکشند که « شاه ما شاخ داره شاه ما شاخ داره و شاه ما شاخ داره.» گودال را پر کرده و با خیال

راحـت کـه هـم حقيقـت را گفتـه و هم کسـی بـا خبر نشـده احسـاس راحتـی کردنـد. بعـد از مدتـی از همـان گـودال نيشـکری رشـد مـی کنـد و چوپانـی نـی ای از ش درسـت کـرده و در شـهر بـه نـی نـوازی مـی پـردازد کـه از نـی نـوای» شـاه مـا شـاخ داره» دز مـی ايـد و شـاه آن سـلمانی را دسـتگير کـزده و گردنـش را مـی زنـد. ايـن مثل بـدان آوردم کـه گفتـه باشـم کـه اگـر هـم امـروز شـما صـدای حقيقـت را خامـوش کنيـد آن بـه فريـادی تبديـل شـده و از زاه هـای ديگـری بـه گـوش مـردم خواهـد رسـيد. اگر جرات شـنيدن انتقـاد را داريـد قـول بدهيـد کـه پيـام بعـدی مـرا منتشـر کنيـد کـه مـن تحليلـی از شـما و سـايت و همکارانتـان بدهـم کـه فکـر نکنيـد کـه بـا کردن سـرتان زيـر برف کسـی پشـت تـان را نمـی بينـد. خودتـان هـم ميدانيـد کـه مـن بـه شـيوه هـای خيلـی زننـده ای هم مـی توانـم پيامـم را بگـوش مـردم برسـانم. يادتـان باشـد کـه فقـط دو مـاه بعد از تاسـيس ايـن رسـانه تنهـا مـن بـودم کـه کارنامـه و اينـده ايـن سـايت را بـه مسـئولين هلنـدی شناسـاندم. سهند , Oct 16, 2007

....

◎ ببينـم مگـه قـرار بـود کسـی از يـک راديـو بترسـه؟! مگـه راديـو و تلويزيـون و سـايت، لولـو خورخـوره اسـت؟

امضا محفوظ , Oct 16, 2007

....

◎ ايـن قضيـه سانسـور و حـذف نظرات چـی هسـت؟ ناشـی از احترام زمانه پلوراليسـم و نظـرات شـهروندان اسـت؟ مگـر مجبوريـد بنويسـيد کـه نتوانيـد نظـر مـردم را هـم منعکـس کنيـد؟ اصـلا سـتون نظـر را برداريـد خودتـان را راحـت کنيد.

Oct 16, 2007 -- Ana

....

◎ آقای جامی
خيلی عصبی و بـا حالتی تدافعـی مقالـه خود را انشـاء کرده ايد.
بهتريـن روش ارزيابـی يـک رسـانه نظـر خواهـی از کاربـران آن رسـانه اسـت چـرا کـه

مسئولانش را علقه هـای گوناگـون به آن رسـانه متصل کـرده اسـت و بهترین مصداق آن ضـرب المثـل مشـک و عطار خودمان اسـت.
شـما در مقالـه تـان هیـچ نقـدی را تـاب نیـاورده ایـد ولـی مـن در آن مطلـب فولکس کرانـت رگـه هائـی نـه ضعیـف از واقعیـت دیدم.
فکر نمیکنید رادیو زمانه در مسیر نقض غرض دارد پیش میتازد؟
بامداد , Oct 16, 2007

....

○ مـن دیـروز اولیـن نظـر دهنـده بودم. شـما نظر مرا سانسـور کـرده اید. آقـای جامی مـن یـا هرکـس دیگری اگـر وقت گذاشـته نقدی یا نظر نوشـتیم بـه این دلیـل بوده که شـما را قابـل دیالـوگ و لایـق نقـد می دانسـتیم. حال اگر شـما بـه سـیاق خودکامگان تیـغ سانسـور را میکشـی و چهـار خـط خـلاف نظـرت را برنمـی تابـی یعنـی اینکـه قابلیـت و لیاقـت برخـورداری از نظـر غیر خود را نـداری. هرچند بودجـه و بلندگو در یـد اختیـار شماسـت اما مـن هم کار شـما را راحـت کرده بـه تمامی دوسـتان گفتم که دیگـر زحمـت نوشـتن نظر بخودشـان ندهند تا شـما هم با خیـال راحـت در برج عاج خـود بـا ادعاهاتـان یکه تـازی کنید. شـما را بخـوش ما را هم بسـلامت.
علی , Oct 16, 2007

....

○ دراز بـودن ان پیـش از خوانـدن ان مشـخص بـود پـس میتوانسـتید از اتـلاف وقت خویـش بپرهیزیـد. ازینکـه کـه یک نوشـته دراز را هر چـه!! خواندیـد نفهمیدید و خود باعـث اتـلاف وقـت خویش گشـتید متاسـفم. جمـلات و پاراگـراف هـای واضحی در ان وجـود دارنـد کـه هیـچ نتیجـه گیری مشـترکی منظور نیسـت یـا نبـود (زمانه بخش هـای متفـاوت بـا کارکرد هـای متفـاوت دارد.) ازین رو پرسـش نا مفهوم جملـه پایانی کمنت شـما بـی پاسـخ میماند!
موفق باشید
علیرضا , Oct 16, 2007

متاسفانه شـما بـرای بزرگ جلوه دادن خود دسـت به شـعبده بازی زده ایـد و از آمار بـالای کاربـران خود سـخن گفته ایـد که فقط خود شـما از آن خبر داریـد. ضمن اینکه سـایت آلکسـا کـه اصلا منبـع قابل اعتمـادی نیسـت...اگر دلیل محکم تـری داریـد که شـما پیشـرو هسـتید ارائـه کنید. ضمـن اینکه اسـامی ۲۰۰ نفـر آدمی کـه مدعی هسـتید بـا شـما همـکاری مـی کنند را منتشـر کنید تا «سـیه رو شـود هـر کـه در او غش باشـد.»

علی , Oct 16, 2007

....

dar rabete ba amir farshade ebrahimi shoma dar paiane mosa-
hebe mitavani benvisi ke in sohbatha monakes konande nazarat
radio zamane nist.na inke nagozari nazarat on pakhsh beshavad
.mage shoma polisi ya karagahi ke mikhai sanad on ra bebini.oun
khodesh yek shahede dige.age farzan ono be dagah beari shaha-
dat mide ke injori bode .dar har sorat pakhsh nakardan sohbathai
oun sansor bodeh ast

بدون نام , Oct 18, 2007

....

منصفانه بود. موافق ام

نیم , Oct 20, 2007

در خـــدمت و خیانت زمانه

بیست و چهار مهر هشتاد و شش

○ سنجـش گـزارش فولکس کرانت - بخش دوم:
سیـاست و زبـان در زمـانه

سیاست از دیدگاه‌های مختلف معناها و تعاریف متفاوت دارد. از یک منظر، تعریف سیاست روندی پایان‌ناپذیر است. اما یک راه از راه‌های شناخت سیاست آن چیزی است که از راه استقرای نشانه‌شناختی می‌توان به آن رسید. در این روش سیاست از طریق رفتار و گفتار مردم (و یا سیاستمدارن) بازشناسی می‌شود. در واقع این روش میان سیاست چنانکه اهالی آکادمی می‌شناسند و سیاست چنانکه مردم می‌فهمند تفاوت قائل می‌شود. رسانه اگر بر مبنای سیاست آکادمیک هم حرکت کند بر مبنای سیاست رایج میان مردم است که ارزیابی می‌شود.

در یک نـگاه کلان البتـه هیچ عمـل سیاسـی نیسـت کـه بـا ارزیابـی مخالف گروه‌هایـی از جامعـه روبه‌رو نشـود. بـرای عمـل سیاسـی یـا خـودداری از عمل سیاسـی همیشـه تفسـیرهای متخالف وجـود دارد و هیچکس در این سـرا از نقد تند و تیز مخالفان ایمن نیسـت. زیرا سیاسـت صحنه برخورد منافع اسـت. برای نمونه

حتـی اگـر مثل جیمی کارتر رئیس جمهوری سـابق آمریکا باشـی هم بـاز می‌توانی بـه محـض انتشـار مقالـه‌ای یا کتابـی درباره اسـرائیل و صلـح خشـم گروه‌هایی از یهودیـان را برانگیـزی که تـو را متهم می‌کنند ضدیهود شـده‌ای (این **لینک** را ببینید کـه او را بـا هیتلر مقایسـه می‌کند!).

بنابریـن هـم در آغـاز بگویـم کـه نـه توهـم راضـی کـردن همـه را دارم و نـه از پیامدهـای راهـی کـه بـه عنوان موسـس زمانه بـرای زمانـه طراحی کـرده‌ام بی‌خبر بـوده‌ام. امـا در اینجـا می‌کوشـم بـه طور فشـرده توضیح دهـم که این راه چیسـت و چـرا انتخـاب شـده و مشـخصا از چـه زبانـی بهـره می‌گیرد و چـرا ایـن زبان به دموکراسـی بهتـر خدمت می‌کنـد و مدل موفق‌تری برای کار رسـانه‌ای اسـت بدون آنکـه بخواهـم مدعی شـوم بی‌نقص اسـت یا در عمل نقصی نداشـته اسـت. من و دوسـتانم در زمانه به شـیوه اکتشـافی فکر می‌کنیم و مدل را در ضمن کار تصحیح می‌کنیـم. نقـد در ایـن مسـیر معنـا دارد و از آن اسـتقبال می‌کنیـم اما طبعـا اگر ناقد از میـدان دیگـر و گفتمانـی دیگـر بیاید منطقا لازم اسـت در پایـه و اصول ما بحث کنـد. اصولـی کـه از آغـاز مرتـب به زبان‌هـا و بیان‌های مختلف بازگو شـده اسـت (مثـلا **خطابـه** مرا در جشـن افتتاحیه رادیـو زمانه ببینید و نیز یادداشـت مدیر پرس نـاو را بـا عنوان **زمانه رسـانه اسـت نـه حزب**).

ما می‌گوییم سیاست زمانه بر پایه فرق نهادن میان کار ژورنالیستی و کار اکتیوبستی بنا نهاده شده. اگر کسی به کار اکتویستی تعلق خاطر دارد چگونه می‌تواند آن را پایه نقد مجموعه‌ای قرار دهد که به کار ژورنالیستی پایبند است؟

ابهام در مفاهیم خلط مبحث ایجاد می‌کند. برای همین است که وقتی ما می‌گوییم زمانه سیاسی است می‌گویند نیست و وقتی می‌گوییم سیاسی نیستیم می‌گویند هستید! خوب است پس کمی درباره سیاسی بودن تامل کنیم.

معنای «سیاسی بودن» برای ایرانیان

در آمریکا که بودم با هر کس از زمانه صحبت می‌کردم نخستین پرسششان این بود که سیاسی هستید؟ و منظورشان این بود که به گروه سیاسی معینی وابسته‌اید؟ سلطنت‌طلبید؟ مشروطه‌خواهید؟ اصلاح‌طلبید؟ کمونیستید؟ جمهوری‌خواهید؟ با مجاهدین نسبتی دارید؟ طرف جمهوری اسلامی هستید؟ و جز آن‌ها. یک‌بار هم با مدیر شهرزاد نیوز که از چهره‌های شناخته اپوزیسیون جمهوری اسلامی است در همین آمستردام روبه‌رو شدم و وقتی از خطرات کار زمانه گفتم و از امکان‌های همکاری با شهرزاد نیوز، گفت شما که سیاسی نیستید.

من بر اساس تجربه اطمینان یافته‌ام که معنای سیاسی بودن در میان ایرانیان خارج از کشور این است که به گروهی از گروه‌ها و جناحی از جناح‌ها وابسته باشی. البته زمانه از آغاز از این سیاسی بودن آگاهانه برکنار بوده است. زمانه این را نشانه استقلال خود از گروه‌ها و اتکا به روش ژورنالیستی اعلام شده خود می‌داند. اما در فضای خارج از کشور که با تکاپوی گروه‌های ریز و درشت سیاسی همراه است چنین استقلالی معنا ندارد. امروز به‌روشنی دیده می‌شود که گروه‌هایی که می‌دانند که زمانه به آن‌ها وابسته نیست فکر می‌کنند حتما باید به گروه مقابل آن‌ها وابسته باشد! آن‌ها اگر منصف باشند و روش زمانه را با دید بازتری ببینند ما را به گروه‌های اصلاح‌طلب داخلی نزدیک ارزیابی می‌کنند و اصلا وابسته به آن‌ها می‌دانند و اگر دنیای سیاست را بین جمهوری اسلامی و مخالفانش تقسیم کرده باشند طبعا ما را وابسته به حکومت ایران می‌بینند.

پرهیـز از «زبـان سیاسی»

در این میان زبان نقش محوری و مهمی دارد. زبان سیاسی یا همان زبان گروه‌های سیاسی در سه دهه گذشته زبان خاصی بوده است. زبان صفت‌های ثابت برای رفتار جمهوری اسلامی و مقاماتش از مفت خور و جنایتکار تا خائن و عقب‌مانده

و متحجر. زبان حماسه و برانگیزی. زبان پروپاگاند. زبان تهاجمی. زبانی که در آن هیولاسازی از طرف مقابل مسلط است. زبانی که طرف دارد جانبدار است و به‌شدت با ارزش‌داوری همراه است. زبانی که تحقیر می‌کند و افشا می‌کند و پیشگویی می‌کند. زبانی که هر چه باشد زبان منطق و انصاف نیست. زبان اقناع نیست. زبانی که قابل اعتماد باشد نیست. به زبان سیاسی باید باور داشت. ارزش آن عام نیست. چیزی را توصیف نمی‌کند بلکه همیشه بسیج می‌کند تحریک می‌کند جهت را نشان می‌دهد و می‌گوید: به پیش! به قول اهالی سیاست در دهه‌های قبل از فروپاشی شوروی، زبان انقلابی است. زبان یارگیری است. زبان حزب است.

به نظر این دوستان که نشان دادن زبان درشت و درشتگوشان در نوشته‌هاشان (و کامنت‌هاشان) آسان است زبان ژورنالیستی بی‌رنگ و بی‌خاصیت است. جان ندارد. داغ نیست. از پیشرفت و پیشروی در جبهه دشمن خبر نمی‌دهد. چیزی را منفجر نمی‌کند. بی‌خون و بی‌حس و حال است. آن‌ها زبان عمل و اکتیویته می‌خواهند. آن‌ها عمل خود را از راه زبان انجام می‌دهند. زبانشان باید شلاقی باشد. حامل نفرت انقلابی باشد.

اما این زبان زبان مخاطبه و تفاهم و گفتگو نیست. زبان ارتباط و ارتباطات نیست. ارتباط؟ گفتگو؟ با کی؟ حتما با جمهوری اسلامی! گفتگو از نظر آن‌ها خیانت است سازشکاری است. به نظر آن‌ها جمهوری اسلامی مجموعه‌ای یک‌پارچه است که از صدر تا ذیلش یک حکم دارد و باید نابود شود و به زباله‌دان تاریخ فرستاده شود. اما مساله این است که اگر کسی زبانی «غیرسیاسی» برگزید ناچار با همه به همان زبان سخن خواهد گفت دوست یا دشمن آشنا یا بیگانه. این از سر تعلق خاطر به این و آن نیست. از سر رعایت اصول کار است و مراعات وحدت رویه. اما در جامعه‌ای که هر چه هست رنگ تعلق دارد درک پایبندی به اصول آسان نیست.

دایره جمهوری اسلامی

اما گیرم جمهوری اسلامی یکجا باید بیرون انداخته شود. دایره جمهوری اسلامی کجاست؟ آیا هر چه به سنت و مذهب و عرف رایج مردم هم بازگردد باید نفی شود؟ آیا باید به بهانه مخالفت با جمهوری اسلامی علیه قرآن و اعتقادات مردم مسلمان هم موضع بگیریم؟ آیا هر چه دینی است و هر که رنگ معنوی یا الهی دارد به دلیل تقابل با جمهوری اسلامی باید نادیده گرفته شود و مورد بی‌اعتنایی باشد؟ چه چیزی جمهوری اسلامی نیست؟ فراموش نکنیم دوره‌ای را که حتی کسانی مانند محمد مختاری مورد طعن و لعن چهره‌های اپوزیسیون قرار می‌گرفتند چرا که به سفر خارج آمده‌اند تا به زعم منتقدان نشان دهند جمهوری اسلامی مداراگر شده است!

در این میان اگر گروهی به زبان شسته و رفته و پالوده از جانبداری‌های اکتیویستی گرایش داشت ظاهرا انتظار دیگری نباید داشته باشد جز اینکه وابسته به حکومت قلمداد شود زیرا بر اساس قواعدی که برگزیده نمی‌خواهد در هر متن و گزارش و جمله‌ای به جمهوری اسلامی و همه متعلقات آن حمله کند. چنین نگاهی مهم‌ترین مساله را خود جمهوری اسلامی می‌داند. اما هم‌زمان به فرهنگی که آن را تولید کرده بی‌اعتنا می‌ماند.

زبان سیاسی زبان قیم‌مابی است

مشکل زبان از یک دید دیگر هم حائز اهمیت است. نگاه این گروه از اپوزیسیون هنوز متعلق به دوره‌ای است که باید به مردم می‌گفتند چه چیزی خوب است و چه چیزی بد. این نگاه در بنیاد خود با نگاه روحانیون تفاوتی ندارد و از یک فرهنگ تغذیه می‌کند. هر دو می‌خواهند تکلیف را برای مردم روشن کنند. اما این دوره گذشته است. در همه جهان اکنون تعیین تکلیف کردن برای مردم به عنوان پدرسالاری و قیم‌مابی و روش‌های آمرانه و آقابالاسری دور ریخته می‌شود. به

موازات رشد مخاطبان رسانه‌ها و احزاب، آن‌ها ناچارند زبان خود را دیگر کنند. زبانی اختیار کنند که اختیار مردم و انتخاب آن‌ها را محدود نکند و برایشان تصمیم نگیرد. این جوهر دموکراسی است. اما بسیاری از گروه‌های پرتکاپوی سیاسی تنها در این سال‌های اخیر است که با دموکراسی و حقوق بشر آشنا شده‌اند. آن‌ها میراث بر فرهنگی دیگرند که فرهنگ دموکراسی نبود. فرهنگ قهر انقلابی بود.

مخاطبان نـو زبـان نو می‌طلبند

اکنون مخاطبان رسانه‌ها فرق کرده‌اند. دست کم مخاطبان زمانه متفاوتند. نظرسنجی ماه ژانویه ما نشان داد و نظرسنجی زمانه که هم اکنون در جریان است نیز تایید م کند که مخاطبان ما عمدتا افراد دانشجو و تحصیلکرده‌اند. نتایج این نظرسنجی نشان می‌دهد که چقدر فاصله است میان آنچه گزارشگران فولکس کرانت از زبان آن ۵ نفر و همفکران آن‌ها می‌گویند و آنچه مخاطبان زمانه می‌خواهند. با این مخاطبان نسل نو که از جهت شمار و میزان رشد اجتماعی و تحصیلی با نسل پیش قابل مقایسه نیستند زبان نو باید به کار گرفت. زبانی که اقناع کننده باشد. دوره‌ای که مخاطب منفعل و بی‌خبر از جهان بود گذشته است. مخاطب زمانه امروز فعال است و نیازی به زبان قیم‌ماب ندارد. او شرح درست وقایع را می‌خواهد نه القای ایدئولوژی.

به نظر من روشن است که نمی‌توان به زبان‌های رو به انقراض قیم‌مابی سخن گفت و دم از دموکراسی زد و نگران این بود که مثلا زمانه چه خدمتی به دموکراسی کرده است. اگر زمانه به پاسداری از زبان رسانه‌ای خود هم بسنده کرده باشد و آن را به هزار عیب زبان سیاسی معمول نیالوده باشد و از این باد و آن مباد فاصله گرفته باشد حتما از مدعیان دموکراسی به دموکراسی نزدیک‌تر بوده است.

روش زمانه دموکراتیک است

زمانه روش کاری خود را بر اساس دموکراسی تعریف کرده است. روزنامه‌نگاری

شهروندی و اتکا به جوهر ارتباطاتی وبلاگ به عنوان مردمی‌ترین رسانه امروز جهان و ایران بنیاد کار زمانه را کاملا از گروه‌های سیاسی متفاوت ساخته است. زمانه به روی همه باز است. فاصله مراجعه به زمانه تا آغاز کار برای زمانه کوتاه‌ترین زمان ممکن در بین همه رسانه‌های فارسی‌زبان است. دموکراسی زمانه‌ای در انتشار بیانیه نیست در تربیت نیروهای علاقه‌مند و در دعوت از نیروهایی است که در رسانه‌های دیگر جایی ندارند یا جای درخوری ندارند.

کنار نهادن زبان و روابط شبان- رمه‌ای

زمانه تنها رسانه تئوری نبوده است در عمل هم حرف و سخن بسیار داشته است. من صرفا برای مقایسه گزیده‌ای از گزارش‌های متنوع حقوق بشری زمانه را در یک ماهه آوریل ۲۰۰۷ (به نقل از خبرنامه داخلی زمانه) ارائه می‌کنم تا معلوم شود که مشکل در این نیست که زمانه کار نکرده است مشکل در این است که زبانش زبان شبان-رمه‌ای نبوده است تا به چشم منتقدان معتاد به چنان زبانی بیاید. گرچه هرگز برای همان گروه‌های منتقد هم راه همکاری و حتی نقد زمانه بسته نبوده است. توصیف من از گروه‌های سیاسی به معنای آن نیست که آن‌ها راهی به زمانه نداشته‌اند و ندارند. مساله این است که زمانه به روش سیاسی آن‌ها اداره نشده است. راه زمانه راه تازه‌ای است. استقلالش هم از همین جا ست.

کارنامک حقوق بشری زمانه به نمونه ماه آوریل:

- گفت‌وگو با عبدالکریم لاهیجی و ماهوتی‌ها درباره نتایج اجلاس شورای حقوق بشر سازمان ملل.
- گزارش قطعنامه شورای حقوق بشر درباره بحران دارفور.
- اعدام کودکان زیر ۱۸ سال در ایران.
- گزارش مریم خرمی همکار زمانه که به افغانستان سفر کرده است درباره وضعیت حقوق بشر در افغانستان.

- بازگرداندن اجباری شش پناهنده ایرانی عرب‌تبار از سوریه به ایران.
- بازگشایی پرونده زهرا کاظمی خبرنگار کانادایی-ایرانی.
- گزارشی درباره پژوهشگر فرانسوی که مدتی در ایران گرفتار بود.
- گزارش سازمان دیده‌بان حقوق بشر از زندانیان روس در گوانتانامو.
- پیگیری پرونده احداث سد سیوند در نزدیکی منطقه پرسپولیس در قالب چند گزارش.
- گزارشی از ازبکان اپوزسیون در هلند.
- مجموعه گزارش، خبر، تحلیل درباره دستگیری معلمان در ایران، مصاحبه با خود معلمان و کانون صنفی آنان و مصاحبه با وبلاگ‌نویسان و روزنامه‌نگاران مقیم ایران درباره دستگیری معلمان.
- حراج آثار تاریخی جیرفت در لندن و گزارشی در این باره.
- پوشش خبر دادگاه متهمان قتل‌های محفلی کرمان و گفت‌وگو با یکی از بستگان قربانیان (در این قتل‌ها عده‌ای از شهروندان کرمانی به اتهام داشتن رابطه نامشروع یا فساد به طور خودسر توسط نیروهایی بسیج غیرقانونی کشته شدند).
- جلوگیری از ادامه کار سازمان دیدبان حقوق بشر در ازبکستان.
- تهیه سلسله خبر و گزارش درباره دستگیری یعقوب یادعلی نویسنده ایرانی و مصاحبه با همسر وی و پیگیری خبر تا زمان آزادی او.
- تهیه گزارش مفصل از جلوگیری دولت ایران از خروج خبرنگار رادیو فردا نازی عظیما و مصاحبه با او و وکیلش.
- فیلترینگ پیام‌های تلفنی تصویری در ایران.
- گزارش‌هایی درباره دستگیری دانشجویان دانشگاه مازندران
- گفت‌وگو با دایان علایی نماینده جامعه بهایی؛ بهاییان از اقلیت‌های مذهبی داخل ایران هستند که از حقوق عادی مانند سایر شهروندان مانند رفتن به دانشگاه محروم هستند.
- گفت‌وگو با فرزانه کابلی مدرس رقص در ایران به مناسبت روز جهانی

رقص در یونسکو.

- گفت‌وگـو بـا محسـن نامجو خواننـده ایرانـی دربـاره یکـی از کلیپ‌هـای او (در ایـن کلیپ یکـی از بازیگـران زن ایـران بـازی می‌کنـد کـه چنـدی قبـل انتشـار یـک فیلـم خصوصـی او در ایران مشکلاتـی بـرای او ایجـاد کـرد).

- بررسی پدیده همجنس‌گرایی در میان ایرانیان.

- سلسـله گزارش‌هایـی دربـاره فـرار مغزهـا از ایـران و وضعیـت دانشـجویان در خـارج از کشـور.

- دستگیری چند خواننده رپ زیرزمینی در ایران و انتشار خبر آن برای نخستین بـار در رادیـو زمانه کـه بعـد از آن در برخـی رسانه‌های داخـل و خـارج ایران ماننـد رادیـو فـردا و روزنامه اعتمـاد و همبستگـی نیـز منتشـر شـد.

- پوشـش گسـترده موضـوع مبـارزه با طـرح بدحجابـی در ایـران در قالب گفت‌وگو بـا زنان دستگیـر شـده، تهیـه کلیپ‌هـای صوتـی از متـن وبلاگ‌هایـی کـه در این بـاره نوشـته‌اند، مصاحبه با کارشناسـان و روزنامه‌نگـاران مقیم ایران.

- گزارشـی دربـاره مقـررات اجبـاری پوشـش دختـران در تاجیکسـتان توسـط خبرنـگار زمانـه در دوشـنبه.

- گفت‌وگـو بـا مـردم تاجیکسـتان دربـاره فشـارهای دولـت بـرای داشـتن پوشـش خـاص.

- گزارشـی از نمایشـگاه نقاشـی‌های دلارا دارابـی دختـر ایرانـی محکـوم به اعـدام و نمایشـگاهی کـه بـرای او در هلند برگـزار شـد.

- گفتگـو بـا قاسـم کشـکولی و گپـی دربـاره کتـاب او کـه در ایـران سانسـور شـده اسـت.

- ادامه و پیگیری خبر دستگیری فعالان زن در ایران: دستگیری تعدادی از فعالان زن ایـران در روز چهارم مـارچ سـال ۲۰۰۷ کـه خبـر آن بـرای اولین‌بار در سـطح وسیـع رسـانه‌ای در زمانه منتشـر شـد، تبعـات رسـانه‌ای مختلـف داشـت. در ایـن زمینـه در مـاه آوریـل دادگاه و پرونـده قضایـی فعـالان زن در مصاحبه‌هایـی بـا خانـم فریـده

غیرت وکیل زنان، شـادی صدر از وکلای دسـتگیر شـده، نسـرین ستوده وکیل زنان کمپیـن یـک میلیون امضا و سـایر فعالان جنبش زنان پیگیری شـد.

http://zamaaneh.com/blog/10/2007/post_71.html

نظـــرهای خـــوانندگـــان

آیـا بایـد بـه بهانه مخالفت بـا جمهوری اسـلامی علیه قـرآن و اعتقادات مردم مسـلمان هـم باید موضـع بگیریم؟
یک باید برای این جمله ی درخشانتان بس بود.
عبارات بیاد ماندنی و درخشانی بود
آیـا هـر چـه بـه سـنت و مذهب و عـرف رایج مـردم هـم بازگردد بایـد نفی شـود؟ آیا بایـد بـه بهانـه مخالفـت با جمهوری اسـلامی علیه قـرآن و اعتقادات مردم مسـلمان هم بایـد موضـع بگیریـم؟ آیـا هر چـه دینی اسـت و هر کـه رنگ معنـوی یا الهـی دارد به دلیـل تقابـل بـا جمهوری اسـلامی بایـد نادیده گرفته شـود و مـورد بی اعتنایی باشـد؟ چـه چیزی جمهوری اسـلامی نیسـت؟
فقـط در تعجبـم چطـور برخـی از مقاله ها در رادیو زمانه منتشـر میگردنـد چون چندان ...با این نگاه شـما انطبـاق ندارند.
موفق باشید.
علیرضا , Oct 16, 2007

● از تذکر شما ممنون. تصحیح شد. زمانه

....

مدیر محترم رادیو زمانه: چرا پیام دیروزی مرا منتشر نکردید.؟

سهند , Oct 17, 2007

....

● کامنت شما در پای مطلب قبلی گذاشته شده و همانجا هم منتشر شده است. زمانه

....

ایـن هـم شـیوه جدیـدی در هـم اعمال سانسـور و هـم برائت از آن هسـت کـه کامنتت
را منتشـر نمیکننـد امـا وقتـی از صفحـه اول رفت و طبعـا دیگر خواننـده چندانی ندارد
آنـرا بـرای رفـع ایـراد منتشـر میکنند. به هـر حال شـیوه های سانسـور با حفـظ ادعای
دموکراسـی بیچیـده تـر شـده و راه خود را می یابد. سـهند عزیز کامنت مـن هم عینا به
سرنوشـت کامنت تو دچار شـد.

علی , Oct 17, 2007

....

Sirs,
You should pay attention to the Volks' report but you should not
take it seriously. They have interviewed a number of outcasts
who do not represent the Iranian daaspora, let alone the Iranians
living in the troubled country.
One of those interviewed by the newspaper is a self-confessed
terrorist who should first stand trial for what he has done in Iran
as a member of the notorious vigilante group Hizballah. In his
weblog and in his confessions in the Iranian newspapers, as wit-
nessed by the nobel laureate Shirin Ebadi he has confessed that
he has been an accomplice of Hizballah in many violent attacks.
Radio Zamaneh should not broadcast according to the ill taste
of people like him. Instead they should try their best to commu-
nicate with the people and particularly the young people living
in Iran in order to spread peace and democracy and stop others
from joining the groups to which some of the Volks' interviewees
belong.

Radio Zamaneh is working so flawlessly with Iranian youths that others have started to covet the success of its journalists. Please keep up the good work and ignore the outcasts and drop-outs and those who chose not to be a part of a constructive endeavour to inform a nation that needs to be informed. I admire Radio Zamaneh's contribution to the furthering of human rights and political and social awareness in Iran as well as to the elimination of the xenophobia that has separated Iran from the Western democracies.

Oct 17, 2007 -- Behnam Yazdani

....

این کسانی که سالهاست خارج از ایران زندگی می کنند و جزو مثلا اوپوزیسیون هستند، نه تنها از مشکلات ما جوانان در داخل ایران خبر ندارند و نه تنها با تند رویهای خود مشکلات بیشتری برای ما و خودشان ایجاد می کنند، بلکه مانع کار خیر پارلمان هلند هم می شوند که قصد دارد ما را با حقوق بشر و موازین دموکراسی آشنا کند و امکان سخن گفتن و آگاه کردن و آگاه شدن را برای کسانی که عضو حزب الله یا احزاب ظاهر الصلاح تر نیستند فراهم کند. من از رادیو زمانه متشکرم که امثل یک پنجره ی رو به هوای تازه برای ما که در داخل ایران هستیم ارزش دارد.
لطفا برای خاطر ما به کار خود به همین خوبی که هستید ادامه بدهید و مراتب تشکر ما را به پارلمان هلند و همه آزاد اندیشان ابلاغ فرمائید. .

کمال خرسندی , Oct 17, 2007

....

معلوم نیست این آقای بهرام یزدانی این نظر را به زبان انگلیسی برای رویت کی گذاشته است ؟ اگر برای جامعه ایرانی است که بهتر بود به زبان فارسی می نوشتند چون همه که انگلیسی بلد نیستند . اگر برای خارجیها و یا سرمایه گذاران رادیو زمانه است ، توصیه می کنم به وسیله نامه چنین مدافعاتی را بفرستند . اگر هم زبان فارسی نمی دانند یا آن را فراموش کرده اند که هیچ !

منوچهر هنرمند , Oct 18, 2007

آقـای جامـی از اینکه بـا صراحت از کارنامـه زمانه دفاع میکنید خیلی خوشـحالم چون ایـن رسـانه مفید باید حفظ شـود .
ولـی ایـن دفـاع کـه بسـیار هم به حـق اسـت نباید موجب سـر خوردن شـما بـر روی پرتـگاه تحمـل ناپذیـری شـود و باعـث شـود کـه داور مسـابقه خـودش وارد یک تیم شـود . نـوع دفاعیه شـما بوی پیش قضـاوت میدهد و شـما همه منتقدان را به مسـایلی متهـم میکنیـد کـه جمهـوری اسـلامی منتقدانـش را با ایـن تفاوت کـه رفتار بچـه گانه جمهـوری اسـلامی بـا منتقدانـش آنقدر ادامه پیـدا کرده که به قول شـما به دشـمنی در همـه جهـات تبدیل شـده و حتی خوشـبین ترین و سـخت جان تریـن منتقدینش را به ایـن نتیجه رسـانده کـه دیگر نقد فایـده ایی نـدارد و این حکومت اصلاح پذیر نیسـت ولـی ایـن موضـوع بـرای زمانـه به هیچ وجـه صادق نیسـت و بیشـتر منتقـدان زمانه نه دشـمن آن هسـتند و نـه سـودی از ایـن دشـمنی میبرنـد بلکه بـه عنـوان مخاطبان یک رسـانه نوپـای تـازه کـه نـه از پول نفـت ما و نـه از پول مالیات ما اداره میشـه دوسـتش دارنـد و هـر منتقـد بـه اندازه یک نفـر از ۱۰ میلیون مخاطب این رسـانه رو مال خودش میدونـه و نـه بیشـتر یعنی یه سـهم بـه انـدازه (۱/۱۰۰۰۰۰۰۰) و دوسـت داره به همون انـدازه بـه رشـد زمانـه کمـک کنـه چون با رشـد حرفه ایـی زمانـه بهره اش بـرای همه اسـت و تقسـیم نمیشـه . شـما نباید دسـت از هدفتون بردارید و نباید ناامید بشـید بلکه بایـد از اینکـه مخاطبـان خودتـون رو وادار کردیـد که دسـت به کیبرد ببرند خوشـحال باشـید حتـی اگـه ناسـزاوارترین نقـد رو حوالـه تـون بکنـم بـاز هـم اینقـدر بـرای من مخاطـب مهـم بـودی وگرنـه تـوی ایـن دنیـای بـزرگ وب (دهکـده جهانـی) اینقدر سـایت هسـت کـه بتونـم یکـی پیدا کنـم که ارضـام کنـه . مـن در کامنت پـای مطلب قبلـی تـون هم نوشـتم که شـما نباید انتظار داشـته باشـید که مخاطبان شـما کـه عمدتا در ایـران هسـتند یـه شـبه اسـتانداردهای بـالای دمکراسـی و .... رو خلق کننـد بلکه از چرخـش زمانـه اسـت کـه خـوب و بـد الک میشـوند و مـا تـازه الکهایی را بـرای الک کـردن جنـس اندیشـه و حـرف یافته ایـم و با حرص و ولع مشـغول الک کـردن وگرنه اگـر خـوب بنگـری در جامعـه مـا همه چیز مخلوط اسـت و باعث میشـود کـه به قول

شـما حتـی مفهـوم سیاسـت هـم بـا شناسـنامه هـای متفاوتـی معرفی شـود حـالا نکته اساسـی همین جاسـت که شـما رنج ناشـی از نبودن در ایران رو هم خودتون میکشـید و هـم بـه مـن مخاطب منتقل میکنیـد . مثلا برای مـن مخاطب توی ایران دانشـجوهای امیرکبیـر خیلـی مهـم هسـتند یـا اینکه اجـازه رفتن به کنسـرت موسـیقی مـورد علاقه ام و یـا داشـتن آزادی پوشـش و حجـاب و...... ولـی ممکنـه برای شـما کـه در محیطی بـا اسـتاندارد بالاتـر زندگـی میکنی مسـئله احمدی نـژاد و همجنس بازی . شـاید برای بیشـتر مـردم ایـران مسـئله همجنس بـازی چندان مهم نباشـه چون متاسـفانه ما سـطح اسـتانداردمون اونقـدر پاییـن اسـت که این مسـاله شـاید در اولویت پنجاهم باشـه و به همیـن خاطـر بزرگتریـن نقد من به زمانه این اسـت کـه زمانه باید سـعی کنه مخاطبش رو درک کنـه و بهـش کمـک کنـه نه اینکـه اون رو سـرخورده کنه خلاصه بگم سـواره نـدارد خبـر از حـال پیـاده . امیـدوارم زمانه روزبروز بهتر و پربارتر شـود تا باعث رشـد مـن و دیگـران شـود . بـه امید فردایـی بهتر بـرای ایران .

احسان از رفسنجان , Oct 18, 2007

....

اقای علی: این شیوه ای است که متاسفانه مدیریت این رسانه از خیلی قبل بکار می برد. من خودم مهندسی الکترونیک و مخابرات خوانده ام و یکی از رشته های دلخواهم هم ریاضیات احتمالات است که بن پایه تئوری های انفارماسیون کلاود شننن بنیانگذار و پدر مخابرات مدرن است و چون با ساختار و مکانیزم تککنولوژی انترنت اشنایی دارم همیشه احتمالات گوناگونی مثل گم شدن پیامها در عین انتقال از نقطه ای به نقطه دیگر و یا اهمال پرسنل در سایت و غیره را به حساب آورده و بعدا قضاوت می کنم. و اینرا هم باید گفته باشم که در بعضی از مواقع دچار اشتباه شده ام ولی مثلا امروز صبح که از سر کارم به این سایت سر زدم پیام اقای خلجی را ندیدم و الان که از خانه وصل شده ام پیام ایشان قبل از پیام من درج شده است. من نمی فهمم چرا آدمهایی مثل استیون هاوکینز و راجز پنروز اینهمه مدت در دانشگاه کمبریج بر سر پدیده Time Travel به سر و کله هم می زنند. آنها فقط کافی است که سری به این سایت زده و این پدیده را با چشم های خودشان مشاهده کنند. ولی با همه اینها از اینکه

مودبانه پاسخی داده اند باید ازشان تشکر کرد و بقول اذربایحانی ها» آری دان بیر توک ده غنیمت دیر.» -- اگه از خرس یه تار مو هم بکنی باز هم غنیمت است.

سهند , Oct 18, 2007

....

آن مثل آذربایجانی را تکمیل اش کنم.» اری دان بیر توک قوپاسدان دا گنه قنیمت دیر.»

سهند , Oct 18, 2007

....

شیر بی یال و دم و اشکم که دید؟

وقتی بسیاری از کامنتهائی که به هیچ وجه توهین آمیز هم نیستند سانسور میشوند تو اگر دلت خواست حدیث مفصل هم بخوان.

پندار , Oct 18, 2007

....

● *از کجا می گویید بسیاری؟ تمام کامنتهایی که حاوی حداقل موازین نظردهی باشند منتشر می شوند حتی برخی از کامنتها با حذف ناسزاهاشان منتشر می شوند! دلیلی برای بدگمانی به زمانه وجود ندارد اما حجم کامنتها ممکن است سبب تاخیر در انتشار شود. زمانه*

....

ما که نمیتوانیم خودمان را برای خودمان جور دیگری بزک کنیم.ما ایرانی ها ذاتا مستبد و نارسیست هستیم پس اگر میشود این بساط کامنت بازی را جمع کنید.

پندار , Oct 18, 2007

....

یادداشت ف.م.سخن در باره رادیو زمانه

http://www.fmsokhan.com/archives/2007

oeoeoeuu_oeuoeu_2.html/10

یک شنونده , Oct 18, 2007

....

آفتاب آمد دلیل آفتاب.
آقای جامی این موضوع را اینجا میاورم چون به شما هم مربوط میشود. برادرم شهام در ارتباط مصاحبه شما و آقای معروفی با آقای سلیمی نمین سه کامنت فرستاد که منعکس نشد و خلاصه حرفش این بود که کاش از ایشان در رابطه با اخراج آقای زرین کلک از دانشگاه هم سئوال می فرمودید.قضیه را که میدانید؟!
پندار , Oct 18, 2007

....

● *من بخش نظرات آن مطلب را نگاه کردم و کامنت اعتراض شهام را دیدم که منتشر هم شده ولی خود کامنتی را که در باره اش صحبت می کنید ندیدم و فکر نمی کنم اگر هم می بود مشکلی برای انتشار داشت. بفرمایید دوباره بنویسند. به هر دلیلی در ادیتور سایت دیده نمی‌شود. شاید به قسمت جانک رفته و حذف شده است. - مهدی جامی*

....

شما نظرات دیگران را منتشر نمی کنید چطور دم از روش دمکراتیک در رادیوی خود می زنید؟
امید , Oct 18, 2007

....

آقای جامی
میشه لطفا توضیح دهید چرا در پاسخ به منتقد ین جهت گیری سیاسی رادیو زمانه و مقاله های سیاسی با امضا خودتان همواره اپوزیسیون جمهوری اسلامی را مورد حمله و شماتت قرار می دهید؟ معنا و چرایی آن چیست؟ چرا پاسخ تان به همان افراد منتقد محدود نمی ماند؟
کویر , Oct 18, 2007

....

● *بر اساس زبان اگر تقسیم کنیم سخن من به تمام کسانی بر می گردد که زبان اکتیویستی را برای رسانه هم تجویز می کنند ولی در محتوای سخن آنها بحثی نکرده ام. روش ارتباط را*

مد نظر دارم. به نظرم واقعا دو روش ارتباطی وجود دارد که آنچه بین اپوزیسیون رایج است برای رسانه سم مهلک است. نگاهی به میزان توفیق رسانه های اپوزیسیونی هم آن را تایید می کند. از نظر شما روش معمول که من آن را نقد کرده ام راه به جایی می برد؟ یا فکر می کنید چون در بین اپوزیسیون جاری است نقد ناپذیر است؟ آیا اپوزیسیون نباید به فکر نوکردن زبان و روش ارتباطی خود باشد؟ وانگهی نقد این یکی به معنای پذیرفتن راه جمهوری اسلامی است؟ - مهدی جامی

....

آقای جامی ممنون از پاسختان. شما می توانید یک مطلب روشنگر در باره تفاوت زبان اکتیویستی و زبان مجاز برای یک رسانه مستقل که خود را متعهد به حقوق بشر و دمکراسی و دگرباشی می داند بنویسید و حتما مفید واقع خواهد شد.اما همه بحث این نیست.اصلا انتقاد ناظر برمقایسه زبان و محتوای سخن رادیو زمانه و اپوزیسیون رژیم نیست بلکه اگر مقایسه ای درمیان باشد همانامعیار قرار دادن زبان و محتوای سخن رادیو زمانه درعمل با منشور آن و مقایسه آن با یک رسانه مستقل است. برای نمونه مقایسه کنیدسرمقاله ماه اکتبر لوموند دیپلماتیک به قلم سردبیر آن با سارکوزی و آن چه که به قلم شما درباره سخنرانی احمدی نژاد در دانشگاه کلمبیا نوشتید و همچنین گزارشی که از حوادث اخیر دانشگاه تهران در سایت رادیو زمانه انتشار دادید. شما یک رسانه هستید و نه یک بخش اپوزیسیون؛ اما پاسختان به انتقادات از همان کهنگی زبان و روش ارتباطی اپوزیسیون رنج می برد. نقد اپوزیسیون قطعا به معنای پذیرفتن راه جمهوری اسلامی نیست، اما «دهان به دهان» شدن یک رسانه با منتقدین خود و آن را به عنوان اپوزیسیون رژیم تلقی کردن می تواند نشانه آن باشد که رادیو زمانه و آقای جامی خود را نه یک رسانه مستقل بلکه یک بخش از اپوزیسیون در مقابل بخش دیگر اپوزیسیون می داند.

کویر , Oct 18, 2007

....

آقای جامی جای این سوال شاید اینجا نباشه ولی چون به شما دسترسی ندارم

مجبورم سوالم رو همینجا بپرسم:من تا حالا ۳ تا مطلب برای شما فرستادم که لطف کردید و ۲ تای اولش رو چاپ کردید.مطلب سوم من چاپ نشد و من چون فکر کردم به دستتان نرسیده دوباره فرستادم که باز هم چاپ نشد.البته این حق شماست که هر مطلبی را چاپ بکنید یا نه.فقط چون خودم خیال میکنم مطلب آخر بهتر از دوتای قبلیست برایم عجیب بود که اون دوتا که ضعیفتر بود چاپ شد و این آخری نه.ضمنا من چون با اسم واقعی مینویسم تمام خط قرمز ها رو رعایت میکنم.جالب اینجاست که نوشته آخرم تا حدودی ضد آمریکایی بود! به هر حال بهتره که به آدم گفته بشه که چرا مطلبش رو نمیخوان (مثلا بگن توش کلمات رکیک وجود داره یا....) خلاصه اگر لطف کنید و بگید مشکل مطلب آخرم چی بوده ممنون میشم.مطلبی با عنوان «فرهنگ بی شرمی» درباره رسانه ها ی گروهی در آمریکا (اصلا به دستتون رسیده یا نه؟)

با تشکر ارشیا آرمان

بدون نام , Oct 18, 2007

....

از طریق روش کلامی ایده های خویش را نشاندن کار جالبیست. زبان اپوزیسنی یا مخالفت نمیتواند توجیه کننده ی بی مفهومی مخالفت انها گردد. همانطور که زبان معتدلی برگزیده نمیتواند ایده ی التزام به جمهوری اسلامی را قالب مردم کند. وقتی مورد دوم صورت گیرد مورد اول نیز عملن ابراز شده است/ عدم مخالفت اقای جامی با جمهوری اسلامی و تاکید بر التزام به ان به عنوان پدیده ی شاید برخاسته از فرهنگ و متناسب با واقعیت تازه نیست، که بخواهیم با زبان جدید بخورد یکدیگر دهیم. این مطلب چندان از قضا در خود رادیو زمانه اشکار نیست و لی در سخنان ایشان اشکار است. در نتیجه میتوان انرا به مهدی جامی بعنوان یک فرد و همینطور جایی که خود را مدیر رادیویی با ان ایده ها میداند بر گرداند ولی تمامی بخشهای این رادیو را چنین نقدی روا نیست. بهر حال ایده های شخصی اقای جامی دقیقن به معنی به بن بست کشیدن نقد جمهوری اسلامی است.

در لابلای کلام اقای جامی کاملن پیداست که حتا برخورد با قران و اعتقادات را درست نمیدانند/ این درحالیست که دقیقن از ریشه های مخالفت با جمهور یاسلامی به دلیل اگاهی از ریشه داشتن ان در اعتقادات و کتاب به اصلاح اسمانیست و نه بر عکس که ریشه ی مخالفت با قران و اعتقادات بخاطر مخالفت با جمهوری اسلامی باشد. یاری جستن ازین ترفند جز قالب کردن اعتقادات خویش با زبان چرب و نرم نیست.

مخالفت با جمهوری اسلامی میتواند بیرون از دایره ی ان با در نظر گرفتن با هر شعاعی ازین دایره بیان و بررسی گردد. با شعار بی اندازگی شعاع دایره جمهوری اسلامی نمیتوان خویش را روشنفکر جلوه داد و بدون جایگاه. جمهوری اسلامی را با همان سرلوحه نامی ان میتوان بررسی نمود. اگر چالش های ایدولوگیک و تعلقات شخصی انسانی به او چنین ازادی را نمیدهد که چنین اغاز گری باشد مشکل خود اوست . به کلامی دیگر با تئوری های امید های واهی بستن به اعتقادات ایدولوگیک خویش به یک دین عدم بازدهی ان ایدولوگیک را در کارامدی ان در اقتصاد و سیاست نمیتوانیم اصلن ببینیم و دقیقن انچه به ان اپوزیسیون ها متهم میگردند خود بسیار افراد روشنفکر دنی یبه ان سی سال است مبتلا هستند یعنی اعتقاد به جمهوری اسلامی . شما اگر برخی نوشته های محمد رضا نیکفر را اصلن خوانده باشید و در همین زمانه خواهید دید که چگونه عنصر اسلامی ان جمهوری اسلامی بدرد نخور ابراز میگردد و این دایره ی جمهور ی اسلامی با شعاع نا معلومش از همان ابتدا مرکزیت خویش را از دست میدهد. بر نتابیدن مخالفت با تئورری جمهوری اسلامی اما داستان تازه ای نیست اقای جامی. روشنفکران دینی از همان ابتدا التزام خویش را به ان ابراز داشته اند و اگر بگوییم کشتارو دگر اندیشان را سکوت کردند و در برخی اعمال و جریانات حذفی هم دخالت نداشتند و انرا جدی نگیریم ولی در برابر بسیاری مخالفان که از قضا وابسته به هیچ حزب و دسته ای هم نبودند نظر خویش را ایراد نمودند.

ازنسو جمهوری اسلامی پدیده ای نیست که بخواهیم سر نحوه رفتار یا چگونگی

راه ان فقـط گفتگـو کنیـم کـه ایـا راه ان را میپذیریـم یـا نمیپذیریم. هنگامی که انسـان قـادر بـه بررسـی خـود سـاختار جمهور ی ا سـلامی نمیگـردد میبایسـت انرا در بسـته بپذیـرد (دانـش اکادمیـک غربـی ضعـف هـای ددیگاهی مـا را نمیتوانـد لزومن اصلاح کنـد) و در ان دایـره ی نامتناهـی از نظـر خویـش جـای گیـرد. این ضعف بررسـی حتا در نـگاه بسـیاری ایرانیـان نسـبت به وضعیت اقتصادی و فرهنگی نیزاشـکار اسـت. بهر حال با زبان جورنالیسـتی نقطه تفاهمی هم جسـتن مسـخره ترین کار اسـت و حداقل وقتـی ادمهـا سـر مواضـع عقیدتی و سیاسـی خود نمی ایسـتند و انرا به اشـکاری (حتا بدلیـل اعتقـادی ناخـوداگاه بـه رسـمیت پدیـده ای) ابـزار نمیکننـد بهتـر اسـت طرف مقابـل را بـه یک بازی غیر شـرافتمندانه هم نکشـند که منظور نه با اپوزیسـیون هاسـت بلکـه ادمهایـی که مناسـبتی با گروهـی ندارند . موفق باشـید.

علیرضا, Oct 18, 2007

....

حیـف از بودجـه ی دولـت هلنـد کـه بـه شـما داده وشـما آن را خرج جیب شـخصی خودتـان مـی کنیـد ایـن رادیـو مفـت نمـی ارزد و صفحـه سـایت شـما نیـز نظریـات خوانندگانـش را وقتـی چـاپ مـی کنـد کـه مطلـب از صفحـه اصلـی حذف می شـود و چنـدان خواننـده نـدارد ۹۰ درصـد خواننده های شـما از طرفداران پادشـاهی پهلوی هسـتند ولـی مطلبـی در مـورد ایـن خانواده نمی نویسـید پس فرق شـما با رسـانه های داخـل ایـران کـه مـورد سانسـور قرار مـی گیرند چیسـت ؟؟

فرهاد, Oct 18, 2007

....

آقای جامی رسانه ی بسیار با ارزشی دارید.امیدوارم از انتقادات تند برخی سرخورده و نا امید نشوید.آقای فرهاد سلسله ی ناقص پهلوی تمام بودجه ی ایران را در اختیار داشت و همین الان هم بازمانده های آن منابع بودجه هنگفتی در اختیار دارند و فکر نمی کنم نیازی به زمانه داشته باشند کما اینکه فقط شما لطف می کنید به این سایت سر می زنید!

رضا, Oct 19, 2007

دوستان رادیو زمانه، بنظر میرسد که خلقیات آپوزیسیون جمهوری اسلامی را خوب می‌شناسید. من خودم هم مجبور به اقامت در خارج کشور هستم. در تمام مدت این اقامت طولانی، با آزار اینها زیستم. ربودن افراد. عینهو مثل خود رژیم، هر یک بنا به میزان قدرت حرافی و فحاشی و معصوم نمایی نخبه تر باشد، تعداد اعضاء اش هم بیشتر است. اصل پایه ای فعالیت همگی این ها، بر عدم استقلال فردی است. در تمام این سالها، حمایت از مبارزات داخل ایران شان هم بر همان اصل ربودن اشخاص و ان جی او ها بوده و هست. باید مثل آنها باشی، یا از هیچ کوششی در خراب کردن ات ابا ندارند. هر اشتباه، یا نادانی ات چنان بزرگ می شود، که به نفی انسان بودن ات ختم شود. زمانه ای ها هم همچون طعمه برای شکار چیان اند. اگر تصور میکنید که تا پارلمان هلند پیش نمی روند که استقلال فکری یا عملی تان را سلب کنند، اشتباه می کنید. یا مال او باش، یا حذف شو! آزادی فدای منافع او.آیا تربیت ما در روابطمان، از خانواده گرفته، تا جامعه غیر از این بوده و هست؟ علیرغم سالها زندگی در غرب، همان ایم که بودیم. ما دائم خود و دیگری را در سالاری ایدئولوژیکی(دینی یا غیر دینی) باز می سازیم.
یک خواننده مطالب شما
بدون نام , Oct 19, 2007

....

مهدی جامی عزیز
متیـن بـود. جلـب رضایـت همه هم البته کار دشـواری اسـت. امـا به نظر مـن دیگر کم کـم مفیدتـر خواهـد بـود اگر در جـای صدور جوابیـه هایی از این دسـت، گزارشـی یا بازخـوردی (اول بـرای خـود و همـکاران و بعـد مخاطبیـن و از جملـه منتقـدان) آماده کنیـد کـه نشـان دهـد (یـا که ندهـد) کـه آیا ایـن بودجه بـه جایش خرج شـده یـا نه؟ بـرای شـخص من سـوال اسـت که آیـا توسـعه ی دموکراسـی و حقوق بشـر لزومن از رسـانه ی سیاسـی بـر مـی آیـد یا راه حـل غیر سیاسـی می تواند بـه آن نتایـج رهنمون شـود. اگـر آری پس شـاید بهتر باشـد کـه در این چارچـوب جواب منتقـدان را بدهید. منتقدیـن زمانـه را مـن بـا حوصلـه پیگیری می کنـم. به گمان مـن گاه عجله مـی کنند:

بگیریم و این را ساقط کنیم و تمام. این تکرار اشتباهات تلخ گذشته است که چنین بودجه ای باید حاکمیت ایران را در اسرع وقت ساقط کند و از این راه دموکراسی و حقوق بشر را به ارمغان بیاورد. آنها می گویند که شما بی طرف نیستید و جریان مخالفت با جنگ نیست، بلکه زمانه مدافع حکومت است و سنگ آن را به سینه می زند تا اصلاحات به روی کار بیاید. خوب، باید صریح تر به این ادعاها پاسخ گفته شود تا مخاطبان هم روشن شوند.

این است که صدور جوابیه هایی که فهرست افتخارات را بر شمارد یا بگوید فلانی دم اش به آنجا وصل است یا مثلن مجاهد و تروریست یا حزب اللهی است پس نماینده ی خوبی برای مردم ایران نیست، کارساز و منصفانه به نظر نمی رسد. اگر منتقدین زمانه هم چنین روش پیشه کنند زمانه باید بتواند جور دیگری بر خورد کند. به هر حال اگر این رسانه مستقل است و به همه ی سلیقه ها احترام می گذارد، این منتقدین هم جزوی از آن سلایق هستند و شاید از جهاتی حق با آنان باشد. یعنی شاید بتوان با حفظ بخش های غیر سیاسی رادیو، بخش سیاسی را - همچنان پایبند به قواعد - تند و تیز تر و حساس تر کرد که سلایق بیشتری را در بر بگیرد. و البته که تنظیم اش کار دشواری است. دشوار تر از انتخاب لینک هایی که نماینده ی وبلاگستان باشد.

و باز هم در مورد لینک های وبلاگ چرخان:

در جایی نظر شخصی ام را گفته بودم اگر زمانه به بعضی وبلاگ ها لینک بدهد جای دوری نمی رود. و زمانه در پاسخ هدف «وبلاگ چرخان» را بازگو کرد که نشان دادن تنوع سلیقه ها است و من البته این سیاست را نمی دانستم. چنین است که اعتراض آقای فرشاد ابراهیمی که معتقد است به سران حزب الله نباید لینک های «بد و غیر مردمی» بدهید بی محل است. اما دقیقن به همین دلیل من از جواب زمانه در مورد لینک ندادن مثلن به وبلاگ های حسن آقا و نانا (و شاید ملاحسنی ... مطمئن نیستم) قانع نشدم. به نظر من اینها نماینده های بارز و شاخص طرز تفکر، ادبیات و سلیقه ای نه چندان کمیاب هستند که بعید می دانم

زمانه به مشابه‌اش لینک داده باشد. یعنی اگر بخواهد لینک بدهد شاخصه اش همین ها هستند. منظورم هم از سلیقه البته مخالفت یا دشنام دادن به رادیو زمانه نیست! در همین زمینه از سه چهار درصد مخاطبان ام چشم می پوشم و صادقانه اعتراف می کنم که زمانه به اشتباه وبلاگ من را دو بار – یک بار به نام وبلاگ و یک بار به نام خودم – لینک داده است. دست کم یکی اش را بردارید و – گر چه به من مربوط نیست – به این دوستان اختصاص دهید. این کار سعه ی صدر شما را نشان می دهد و اقدامی شایسته ی ارج است.

نیم (نیما دارابی) Oct 22, 2007

ایران، جمهوری اسلامی نیست

بیست و هشت مهر هشتاد و شش

سنجش گزارش فولکس کرانت - بخش سوم:

مردمی که در فولکس کرانت فراموش شده‌اند

اگـر بـه جنجال‌هـای این روزها بر سـر زمانـه نیک بنگریم یـک امر بدیهـی نادیده گرفتـه شـده اسـت: مـردم. مخاطبـان. آن‌هـا کـه کامنـت می‌گذارنـد و بـا منتقدان همدلـی می‌کننـد حـق دارند نظرشـان را بگوینـد اما فرامـوش می‌کنند کـه مردم و مخاطبـان یک رسـانه مهم‌ترین شناسـه آنند. منتقـدان و همدلان ایشـان نگرانند که مبـادا زمانه به جمهوری اسـلامی گرایش داشـته باشـد. آن‌هـا از اندیشـه‌ای پرده بر می‌دارنـد کـه در آن مـردم نقـش چندانـی ندارنـد. آن‌ها همـه چیز را بـه جمهوری اسـلامی تقلیـل می‌دهنـد. آن‌هـا با وجـود مخالفت بـا جمهوری اسـلامی همچنان در چنبره آن گرفتارند. جمهوری اسـلامی کابوس آن‌هاسـت چشـم ناظر آن‌هاسـت مـلاک سـنجش خـوب و بـد آن‌هاسـت. آن‌هـا فرامـوش می‌کنند که چیـز دیگری هـم وجـود دارد. آن‌ها در محاسـبات خود مـردم را فراموش می‌کننـد. آن‌ها خود را دایـر مـدار تشـخیص می‌داننـد. از نظـر آن‌ها مرجع تشـخیص، گروه‌هـای کوچک نخبـگان و برگزیـدگان و مبارزان و معمرین و السـابقون السـابقون‌اند.

آن‌ها رهبری می‌کنند و مردم پیروی. آن‌ها کشف اسرار می‌کنند و مردم انگشت به دهان می‌مانند!

اما دوستان منتقد ما نه نشانه درستی برای تایید مدعا دارند و نه استدلال روشنی می‌کنند و نه شاهدی می‌آورند. یکی می‌گوید چون به احسان جامی نپرداخته‌اید حکما دل به جمهوری اسلامی داشته‌اید. دیگری می‌گوید چون فلان خبر را سردتر از انتظار یا متفاوت از دیگر رسانه‌ها گفته‌اید حتما از جمهوری اسلامی چشم می‌زنید. برادر سابقمان می‌گوید چطور ممکن است آدم به ایران برود و سالم برگردد و اعضای سفارت به رادیویش رفته باشند اما معامله نکرده باشد. یکی هم از برنامه‌های ادبی و فرهنگی و اجتماعی و بهداشتی و آرایشی زمانه نتایجی که می‌خواهد می‌گیرد. آن‌ها گرفتار ظنیات خودند. اما من قصد ندارم اینجا و اکنون باب پاسخگویی بگشایم. به زودی با ایرانیان هلند در شهر دلف دیداری خواهم داشت و رو در رو با آن‌ها سخن می‌گویم و سوالات و شبهه افکنی‌ها را پاسخ می‌دهم. کار نو ابهام زیاد دارد. طبیعی است. تا حال با چند گروه دیگر از ایرانیان در شهرهای کلن و بروکسل و آخن نیز من و دوستان‌ام دیدار داشته‌ایم و آشنا شده‌ایم و روشنگری کرده‌ایم و آموخته‌ایم. لازم شد اصلا به سوالات تک تک دوستان در همین جا پاسخ می‌دهم. اما حالیا بهتر آن است که اندکی در بنیاد اختلاف‌ها اندیشه کنیم.

من پیش‌تر نوشته بودم که ایران احمدی نژاد نیست. حالا صریح‌تر و عمومی‌تر می گویم که ایران جمهوری اسلامی نیست. از آغاز انقلاب شاهد فاصله گرفتن گروه‌های انبوه مردم از حکومت بوده‌ایم. اکنون وقتی به صحنه پرتکاپوی حیات اجتماعی ایران می‌نگریم از تعدد و تکثر نویسندگان و مترجمان و هنرمندان و استادان و دانشجویان و روشنفکران و اصحاب فرهنگ و هنر و ادب و رسانه و پژوهش حیرت می‌کنیم. ایران کثرت فوق العاده‌ای دارد. با همه مشکلاتی که هست رنگارنگی فرهنگ و تکاپوی اجتماعی بارز است.

مـردم زندگـی خـود را می‌کننـد و هیچ توجهـی به ایدئولـوژی دولـت و حاکمیت ندارنـد. اینکـه حاکمیـت ایـران نماینـده اقلیت اسـت و در میان گروه‌هـای پرتکاپو جای چندانی ندارد نکته بسـیار بسیار مهمی اسـت. اما همین نکته بس روشـن در کـدام تحلیـل سیاسـی و اجتماعی دوسـتان منتقد ما جـا دارد؟ کجا این نکتـه را در محاسـبات خـود و طراحـی اندیشـگی خـود وارد کرده‌اند؟

زمانه رسـانه جمهوری اسـلامی نیسـت. رسانه مردمی اسـت که تحت حاکمیت جمهوری اسـلامی معمولا دیده نمی‌شـوند. ممکن اسـت به چشـم دیده شـوند و در عکس‌هـا بیاینـد امـا در هیچ نـوع نگرش سیاسـی و رسـانه‌ای جایـی محوری ندارنـد. بخشـی از اپوزیسـیون مـا هنوز مـردم را توده می‌بیننـد. برای آن‌هـا فردیت و شـخصیت و قـدرت انتخـاب قائل نیسـت. کسـی که بـه مردم معتقد باشـد آن‌ها را ناظـر و حاضـر و بالـغ می‌بینـد و به رای و گزینـش آن‌ها احترام می‌گـذارد و کار خـود را بـی مردم تمام نمی‌بیند. زمانه رسـانه اسـت و به تعهد مردمـی بودن پایبند اسـت. ایـن جوهر دموکراسـی اسـت. زبان زمانه زبـان تفاهم و گفتگـو و خودمانی بـودن اسـت. زبـان قیم‌مـاب که «ایـن کـن و آن مکن» در قلـب آن جـای دارد زبان مـا نیسـت. چنین زبانـی از ذهنی حکایـت می‌کند که جایـی برای مـردم نمی‌تواند تصـور کنـد مگـر بـه صـورت بی‌شـکل تـوده‌وار. ایـن همـان دیدگاهی اسـت که جمهـوری اسـلامی دارد و مـردم و جوانـان فردیـت یافتـه روزبـه‌روز در سـال‌های اخیـر از آن فاصلـه گرفته‌انـد. زمانـه بازتـاب همیـن فاصله اسـت. چنین رسـانه‌ای را وابسـته بـه جمهوری اسـلامی تصـور کردن عین بی‌انصافی و ناشـناخت اسـت.

اپوزیسیون بودن به خودی خود فضیلتی نیست و چیزی را هم ثابت نمی‌کند. مهم این است که در مقابل راهی که با آن مخالفت می‌کنیم راهی واقعا نو برگزیده باشیم. این راه نو برای ما زمانه‌ای‌ها راهی است که با مردم ساخته و هموار می‌شود. ما از همین مردمیم و با مردمیم. رسانه ما رسانه آن‌هاست. آن‌ها زمانه را می‌سازند.

نمونه‌هاش در طول عمر کوتاه زمانه بسیار است. اصلا تنوع زمانه از همین جاست. ما شبان رمه نیستیم. ما زبان مردمیم. دلیلمان هم ساده است: این مردمند این شمایید که در زمانه می‌نویسید. شاهدی بهتر از این می‌خواهید؟!

من در ایران فقط جمهوری اسلامی نمی‌بینم. من در ایران جوانان کاردیده و تیزهوش و جسوری می‌بینم که دایره علایق و تکاپوی آنان از عالم پیچیده کامپیوتر تا دانش‌های فلسفی نو، از ادبیات ضداتوریته تا تجربه‌گرایی بی‌پروا، از میل به کشف فرهنگ خود و غم‌خواری برای میراث پدران تا میل به شناخت جهان و پذیرفته افتادن در چشم جهانیان را در بر می‌گیرد. من جسارت و شور زندگی آن‌ها را می‌بینم و برای ایشان از دختر و پسر از زن و مرد حرمتی واقعی قائلم و این را در طراحی رسانه‌ای که به همیاری آن‌ها ساخته شده به کار بسته‌ام. این طرحی نو است که سزاوار نسل جدیدی است که آینده دیگری برای ایران رقم می‌زند. آن‌ها هر روزه ناظر کار ما و دوستان خود هستند. می‌نویسند و انتقاد می‌کنند و اصلاح می‌کنند و یاری می‌دهند. این تکاپوی عظیم را یکسره به جمهوری اسلامی تقلیل دادن کار خردمندان نیست.

مـن از روز نخسـت گفتـه‌ام و در مانیفسـت زمانه بهروشـنی بر آن تاکیـد نهاده‌ام کـه مـا بـا مـردم حرف می‌زنیـم نه با سیاسـتمداران. همه رسـانه‌های دیگر نخسـت طرف صحبت‌شـان اهل سیاست اسـت و مـا در درجه اول با مـردم حرف می‌زنیم. زبان مخاطبـه بـا مـردم زبان داد و فریـاد کردن نیسـت. زبان افشـاگری و درشتی نیسـت. زبان تفاهم و اقناع اسـت. مـن از همان آغاز به دوسـتانم گفته‌ام و بارها و بارهـا تکـرار کـرده‌ام کـه ما با نیمه آشـکار جامعه و فرد سـر و کار داریـم نه با نیمه پنهان. این کار ما نیست. کار ما راه بردن خبر و رسانه بر اساس اطلاعاتی است کـه در دسـترس همه اسـت نه بر اسـاس حدس و گمـان و ظنیات و بند و بسـت. در زمانه ما یکسـره بـا روش‌های کسـانی ماننـد نوری‌زاده‌ها و فرشـاد ابراهیمی‌ها بیگانه‌ایـم. مـا خیال‌هـای خـود را بـه جـای واقعیت نمی‌نشـانیم. ما فکر می‌کنیم

اگـر نمی‌تـوان چیـزی را ثابـت کـرد بهتر اسـت در بـاره آن سـکوت کـرد. این در دراز مـدت بـه نفـع مـردم اسـت. مردمی‌کـه در سـه دهه عمـر جمهوری اسـلامی بـا تخیـلات و پارانویـای عمیـق رهبـران خـود زندگـی کرده‌انـد. رهبرانی که بسـا گفته‌هاشـان اسـباب خنده و مضحکه شـده اسـت.

اما خیال‌اندیشی و واقع‌گریزی را در جامعه باب کرده‌اند آنقدر که کسی نه از آمار خبر دارد و نه برای نظرسنجی اعتباری قائل است و نه برنامه و برنامه‌ریزی را حرمت می‌شناسد و نه از روی کنجکاوی برای آموختن و تفاهم به جهان می‌نگرد. از نظر ایشان تکلیف همه چیز از پیش روشن است و نیازی به تحقیق نیست. آن‌ها به همین دلیل دشمن تغییرند و هر تغییری را بدعت و انحراف و کار دشمنان ارزیابی می‌کنند. آن‌ها از شناخت تحولات جامعه عاجزند. اپوزیسیونی هم که همین راه را برود هیچ تفاوتی با جمهوری اسلامی ندارد و مانند جمهوری اسلامی هر تفاوتی را توطئه تصور می‌کند یا دام و نیرنگی تازه. گویی ما محکومیم در جهان بسته‌ای کورانه حرکت کنیم و دور بزنیم و دور بزنیم و هیچگاه راه حلی پیدا نکنیم و دردهامان ابدی بماند.

اما هم جهان عوض شده است و هم ایران. هر کس عوض نشده باشد و نشود عقب خواهد ماند و مبتذل خواهد شد و جامعه از او گذر خواهد کرد و فراموش خواهد شد. زمانه رسانه نسلی است که سیاست مبتذل شده و روش‌های به بن بست رسیده را رها کرده است و سیاستی نو می‌طلبد. برای او هر که به نیازهای متنوع او آشنا باشد دوست است و هر که نیازی از او را به رسمیت بشناسد محترم است. کار این نسل در مبارزه به سبک فیدل و چه خلاصه نمی‌شود. او اصلا در جهانی دیگر بر آمده و قد کشیده است. او می‌تواند برای قهرمانان نسل قبل احترام قائل باشد اما قهرمان‌های خود را دارد یا اصلا خود قهرمان است. زندگی برای او بر محور رهبر و قهرمان نمی‌چرخد. بچرخد هم قهرمان‌هاش سیاسی نیستند. کسانی‌اند که او را بر سر شوق بیاورند و حرمت او را به جا اورند و بر او ریاست نفروشند و ادعای عقل کل بودن نکنند. یکبار

دیگر هم نوشته بودم رسانه عقل کل مرده است. زمانه رسانه فردها و فردیت‌هاست. با همه رنگ‌هاشان و نیازهاشان. زمانه رسانه هیچ گروه سیاسی نیست. اگر بود مخاطبان زمانه اولین کسانی بودند که آن را در می‌یافتند و از آن روبهر می‌تافتند.

***

دلتان می‌خواهد بدانید که مخاطبان زمانه زمانه را چگونه می‌بینند به این آمارهای نظرسنجی تازه ما نظر کنید. من از میان حدود ۵۰ سوال تنها سه چهار سوال مرتبط با بحث‌های این روزها را برگزیده‌ام. (نتیجه نهایی در گزارشی جداگانه منتشر خواهد شد).

- موضوعات مورد علاقه مخاطبان زمانه اجتماعی و فرهنگی و هنری، ادبی و خبری و موسیقی، حقوق بشر و دموکراسی است.
- ٤۳ درصد از مخاطبان زمانه مایل به همکاری با رادیو زمانه‌اند و ٤٦ درصد دیگر می‌گویند تولید کننده محتوای رسانه‌ای نیستند.
- آن‌ها کارنامه زمانه را تا اینجا خوب و عالی (۷۷ درصد) و یا متوسط (۱۹ درصد) ارزیابی می‌کنند.
- و روش سیاسی زمانه از نظر آن‌ها متفاوت و متعادل است (٦۷ درصد). ۱٦ درصد زمانه را اپوزیسیونی می‌بینند. ۱۳ درصد ما را محافظه کار ارزیابی می‌کنند. ۱٫٤ درصد فکر می‌کنند ما براندازیم و ۱٫٤ درصد هم ما را مانند منتقدان این روزها همسو با حکومت ایران می‌شمارند.
- ولی مخاطبان زمانه که برپایه یافته‌های همین نظرسنجی عمدتا میان ۲۰ تا ۳۵ سال سن دارند زمانه را رسانه خود می‌بینند و ۸۱ درصد از آن‌ها می‌گویند که زمانه را به دیگران معرفی کرده‌اند. همین برای ما بس.

http://zamaaneh.com/blog/10/2007/post_72.html

○ بسیار عالی . حالا داریم به یه جاهایی میرسیم . با توجه به وجود همین نظرسنجی ها به نظر میرسه اونقدر هم در جهان بسته ایی نیستم و اونقدرها هم کور کورانه پیش نمیریم و معیارهایی هر چند کم ولی موثر داریم که میتواند بهترین ملاک قضاوت برای همه ما باشد و بیشترین کمک را به رشد زمانه بکند و بهترین جواب به هر انتقادی رو از دلش بیرون کشید فقط یه چیز که به نظر من باید بیشتر مورد توجه قرار گیرد آن هم موضوع زمان میباشد و من بیشتر به این موضوع تاکید دارم که اگر دولت ها و حزب ها هر ٤ سال خود را در معرض نظرسنجی قرار میدهند رسانه ها با توجه به اینکه ابزارش را دارند باید دینامیک تر عمل کنند و مثلا بخش نظر سنجی که صدالبته پای هر صفحه و موضوعی وجود دارد ولی به نظر من بهتر است به شکل جامع و تفکیک شده خودش یکی از بخش های مهم و تخصصی صفحه اول را تشکیل دهد و هر ماه نمودارهایش بر اساس زمان در اختیار برنامه سازان قرار گیرد و تخصصی تر هم باشد مثلا در بحث همین چند روزه بیشتر انتقادات متوجه بخش اخبار سیاسی بوده است و تقریبا کمترین انتقاد مربوط به بخش های فرهنگی و ادبی بوده است و ممکن است در برهه ایی از زمان برعکس باشد دوست دارم زمانه به زمان بیشتر توجه کند این موضوعی است که فسیل های به جا مانده از دوره خمینی به آن توجه نمیکنند و وقتی مردم میگویند ما جمهوری اسلامی نمیخوایم و خواستار تغیرات دمکراتیک هستیم نظریه پردازان مردم سالاری دینی (یکی از واژگان لغت نامه طنز جدید تالیف عبید زاکانی) به رای ۹۸ درصدی ۱۲ فروردین ۵۸ اشاره میکنند البته این درباره رادیوزمانه به هیچ وجه درست نیست و فقط محض خنده و یادآوری نوشتم و خواستم اهمیت زمان رو در کانون توجه قرار بدم .
با آرزوی موفقیت رادیو زمانه و فردایی بهتر برای ایران .

احسان از رفسنجان , Oct 20, 2007

عادت می کنیم ، چند پله که می رویم بالا- انگار این چند پله وسوسه باشد برای مخاطب قرار دادن دیگرانی که آن پایین به هر علتی سرشان به کار خودشان گرم است - هوا برمان میدارد و حکم می دهیم که چنین و چنان . ایران باران ندارد . بوی بهار ندارد . می دانیم . بچه ها زده اند بیرون . هر کس یک گوشه دنیا دارد اوضاع مرغ سحریش را سر و سامان میدهد . اصلا کار فرهنگی کردن انگار کسی را می خواهد که فحش خورش _ در خارج _ و کتک خورش _ در داخل _ ملس باشد .

همین که یادشان مانده ش را ته حلقشان نچرخانند غنیمتی است . رسم زمانه است انگار که اینبار قرعه برای تاختن به زمانه افتاده ...

سارا باقری, Oct 20, 2007

....

آقای جامی عزیز

شما مامور جمهوری اسلامی نیستیدومن بعنوان خواننده دائمی شمااین را شهادت می دهم.

ولی اگر منظور شما از احترام به رای مردم ارای بدست امده از انتخابات انجام شده در جمهوری اسلامی است ..صادقانه عرض می کنم دراین مورد خاص شما در صف ایران ومردم ان نیستید.

احمد, Oct 20, 2007

....

آقای جامی عزیز:

سر مقاله های شما را که به بهانه پاسخ به روزنامه فولکس کرانت است با دقت دنبال می کنم.

چند نکته به نظرم آمد که می خواستم با شما در میان بگذارم:

من نیز با شما هم عقیده هستم که ایران و مردم آنرا نباید خلاصه کرد به نظام سیاسی ای که فعلاً در ایران حاکم است. ایران متعلق به همه ایرانیان، اعم از پیر و جوان و یا زن و مرد و یا اقلیت های قومی است و همه ما بعنوان شهروند این مملکت در تعیین مسیر و سرنوشت این کشور دست داریم.

متاسفانه بخشی از اپوزیسیون ایرانی در خارج هنوز که هنوز است دچار سیاست

زدگی است و با روشی کاهش گرایانه reductionalist اوضاع ایران را بررسی میکند، همان نگاهی که اغلب مطبوعات و وسائل ارتباط جمعی در اروپا و یا آمریکا نیز به آن دچار هستند. نتیجه آن همین میشود که الان ما با آن روبرو هستیم.

حساسیت شما را درک می کنم ولی در عین حال به نظر من نبایستی این قدر به این اپوزیسیون بها داد. حرف زدن یک بخش از کار است، ولی مهمتر از آن کار مداوم و پیگیر روزنامه نگاری روشنگرانه است که احتیاج به وقت و فرصت بیشتری دارد. جلب اعتماد و خنثی کردن نق نق زدن های دیگران کار دراز مدت می طلبد و در عمل مشخص خواهد شد که چه کسی طرفدار حق و حقیقت بوده است. اگر کار رادیو زمانه به همین صورتی که تاکنون جلو رفته است پیگیرانه و مداوم دنبال شود و مخاطب آن مردم باشد میتواند اعتماد همگی را بخود جلب کند، به شرطی که در این راه دچار خود بزرگ بینی متداوله روشنفکران ایرانی نگردد. بهر جهت برایتان صبر بیشتر و فروتنی آرزو میکنم و به قول نیما: «ما که در این جهانیم سوزان، حرف خود را بگیریم دنبال».

مهدی, Oct 20, 2007

....

آقای جامی عزیز پس از سالها کار خبرنگاری به این نتیجه رسیدم هر کاری بکنی بازم این جماعت نق میزند همین افکار را داشتیم که حال و روزمان اینه هر کس فقط خودش را قبول داره کارخودتان را انجام بدهید موفق باشید

ندا, Oct 20, 2007

....

آقای جامی، امروز در برنامه ی تازه های خبر رادیو فردا خبری نجومی خوانده شده که مال بیش از یک ماه پیش است.جالب اینکه این خبر(خبر دنباله ی ستاره ی میرا) در سایت شما یک روز پس از سایت ناسا اعلام شد و رادیو فردا متن خبر شما را نقل کرد بدون اینکه هیچ اشاره ایی به منبع آن بکند.

این نشان دهنده ی موفقیت چشمگیر شما و تیم قوی تان است.از این بروز بودن و معتبر

بودنتان به خود می بالم و از تان تشکر می کنم. پاینده بمانید.

محمد, Oct 20, 2007

....

○ could you plz publish these insightful articles about Iran in
English too?
There are a lot of people who do not know Farsi and wanna know
about Iran.
ThX

Oct 20, 2007 -- amin

....

● اگر کسـی از دوسـتـان هسـت کـه علاقـه منـد باشـد این مطالب را به انگلیسـی روانـی
برگردانـد مـن خوشـحال خواهـم شـد با ایمیلی بـه من خبر دهـد. مهدی جامی
mehdi.jami@gmail.com

....

○ من از آقای جامی و خوانندگان پرسشی دارم که امیدوارم موجب جنجال نشود: آیا
جمهوری اسلامی شر مطلق است؟

آرش کرامتیان , Oct 21, 2007

....

○ خیر آقای کرامتیان عزیز به هیچ وجه فقط یه تشبیه میکنم که شایدم بگی بی ربطه ولی
فقط میخوام منظورم رو متوجه بشی .

پیش رفتن با این حکومت مث این میمونه که در دنیای امروز کسی بخواد از ابزار هزار سال
پیش استفاده کنه مثلا بگه مردم باید با الاغ سفر کنند و یه مسافرت ۱ ساعته رو ۳ روزه طی
کنند و بخواد این روش رو به همه به زور تحمیل کنه با اینکه این روش در قدیم ایرادی
نداشته ولی الان ایراد داره بهمین خاطر هر کسی که با علم روز و ابزارهای روز آشنا باشه
قبول نمیکنه . الان ۲۵۰۰ سال از منشور حقوق بشر کوروش میگذره و ما اگر در هر قرن
فقط ۱۰ درصد نسبت به اون پیشرفت کرده بودیم و استانداردهای خودمون رو بهبود داده

بودیم الان بزرگترین تمدن رو داشتیم و کسی به حرف آقای احمدی نژاد نمی خندید ولی نه تنها پیشرفت نکردیم بلکه حتی از همون ابزاری که ۲۵۰۰ سال پیش داشتیم هم محرومیم و حسرت حداقل آزادی ها رو میخوریم .

چه جوری میشه امروزه پذیرفت که آزادی بیان و اندیشه و دمکراسی و خردورزی رو کنار گذاشت و به جاش همه چیز رو اونجور که خودمون دوست داریم به زور به همه مردم تحمیل کنیم ؟

بر طبق چه معیاری این حکومت رو میشه مناسب دونست واقعا در کدوم زمینه حکومت جمهوری اسلامی چیزی برای عرضه کردن داره ؟

احسان از رفسنجان , Oct 21, 2007

....

○ آمارهایی که در بالا به آنها اشاره کردید شگفت انگیزند ولی با مطالب و مقالاتی که در سایت چاپ میشوند در تغایر هستند. این اواخر مطالبتان از تنوع و کیفیت پایینی برخوردار بوده. شاید بد نباشد اگر نیرو و توجهتان را بیشتر به سمت بالا بردن کیفیت کارتان جلب کنید تا توجیه یا نقد جمهوری اسلامی.

خواننده گاه به گاه زمانه , Oct 21, 2007

....

○ سلام.احسان گرامی این حکومت قدیما از نظر مذهبی و به جا آوردن عقاید دینی نظیر نداشت اما الان همونو هم از مردم داره مثل زمان رضا شاه می گیره.یه مثالش اینه که در تبریز محرم امسال دسته جات عزاداری حق عزاداری کردن بعد از ساعت ۱۲ شب را نداشتند و قبلاً بابت این از مسئولین مساجد و تکیه ها تعهد گرفته بودند که اگر اینکار رو بکنید در حسینیه را پلمب می کنیم.

ممنون از توضیحات کامل و بجای شما.

هادی , Oct 21, 2007

....

○ هادی خان نمی دانستم مقامات مسُول تبریز اینقدر متمدن شده اند.آخر برادر جان بعد از

نصف شب وقت سینه زنی و زنجیر زنی و نوحه خوانی است؟ پس مردمی که باید صبح روز بعد دنبال یک لقمه نان بدوند کی استراحت کنند ؟

شادی , Oct 22, 2007

....

بسیار متین و سنجیده نوشته اید. نتایج آمار گیری هم واقعا جالب است. این تکه خیلی به دلم نشست: « اپوزیسیون بودن به خودی خود فضیلتی نیست و چیزی را هم ثابت نمی‌کند. مهم این است که در مقابل راهی که با آن مخالفت می‌کنیم راهی واقعا نو برگزیده باشیم.» امیدوارم بیشتر به این حرف توجه کنیم.بعض وقت ها مخالفان سرکوب و اختناق، خودشان تبدیل به بزرگ ترین سرکوبگران آزادی بیان می شوند.

من هم خواننده ی همیشگی رادیو زمانه هستم و برای این رسانه و آقای مهدی جامی بهترین های ممکن را آرزومندم.

ماندانا زندیان , Oct 22, 2007

....

اگر می خواهید دچار دور باطل نشوید، باید صحبت درباره «زمانه» را در سایتی دیگر مثلا وبلاگ زمانه ، انجام بدهید :

رسانه هر لحظه خبر از چیزی می دهد و این چیز هیچوقت خود رسانه نیست.

دانش آموز, Oct 22, 2007

....

این کامنت را زودتر می خواستم بگذارم که به مشکلات فنی بر خورد:

کسی که عدد رو می کند جور دیگری خوانده می شود: جدی تر و مستدل تر. الان معلوم است کسی که اعتراض می کند نماینده ی چند درصد است و کسی که مشتاقانه دنبال می کند نماینده ی چقدر. این کمیت چیز مهمی است به ویژه آن جا که همه در مقام رای دهنده با هم برابر اند و کسی نسبت به دیگری وزن ندارد. چیز مهمی که از مبنای تفکر و استدلال‌های‌مان رفته است و جای دیگری بودیم اگر بیش از این که هست مبنای تحلیل ها بود. به نظر من منتقدین از این پس - اگر دارند - باید عدد رو کنند.

و در همین ارتباط به نقل از احمد شاملو و پایگاه رسمی اش:

اهل سیاست به قداست زندگی نمی‌اندیشد بل‌که زندگان را تنها به مصادر و وسایلی ارزیابی می‌کند که عندالقضا باید بی‌درنگ قربانی پیروزی او شود و ای بسا به همین دلیل است که باید قبول کرد در جهان هیچ چیز، شرط هیچ چیز نیست و در دنیای بی‌قانونی که اداره و هدایتش به دست اوباش و دیوانگان افتاده، هنر چیزی است در حد تنقلات و از آن امید نجات بخشیدن نمی توان داشت .

http://shamlou.org

نیما دارابی , Oct 28, 2007

....

Irani iranist...mosalman nist...iran islami nist...iran hamishe iran ast...irani hamishe irani...

Oct 29, 2007 -- alen

....

دست مریزاد

سپاسگزاریم

من هر روز رادیو زمانه رو می خونم و ازش چیزای زیادی یاد گرفتم

به نظرم هنوز به بی بی سی فارسی نرسیده اید ولی نزدیکید

اگر از اونها یاد بگیرید برخی کارها و برنامه ها و نوع نوشتارها و پیکره ها رو ، می تونید به سمت بهتر شدن با شتاب بیشتری بروید.

آرزویم موفقیت و سربلندی و خستگی ناپذیریتان است.

بدون نام , Nov 1, 2007

....

سلام آقای جامی گرامی،

خدمتتون عرض خسته نباشید دارم.

باور کنید این پخش اینترنتی رادیو زمانه یه مشکل(مشکلاتی) داره که گویا براتون مقدور

نیست برطرفش کنید یا بی خبر از اون هستید.
مسئله اینه که من با رادیو فردا اصلا هیچ مشکلی ندارم، منظورم شنیدن اون هست در اینترنت.
همین حالا تازه عل اصغر می خواست شروع کنه به حرف زدن که به کل قطع شد و دیگه صدا برنمی گرده، متوسط و ضعیف رو هم امتحان کردم، نه خیر خبری نیست.
میشه لطفا یه فکری برای این قضیه بکنید؟
من که رفتم به کارهای دیگم برسم.
هالوینتون خوش و لحظات زندگی تون بی ملال باد.
علی بالا. از نروژ , Nov 1, 2007

....

○ جدول های آمار و نظر سنجی ها بسیار ریز و ناخواناست.لطفاً آنها را بزرگتر پست کنید.به اندازه دو برابر ستون اصلی مقاله،در دو طرف جای خالی دارید.روشن شد؟!
اسمعیل , Nov 1, 2007

....

○ تقریبا از زمان تاسیس رادیو زمانه همه روزه به آن سر میزنم. آن را بسیار دوست دارم هر چند که نمی توان آن را ایده آل دانست چرا که در دنیا هیچ چیز ایده آلی وحود ندارد. اما در مقایسه با رادیو های دیگر واقعا بایستی به شما دست مریزاد گفت.
سامان حیدری , Nov 2, 2007

....

○ آقای جامی عزیز،
اگر نمودارهای آماری را برای استناد در متنتان وارد کرده‌اید، چرا آن قدر ریز هستند که نوشته‌های آنها درست قابل تشخیص نیست؟ و اگر اینها را فقط گذاشته‌اید که بگویید ما نمودار هم داریم (که تصوّر من بر این نیست) که کار مفیدی نبوده.
لازم بود نسخه‌ی بزرگتری از نمودارهای آماری را هم در متن نوشت‌تان می‌گنجاندید، حال چه به طور مستقیم و چه به شکل لینک.
مصطفی , Nov 4, 2007

● تصـور مـن ایـن بـود کـه دوسـتان منتظر می ماننـد تا گزارش نظرسـنجی منتشـر شـود و اینها را از بـاب مثـال قبول خواهند کرد. بـه هر حال نمودارهای نظرسـنجی جداگانه در فایـل پـی دی اف در اختیـار دوسـتان گذاشـته مـی شـود و اینجـا هـم بـه آن لینک می‌دهیـم. امیـدوارم گـزارش مـا ایـن هفته منتشـر شـود. مهـدی جامی

....

◉ جهت اطلاع سردبیر محترم

در واکنش به مصاحبه نبوی با زرافشان در سایت جمهوریخواهان دموکراتیک و لائیک مقاله ای بقلم ایرج مصداقی درج شده. بنظرم شایسته است برای آنان که مصاحبه را خوانده اند لینک آن در بخش در وب چه خبر آورده شود

http://www.sedaye-ma.org

web/show_article.php?file=src/siasat

mesdaghi_11042007.htm

با احترام

علی , Nov 7, 2007

....

◉ مانیفسـت ارزشـمندی داریـد، حفظ آن و مانـدگاری اش و دور بـودن از گزند حرف و موضع های شـخصی سـخت اسـت، بهرحال بهتر اسـت با اسـتعانت از اهل اندیشه و نظر اول ایـن غـرور از هم پاشـیده و ایـن بی مهری ها را کم کنید این رویکرد شـما یقینا درس آمـوز ایـن جیـغ و فریادهـای بی عمـل اپوزیسـیون اسـت ، درس اولی که بایـد از لابلای متـون و تجـارب هـر گوشـه دنیا گرفت این اسـت که ملتـی گرفتار چون ما بایـد خودمان بـه حودمـان رحـم کنیـم، سـاختارهای اصلـی فرهنگ مـان در عرصـه تاخت و تـاز های سیاسـی از هم پاشـیده اسـت، از منظر سیاسـی ، حساسـیت هـای این حجم اخبار ناامید کننـده ، اورلـود شـدیم.... خامـوش هـای دردمنـد و وارفتـه...امید ها اگر از عرصهسیاسـت برنمی خیـزد، نیازمنـد انیـم که از فرهنگ غنی و نشـانه هـای منحصر بفرد خودمـان زبان گفتگـو و همدلـی بسـازیم. مثلا از همیـن عرصه معماری و شـهری ، هزاران بـار می توان

مضامیـن آثـار سیاسـی و حکومتـی را در بطـن آن به نظـاره نشسـت یا چـاره و درمانـی داد.

بااحترام -معصومی دکتری شهرسازی

بابا , Nov 8, 2007

....

⊙ این چیزهایی که شما می بنید خیلی عالیه، و من حتی فکر می کنم که حتما همینطور است که شما نوشته اید. بیشتر بنویسید.

حمید محوی , Nov 13, 2007

....

⊙ Aghaye JAMI salam, ey kash bishtare Iraniy ha mesle shoma fekr mikardand. besiar Agahane va dorost tahlil kardid.khaheshan in energy Mosbat ra raha nakonid.dostare radio shoma, Armin az alman

Nov 13, 2007 -- Armin

....

⊙ آیا از این «دریچه» و «روزنه»،به‌عنوان یک «تریبون» می‌توان استفاده کرد؟

آقای جامی عزیز!

خیلی دوست دارم این «قصه» را بخوانید:

http://karaa.blogfa.com/post-194.aspx

راستی!

سلام من را به آقای «معروفی» برسانید.

ح.ش. تهران, Nov 13, 2007

....

⊙ آقای جامی سلام.

سـرچ تـان درسـت کار نمی کند و آرشیوی نداریـد کـه مقالات را پیدا کنیم. مثلا مقاله ی « زیبایـی زنـان ایرانـی مانـع ... » را چند روز اسـت نمی توانم پیدا کنم. سـرچ آن را نشـان نمـی دهـد. جایـی هم نیسـت کـه آن را پیدا کنیم. اگـر موضوعش را ندانیم نمی توانیم در

آرشیو موضوعی پیدایش کنیم.

من رضا هستم. بعضی وقتا کامنت گذاشته ام (دیده ایدشان).

کارتون قابل تحسینه. حرف هم زیاده. گوش ندید و تلاشتون رو بکنید تا باز هم مستقل بمانید. عزت زیاد

بدون نام , Nov 15, 2007

گردشی در عجایب المخلوقات جدید • پاره یکم

همه متهمان آقای شریعتمداری

بیست و پنج آذر هشتاد و شش

آقای شریعتمداری و دوستان پنهان پژوه او **یادداشت بلندی** ظاهرا در نقد زمانه نوشته‌اند که برای اوراق‌سازی ادعاهای مختلف آن باید چندین نکته را مورد توجه و کالبد شکافی قرار داد. اما به نظر من مهم‌ترین جنبه یادداشت اخیر گروه پژوهشگران ایشان حمله به زمانه نیست. آن‌ها ظاهرا به نیت خیرخواهی، دارند به مسئولان امر سیاست و قضا و نمایندگان مجلس که تاکنون، به گفته خود کیهان، به هشدارهای گاه و بیگاه ایشان بی‌توجه مانده‌اند توصیه می‌کنند که خطر زمانه را جدی بگیرند. اما واقعا مساله این است؟ و فرضا اگر خطری از جانب زمانه متوجه آنچه ایشان «امنیت» می خوانند شده از همان جهتی است که نشان داده اند؟

آنچه مرا به صداقت آقای شریعتمداری مردد می‌سازد حمله‌اش به زمانه نیست. آقای شریعتمداری می‌تواند به هر دلیل درست و نادرست یا انگیزه سیاسی با زمانه مخالف باشد و برای مخالفتش آسمان و ریسمان ببافد، اما اینکه او گروه وسیعی از افراد و گروه‌ها و مجامع فعال در داخل ایران را وارد داستانش کرده است نشان می‌دهد که هدف او توصیه به مقامات سیاسی و قضایی مثلا برای فیلترینگ شدیدتر زمانه نیست.

داستان کیهان‌نویسان هر چند آدم را به یاد داستان‌های کتاب عجایب المخلوقات می‌اندازد که قرار است در آن شنونده به شگفتی واداشته شود و کشف‌های پنهان‌پژوهان را چون حقایق تازه کشف شده و ناگفته سیاحانی که از سفرهای دور باز می‌گردند به مثابه قطعاتی از یک جهان‌شناسی تازه قدر بشناسد، از قرار بسیار ساده است.

من بر اساس نوشته کیهان نام تمام متهمان را که همچون سر منشا تمام مشکلات ایران وانموده شده‌اند مجدد به ترتیبی که در آن نوشته آمده بازشماری می‌کنم - کسانی که کیهان آن‌ها را «پیاده‌نظام‌های داخلی» یک جنگ فرهنگی می‌خواند:

«رامین جهانبگلو» / دفتر تحکیم وحدت/ گروه‌های اصلاح‌طلب که به سوی تجدید نظرطلبی در اصول شرعی و قانونی انقلاب اسلامی مردم ایران حرکت میکنند/ جریان منحرف روشنفکری دینی و احزاب مدعی اصلاح‌طلبی / ایدئولوژی «اصلاح‌طلبان دینی» وابسته به «محمد خاتمی»/ روشنفکران به ظاهر دینی/ شبهه‌افکنی‌های فرق ضاله و دراویش صوفی‌نما/ کارمندان ماهنامه کیان (که عبدالکریم سروش پدر معنوی و ماشاءالله شمس الواعظین، سردبیر آن بود) / «فصلنامه نقد و نظر» (درهنگام مدیریت محمد مهدی فقیهی)/ محفل کیان/ گروه‌های موسیقی موسوم به «زیرزمینی»، مانند رپرها/ فرقه صوفی‌نما که به ظاهر مدعی تبعیت از فقه شیعه هستند/ «دراویش گنابادی» و «نورعلی تابنده»/ شاگردان «عبدالکریم سروش»/ محافل مشکوک که از نیروهای بالقوه آمریکا برای براندازی نرم به شمار میروند/ پاتوق جاسوسان مدرن در «انجمن ایرانشناسی سفارت فرانسه» تا محافل «دراویش گنابادی» و از «کانون نویسندگان ایران» تا «حزب مشارکت ایران»/ «انجمن دفاع از آزادی مطبوعات» و گروه‌های زنانه، چون «کمپین یک میلیون امضاء» / «فیاض زاهد» (عضو شورای سردبیری روزنامه اعتماد ملی)، «عیسی سحرخیز» (عضو ارشد حزب مشارکت ایران)،

«مدیا کاشیگر»، (یکی از عاملان برجسته سفارت فرانسه در ایران)، «احمد قابل» (نظریه‌پرداز حزب مشارکت ایران)، «محمد قائد» (عضو تحریریه روزنامه صهیونیستی آیندگان و مدیر نشریه توقیف شده لوح)، «تقی رحمانی» (عضو گروهک غیرقانونی ملی و مذهبیها)، «فریبرز رئیس دانا» (از شرکت‌کنندگان در کنفرانس برلین و همکار دفتر پژوهش‌های فرهنگی) / از میان اصلی‌ترین منابع خبری این رادیو می‌توان به اعضاء شاخه جوانان حزب مشارکت اشاره کرد / محفل لمپن‌های کافه شوکا (در حوالی خیابان گاندی) / «یارعلی پورمقدم» (قهوه‌چی کانون نویسندگان) و جمعی از نویسندگان و کاریکاتوریست‌های روزنامه‌های زنجیره‌ای/ حلقه سیاه «خانه هنرمندان ایران» که پس از افشاگری‌های «روزنامه کیهان» از هم پاشید / «دفتر پژوهش‌های فرهنگی» و «مرکز بین المللی گفت‌وگوی تمدن‌ها» (زیرمجموعه نهاد ریاست جمهوری در زمان آقای خاتمی) که در برگزاری مراسم ستایش از هنرمندان سیاه و کارگزاران کودتای مخملی در ایران، مشارکت گسترده داشتند.

تمام آنچه در پاراگراف بالا خواندید از نوشته کیهان رونویس شده است. کیهان مدعی است که «طیف مورد اشاره، خطوط کلی ارتباطات عاملان و کارگزاران «رادیو زمانه» را در ایران، در بر می‌گیرد». به نظر پنهان‌پژوهان کیهان: «کشور هلند فاز جدیدی از جنگ تبلیغاتی خود را علیه دین اسلام آغاز کرده است. این جنگ تبلیغاتی که بر اساس بودجه مصوبه پارلمان هلند (موسوم به پلورالیزم رسانه‌ای) تغذیه مالی و با مشارکت سرویس اطلاعات و امنیت هلند و دفتر ویژه رسانه‌ها در وزارت خارجه این کشور تئوریزه می‌شود، همزمان با دنبال کردن دو خط مشی کلان اسلام‌ستیزی (با رویکرد فروپاشی ایدئولوژیک) و گسترش فحشا در رسانه‌های فارسی‌زبان ادامه دارد.» کیهان آشکارا کسانی را که در بالا برشمارده است در این مسیر می بیند. به زبان دیگر، هم رامین جهانبگلو و هم محمد خاتمی، هم دکتر سروش و هم احمد قابل، هم عیسی سحرخیز و

هم فریبرز رئیس دانا، هم حزب مشارکت و هم درویشان، هم کانون نویسندگان و هم خانه هنرمندان، هم گروه‌های موسیقی رپ و هم گروه‌های دفاع از حقوق زنان، هم انجمن دفاع از آزادی مطبوعات و هم کافه‌های نویسندگان همه و همه در حال اسلام‌ستیزی‌اند! و همه این داستان را هلند دارد صحنه گردانی می‌کند.

چیزی عجایب‌تر از این ادعا می‌توان مطرح کرد؟ یک احتمال این است که آقای شریعتمداری مشاعرش را از دست داده باشد. اما احتمال قریب به صحت این است که او و دوستانش می‌خواهند به هر وسیله و بهانه‌ای شده رقبای سیاسی و فکری و اجتماعی خود و طیف حکومتگر خویش را از صحنه برانند. از نظر آن‌ها ایران با همه طیف‌های رنگارنگ فکری و اجتماعی‌اش خلاصه می‌شود یا باید بشود در طیف اقلیتی که کیهان از آن نمایندگی می‌کند. گزارش کردن آنچه در این طیف وسیع اتفاق افتد «جمع آوری اطلاعات» است و برابر است با جاسوسی، و «امنیت» را به خطر می‌اندازد.

کیهانیان با طرح حملات و ادعاهای سنگینی مانند اسلام‌ستیزی و جاسوسی و اشاعه فحشا هدف شان مرعوب‌سازی رقباست. اما مساله اصلی چیست؟ آن‌ها نگران چه هستند که چنین حمله‌ای را ترتیب داده‌اند؟ ربط همه این‌ها به کار رسانه‌ای زمانه چیست؟ زمانه چه کرده است که میان کار رسانه‌ای‌اش با این «گروه‌های نامطلوب» کیهانیان پیوند برقرار شده است؟ پاسخش چندان دشوار نیست.

http://zamaaneh.com/blog/12/2007/post_80.html

نظـــرهای خـــواننـدگـــان

○ حـالا بــازم بریـم انتخابـات رو تحریـم کنیـم , اینهـا هنـوز بـرا مـا کمـه کـه بفهمیم خاتمـی بـا احمـدی نـژاد فـرق داره (خانـم عبـادی بـا شـما هسـتم) البته دیگـه فکر نکنم انتخاباتـی برگـزار بشـه که ارزش شـرکت داشـته باشـه , مـن نمی دونم چشـای مـن ضعیفـه یـا مشـکل از جـای دیگس ولـی مـن از صفوف بـه هـم فشـرده ی تحریم گـران کسـی رو نمـی بینـم کـه تو این ۲ سـال دسـت به نـا فرمانـی مدنی یـا اعتراضی زده باشـه , آقایـان و خانـم های روشـنفکر اگه همچنان نفسـتان از جـای گـرم در میاد و گرانـی و تحقیـر ایـن دولت بـر شـما کارسـاز نبـوده لا اقل خطـر جنـگ رو دیگه جون مـا فرامـوش نکنیـد , مـن نمی فهمم مـا غیر از انقـلاب , جنگ و اصلاحـات از درون مگه راه دیگـه ای هـم داریـم , اولـی و دومی که جواب پـس داده ولی ظاهران ما حاضریـم ۸ سـال بجنگیـم ولـی بعد از ۸ سـال حرکت هرچند کند در راه ثبات حوصلمون سـر رفـت زدیـم همه چی رو بهم ریختیم , دوسـتان روشـن فکر که الان یـا در زندانید , یا فـرارا کـرده ایـد یـا تغییـر موضـع داده اید آیا تحریم شـما عملان خودکشـی نبـود؟ آیا نـدادن مشـروعیت بـه حکومـت (حـالا چقدر اینـا مشروعیتشـون رو از دسـت دادن یا سـرخورده شـدن دیگـه از روز روشـن تـره کـه از قبل پررو تر هـم شـدن) بـه از دسـت دادن فضـای کمـی کمـی آزاد بـرای حرف زدن مـی ارزید ؟

پی نوشت:

۱- مـن بـا اصلاحـات آبـم تـو یـه جوب نمیـره و نخواهـد رفت ولـی فکر میکنم اگه دولـت دسـت اونا باشـه بهتـر میتونم حرفمـو بزنم

۲- مـن هرگـز بـه جنـگ و انقلاب و آشـوب فکر نمـی کنـم و حاضرم سـرمو بدم اگه ۱% از تئوریسـین هـای تحریـم و تکفیـر انتخابـات به امید سـر رفتن کاسـه صبر ملت و

دنبالــه رو هــای اونــا پای عمل که برســه از خونه هاشــون بیــان بیرون
۳- دیگه عرضی ندارم عزت زیاد ...
خوشحال , Dec 16, 2007

....

کیهــان کــه خواننــده ای ندارد بجز رفقای خودشــان .شــماهم بیخود ناراحت نشــوید ایــن تــازه اول کاره و از ایــن لاطائــلات باز هــم خواهید دید.
فابیان کربلائی , Dec 16, 2007

....

تمــام آن افــراد و یــا گــروه هــا کــه کیهان و یا شــریعتمداری نــام بــرده نماینده بخش بســیار بزرگــی از فعالیــن جامعــه ایــران هســتند. بــا ایــن ترتیــب شــریعتمداری از یــک اعتــراف مــی کنــد کــه بخــش بزرگــی از جامعــه خواهــان تغییــرات در همــه زمینــه ها هســتند ولــی از انجــا کــه او هــم بــه همــان بیمــاری تاریخی ایرانــی مبتلاســت که خود و اندیشــه خــود را محــور حقیقــت مــی بینــد، همه دیگــران را در حــال توطئه بــر علیه خــود مــی بینــد. از طــرف دیگــر اذعــان مــی کند کــه رادیــو زمانه بــا بخش وســیعی از جامعــه ایــران ارتبــاط برقــرار کرده و از این اســت که می ترســد و هشــدار مــی دهد. او و همفکرانــش مــی ترســند از هــر آنچــه که تاثیری هــر چند انــدک در روند بازگشــائی جامعه داشــته باشــد!
-- کتایون ، Dec ۱٦, ۲۰۰۷

....

ســلام. خانــم کتایــون کامــلاً با شــما موافقم. آقای جامی مطمئن باشــید ایــن به ظاهر افشــاگری کــه چرنــدی بیش نیســت و همــه می دانیم ،نشــان مــی دهد که زمانه بســیار در میان جامعه نفوذ کرده و مخاطب آنرا پســندیده اســت. آقای شــریعتمداری و دســت انــدرکاران روزنامــه هــای کیهــان و فولکــس کرانــت از ایــن موضوع عذاب می کشــند. باقــدرت هرچــه تمام تر بــه راهتان ادامــه دهید. پاینده باشــید.
هادی , Dec 16, 2007

◉ بـا سـلام بـه همه کسـانی که بـه آزادی بـرای مخالفین خود اعتقـاد داردنـد و دراین راه تـلاش می‌کنند .

بـه نظر مـن این شـروع یـک حرکـت جدیـد در جمهوری اسـلامی بخصـوص بخش امنیتـی آن اسـت. در گذشـته هـم بـرای سـرکوب هـر حرکـت، جریـان و فـردی اول کیهـان وارد مـی شـود و سـپس نیروهـای امنیتی شـروع بـه دسـتگیری مـی کردنـد. پس بایـد کسـانی کـه بـه مبارزه مسـالمت آمیـز فرهنگـی معتقد هسـتند و در ایـران فعالیت مـی کنـد خود را بـرای زندانهای کـه در دسـت آقای شـریعتمداری و دوسـتانش هسـت آمـده کننـد. آگاهـی بـزرگ ترین دشـمن متحجرین بـوده و هسـت. اما آنـان بدانند که خورشید هیـچ وقت پشـت ابر باقـی نخواهـد ماند.

محمدرضا اسکندری

بدون نام , Dec 16, 2007

....

◉ اخـی ایـن یارعلـی پورمقـدم نازنیـن هم اسـمش در لیسـت سـیاه آمـده... مـا اینجا نشسـته‌ایم و از همـه جـا بی‌خبریـم...

بدون نام , Dec 17, 2007

....

◉ آقـای جامـی گرامـی، ایـن اسـتقامت شـما در انجـام تعهـد حرفـه ایتان اسـت کـه حتـا از راه دور چنیـن کسـتاخانه مـورد تهاجـم قـرار گرفتـه. روح پایبنـدی بـه اصـول ایـن حرفـه در رعایـت آزادی بیـان و اطلاع رسـانی طبعا خـواب نیـروی ضـد آزادی را آشـوب مـی کنـد. و عجیـب هم نیسـت کـه در ضدیـت، ناتـوان از برخورد شـفاف به فرافکنـی تصاویـری دسـت میزنـد کـه کـه در خودش تشـخیص داده. ارزش شـما را تنها مخاطبانتـان می‌فهمند.

قدردانی و احترام من تقدیم شما و همکارانتان.

بدون نام , Dec 17, 2007

گردشی در عجایب المخلوقات جدید • پاره دوم

رسانه، فحشا و امر مقدس

بیست و هفت آذر هشتاد و شش

آقای شریعتمداری و دوستان ظاهرا یک نگرانی بزرگ دارند و آن گسترده شدن فحشا ست. فحشا حالا آنقدر گسترش پیدا کرده که چکمه‌های زنان هم باید فحشازدایی شود. دوستان فحشازدا سخت آماده‌اند که با همه انواع و اقسام فحشا بجنگند. فحشا چنان همه جا را گرفته است که آن‌ها حس می‌کنند در فحشا غرق می‌شوند. باید کاری بکنند.

فحشا نام دیگر افساد است. اول انقلاب مفسد فی الارض زیاد داشتیم و با یک حکم کلکش کنده می‌شد. اما معمولا اهل سیاست بودند و از نخبگان دستگاه حکومت پیشین. حالا مساله فرق می‌کند. کار مفسدان دامن گرفته است. حالا هر کسی در مظان مفسد بودن است. از این رو، دوستان کیهانی که همیشه آماده دفاع از امر مقدسند هر از گاهی دست‌ها را بالا می‌زنند و کلمات خود را شلیک می‌کنند: سیاه (مثلا کارنامه و تازگی رسانه)، فاسد (معمولا به همه چیز از اندیشه تا رابطه)، چیزی‌نما (مثلا صوفی‌نما در این اواخر) و البته بدنام.

می‌توان شریعتمداری را نوعی بازیگر دید و ارزیابی کرد. کسی که خود را به خواب

زده و بیدار بشو نیست و وظیفه‌اش لجن‌مال کردن و به توپ بستن و ترور شخصیت و مرعوب‌سازی و خلاصه انواع خدمات امنیتی است. شاید هم واقعا همین است. اما برای من سوال این است که شیوه فکر کسانی مانند او چگونه است که این راه‌ها برایشان هموار است. چگونه است که برایشان حذف کردن و از صحنه بیرون راندن و زمینه اقدام امنیتی و قضایی در مقابل کسانی فراهم کردن مشکل فکری و اخلاقی ایجاد نمی‌کند. آن‌ها خود را چگونه توجیه می‌کنند؟

من بارها به این موضوع در چارچوب مانوی‌گری فکر کرده‌ام. مانی نفرت عجیب و درمان‌ناپذیری از جهان مادی داشت. این نفرت را در بیزاری از زن خلاص کرده بود. برای او زن مظهر جهان مادی بود. موجودی بود که عشق را بر می‌انگیخت و سبکی تحمل‌ناپذیر هستی را بر روی زمین تحمل‌پذیر می‌کرد. ناچار از چشم مانی که دوستار مرگ و هجرت از این جهان بود زن موجودی شیطانی به نظر می‌آمد. او به پیروانش دوری از زنان را تکلیف می‌کرد. اما عجب آن است که پیروان او هنوز از پس نزدیک به دو هزار سال باقی مانده‌اند. در واقع زنان کودکان ناقص الخلقه ذهنی‌ای را تولید کرده‌اند که نمی‌دانسته‌اند قرار است بر ضد زن بیاندیشند و زن را مظهر همه ناپاکی‌ها بشمارند.

برای کسانی که جهان مظهر ناپاکی و مادیت سیاه و کور و چاه شهوات و رذایل است (و بر اساس آن به‌راحتی می‌توان مثلا کل غرب را به قول ایشان «فاضلاب» خواند) امر مقدس به همان نسبت دور از دسترس و دیگرجهانی و آسمانی است. آن‌ها به عقیده‌ای دچارند که نه اسلامی است نه با هیچ مرام مذهبی ابراهیمی پیوند دارد. آن‌ها ادامه‌دهندگان راهی‌اند که پیامبر کذاب می‌رفت. آن‌ها مانند همان پیامبر خود را نجات‌بخش جا می‌زنند اما منظورشان از نجات البته با نجاتی که در ادیان ابراهیمی هست زمین تا آسمان متفاوت است همانقدر تفاوت که میان محمد و مانی وجود دارد. اگر در دین محمد

اصل بر روشنی و پاکی و برائت است در دین مانی اصل بر برائت نیست. همه متهم‌اند و ناپاک. باید خود را تطهیر کنند یا باید تطهیرشان کرد. خواهند یا نخواهند. باید پاکی‌شان محرز شود.

این همه کلمات سیاه و خشن و بی‌نور (فقط ۱۰ بار «سیاه» در متن اخیر کیهان هست) بازتاب فکری است که در جهان هیچ سپیدی و نرمی و روشنی و نور نمی‌بیند. امر مقدس صاحبان این کلمات نصیب کم‌تر کسی شده است تا «نورانی» شده باشد. از این رو هر چه هست تاریکی است و سیاهی. همه متهم‌اند تا بیگناهی‌شان ثابت شود. محرز شود. کارخانه متهم‌سازی شباروز در کار است. بی‌وقفه. از اینجاست که ایشان بی‌واهمه‌ای هر کسی را که کوچک‌ترین فاصله و تفاوتی از ایشان داشته باشد سیاه و بی‌نور و متهم به تمام آلودگی‌های ممکن می‌بینند. این است که بی‌واهمه‌ای می‌توانند هزاران نفر را هیچ بشمارند. خاصه اگر زن باشند یا به زنان اعتنا کنند یا از آنچه زن از دید مردمحور محرک آن است یعنی میل به کامجویی سخنی رانده باشند. در دیدگاه مردسالار و زن‌گریز و خواردارندگی زنان که ایشان را ست، سخیف‌ترین کلمه سکس است. بدترین کار خودارضایی است. حتی بدتر از فریب و تحقیر و حق‌کشی و مردم‌سوزی و شکنجه و تهمت بستن و دروغ گفتن و رشوه ستاندن و دین فروختن و اجبار کردن و تندی فرمودن و نسل و حرث را تباه کردن. این‌ها فحشا نیست. طبیعت سیاستی است که تعقیب باید کرد تا جهان از ناپاکی پرداخته شود. مهم هدف است. امر مقدس، نورانی کردن جهان است با تهی کردن آن از فحش وجود کسانی که میل به این جهان دارند. این است که ایشان بی‌محابا همه را یه یک چوب می‌رانند. عدد برایشان مهم نیست. بگذار هزاران هزار باشد. چه باک. شمار برای آن‌ها هیچ معنایی ندارد. شمار برای دموکراسی بامعناست. برای کسانی که به فکر نجات نور از زهدان تاریک‌جهان مادی‌اند جماعت کثیر فقط یک مشت سیاهی‌اند که باید کنار زد تا نور جلوه کند.

رسانه هم زن است. زیرا تکثیر می‌کند. رسانه موجود پلیدی است از روز اولی

که به وجود آمده است. چه وقتی رادیو بود چه وقتی سینما شد و بعد تلویزیون و ویدئو و سپس ماهواره و سپس‌تر اینترنت. معنای فحشای اینترنتی چه می‌تواند بود جز آنکه نمایشگر کثرت است و تنوع است و تکثیر کننده این کثرت وحشت‌آور برای وحدت‌طلبان؟ برای کسانی که رسانه ایشان را پس می‌زند. رسانه در گوهر خودخواهان کثرت است خواهان شمار مخاطبان بیش‌تر است خواهان دامنگیری و فراگیری است. و این چیزی است که مانویان جدید بر نمیتابند. آنها یک رهبر و یک حزب و یک اندیشه و یک طبقه حاکم را بیشتر نمیخواهند. از اینجا آنها در دوره مدرن با اصحاب قدرت روسی هم نزدیکی پیدا میکنند. رسانه برای آنها یک پراودا ست و مانند خود پراودا که به معنای حقیقت است باید بازتابدهنده وحدت در اندیشه و آرمان و امر مقدس و فرامین رهبر باشد. تنها طالبان حقیقت واحدند که با رسانه سر ناسازگاری دارند. آنها که میگویند حقیقت نزد ما و فقط نزد ماست. ایشان با زن و هر پدیدهای که چون زن قدرت تکثیر داشته باشد در ستیز قرار میگیرند. امر مقدس نازا ست. یکی است و بس. کثرت مظهر شیطان است. از اینجاست که برای آنان که از درک و شناخت کثرت عاجزند زن و رسانه مظهر فحشا میشوند.

http://zamaaneh.com/blog/12/2007/post_81.html

نظـــرهای خــواننــدگـــان

○ خدایا ایران را از شر این احمق های جنایتکار حفظ کن.

بدون نام , Dec 18, 2007

◎ متن و تحلیل فوق العاده ای بود. موفق باشید

شیما , Dec 19, 2007

....

◎ آیا آنچـه شـما مسلـم گرفتهایـد خـود «مانوی» نیسـت؟ شـما خـود «شـرّ»ی
نیافریدهایـد؟ شـما خودتـان را «دموکـرات» و «زندوسـت» و «کثرتگـرا».... معرفـی
نکردهایـد و در طـرف مقابـل «اهریمنـی» بـه وجـود نیاوردهایـد کـه بـه هیـچ کـدام از
ایـن چیزهـا معتقـد نیسـت؟ مگر فرامـوش کردهایـد کـه اینها هـم زمانـی ماننـد شـما
حـرف میزدنـد، در برابـر شـاه، و حتـی زنـدان هـم رفتنـد و شـکنجه هم شـدند، کاری
کـه دسـت کـم بسـیاری از شـما خارجرفتـگان نکردهایـد، و آنهـا حـالا دارنـد نانش را
میخورنـد! و خـب، امـروز هـم مگـر شـما نـان همین حرفهـا را نمیخوریـد، بـه راحتی
در کشـوری دیگـر بـدون هیـچ دردسـری، و فـردا عـدهای دیگـر، بـا همیـن حرفهـا بر
گـرده ملـت نخواهنـد نشسـت؟ از خارج خواهنـد آمـد و وزیـر و کیل خواهنـد شـد. از
«مـردم» و «زن» و «اکثریت» و «رسـانه» و «حقوق بشـر» سـخن گفتـن آسـان اسـت، اما
خـود شـما در همیـن «زمانـه» چقـدر حقـوق مخالفان خـود را رعایـت کردهایـد. لابد می
گوییـد بـا انتشـار همیـن حرفها در زیـر این نوشـته؟ ... نـه، عزیـز. شـما یـک «ژورنالیست»
حرفـهای هسـتید کـه روزی بـا قاتلان تئـو ونگـوک و اعمـال قیصـر همـدردی میکنید و
روزی دیگـر طرفـدار حقـوق زنان می شـوید؟ راسـتی این مانویانی کـه شـما نـام بردید
همهشـان زن و بچـه دارنـد و حتـی دنبـال صیغـه و زنهای تازه هم هسـتند؟ نـه بابا. اینها
دسـت کـم بـه ایـن معنی زن سـتیز نیسـتند. دسـت کم بـه قول خودتـان خوانندههـای
شـما همـه فوق لیسـانس بـه بالا هسـتند. حـالا درسـت، اسـت، کـه ممکن اسـت بسـیاری
از آنهـا چیـزی نگوینـد ولـی مـی داننـد کـی چـه کاره اسـت. عـزت زیاد

مش حسن , Dec 19, 2007

....

● خوشحال مـی شـوم نشـان دهیـد کـه کـی و کجا قائلان به اندیشـه کیهانـی در مقابل
شـاه حرفـی زده انـد از ایـن جنـس کـه امـروز مطرح اسـت. تـا آنجـا کـه تاریـخ گروههای

مخالف شاه نشان مـی دهـد کمتر کسـی از آنهـا بـه مسـاله دموکراسـی و کثرتگرایـی توجـه داشتـه است. بازتولیـد شکنجـه های زنـدان در عرضـه جامعـه و زنـدان مجازی درسـت کـردن - کـه بخوبـی در مقاله مهـدی خلجـی روشـن شـده اسـت - هـم ارزشـی بـرای زنـدان رفتـن آن سـالها باقـی نمـی گـذارد. در بـاره اینکـه فـردا چه خواهـد شـد اجـازه بدهیـد فـردا صحبـت کنیـم. کار امـروز نقد رفتاری اسـت کـه هـم امروز مسـاله اسـت. معطـل گذاشتـن آن به دلیـل اینکـه فـردا هم همیـن خواهـد بود شـانه خالـی کردن از کار نقـد اسـت کـه اسـاس هـر تحولـی اسـت. در بـاره زن ستیزی هـم عنایـت شـما به زن داشتـن قیـاس مع الفـارق اسـت. اگر اسـتدلال شـما را درسـت فـرض کنیـم به محض اینکـه کسـی زن گرفـت از زن ستیزی مـی افتـد و طرفـدار حقـوق زنـان می شـود. به همیـن ترتیـب تکیـه بـر نظر مخاطبانـی کـه نظر نداده انـد و خامـوشـی آنهـا را مصادره به مطلـوب کـردن هـم مغالطه اسـت. در بـاره دموکرات بودن نیـز بگذاریـد مینیمال باشـیم و زمانـه را دسـت کـم به دلیـل اسـتقبال از منتقدان اش دموکرات بخوانیـم. همین حد را هـم کیهان انجـام دهـد یعنـی نظرات ناقدان اش را منتشـر کنـد مـن آن را قدمی بـه سـوی رسـانه شـدن کیهان ارزیابـی خواهـم کرد. مهـدی جامـی

....

○ جنـاب حسـین شـریعتمداری بـرای امـر مقدس چنـد بـار در زندانهای مخوف اسـلام نـاب محمـدی بـه دختـران باکـره تجاوز کـردی تا حکـم اعدام جـاری شـود؟ آیا سـیاهی در قامـوس شـما معنـای یـک رنـگ را هـم خواهد داشـت؟

زنـدانی , Dec 19, 2007

....

○ رسـانه بـه مثابـه نـوری اسـت بر تاریکخانـه اشـباح که این ظلمت نشـینان سـخت از آن واهمـه دارنـد و بـرای خامـوشـی آن هـر جنایتـی مـی کننـد اینـان غافلند کـه به عقل و علـم آدمـی نمـی تـوان مبـارزه کرد چندان که دوسـتان روس شـان هـم نتوانسـتند .

یوسـف , Dec 19, 2007

....

◯ آقای جامی ، از نوشته های مانی، چیزی خوانده‌اید؟

دانش آموز , Dec 19, 2007

....

● در کتـاب «ادب پهلوانی» (نشـر قطـره، ۱۳۷۹) فصلـی را به مانی اختصاص داده ام. دیـده ایـد؟ در آنجا شـرح بیشـتری در تبییـن نگاه مانی به جهان و از جملـه به زن آورده ام. نظر غالـب محققـان این اسـت که مانویت دبستانی عرفانی اما خالی از ذوق عشـق اسـت. خـط فکر مانـوی را در همـه دوره هایـی که عرفـان به نحوی با سیاسـت آمیخته مـی تـوان دنبـال کـرد. چنانکه امـروز. بـا اینهمـه به نظر من بنیـاد مانوی زن سـتیزی تا انـدازه زیادی ناشـناخته اسـت. مهدی جامی

....

◯ بـه هـر حـال انگلیـس تجربـه خوبـی در اسـتثمار داردو میداند توسـط چه کسـانی میتـوان بـه ملـت حکومت کرد.به نظر میرسـد روسـیه هم اخیرا وارد گود شـده اسـت.

م. از اصفهان , Dec 20, 2007

....

◯ بـا توصیـف شـما از رفتـار گونـه ای امثال شـریعتمداری موافقـم ولی بـه گمان من منشـا اعتقـادی بـرای آن پیـدا کـردن شـاید به معنـای نادیـده گرفتن عامـل اصلـی یعنی سیاسـت قدرت توتالیتاریزم شـبه شـیعی اسـت. خیلی ها هسـتند که خالی از عشـقند ولـی لزومـاً آدمکش نیسـتند.

علی اصغر رمضانپور , Dec 20, 2007

....

◯ aaghaaye jaami,
adabetaan raa eshgh ast.
hamin adab raa edaame dahid,
ensaaniyat adab mikhaahad, va shomaa be onvaane re,eese yek
dam -o- dastgaahe mohem, be khoobi forootan boodid va az
koore dar naraftid, che dar morede khode aaghaaye shariat-
madaari va che dar morede doostaani ke be ta-ane va tamaskhor
, va yaa naghde jeddi, comment gozaashte boodand,

ensaafetaan raa shokr,
hamishe een tor-tar baaghi bemaaneed.
AMMA 2 NOKTE:
1-be nazaram , vaz-eeyate amsaale aaghaaye shariatmadaari
baayd tarkibi az TAGHAL-LAA BARAAYE BAGHAA va NEGAAHE
MAANAVI BAASHAD,
yani , nazare aaghaaye ramezaan-pour ham baayd dar raftaar-she-
naasiye een goone makhlooghaat, morede hatman matrah baas-
had.
eenaan be shed-dat az «YOMA- TOBLAS-SARAAER- eshaan
dar khafaa bar khod milarzand va man sokhane shomaa raa dar
mourede afraade saadegh tare een teep , mitavaanam saadegh
bebinam , na aanaan ke dasti dar tasmim giri haa daarand ,
een haa deegar naa-khod-aaghaah , maanavi amal nemikonand
, balke aagaahaane baayad ghesse sare ham konand, taa be-
maanand
2- az dooste azizeman aaghaaye MASH-HASAN aajezaane davat
konid ke dar maghaale -ee nazaraate khod raa bishtar sharh da-
hand va een forsat raa be eeshaan bedahid ke be khoobi ested-
laal biyaavarad , taa betavaan goft ke eeshaan vaght daashtand
va tamaamiye sokhan raa goftand.
agar be ta-ane zan begoo-ee bishtar tozeeh bede , shaayd mote-
vaj-jehe estedlaal haaye TOTOLOGIC-e khod (dar soorate vojod)
beshavad va yaa motevaje shavad ke dar besyaari mavaared,
aamele ravaani bar ed-de-aayash haakem boode , va na mantegh
va amre vaaghe.
az por-goo-ee va PINGILISH nevisi ozr -khaaham , raahi deegar
nadaashtam.
Ezzate hamegi ziyaade baad.

Dec 21, 2007 -- R

....

● همان‌طـور کـه نوشـتم هـم ناقدانی ماننـد مش حسـن و هم دوسـتان دیگـر می توانـد
مقالـه بدهنـد تا در زمانه منتشـر شـود. راه بحث بسـته نیسـت. مهدی جامی

....

○ «رسانه هم زن است. زیرا تکثیر می کند.» جمله قشنگی است. اما زمانه چی؟
شـما ظاهـراً فقـط بـه بعد زایشـی و تولیـدی و مثبت زن بـودن توجه داری و این همان

تکـرار ایـرادی اسـت کـه به درسـتی بر دنیای سـیاه و سـفیدی کیهان وارد مـی کنی. در واقعیـت چـه مـی گـذرد نیـاز بـا ابتـلا و آزمـون و از همه مهتـز رعایت اصل شـفافیت دارد؟ آیـا زمانـه ایـن اصـول را به طـور کامل رعایـت می کند؟ تجربه شـخصی من می گویـد به طـور جدی گاه مـی لغرد.

آری آقای جامی عزیز!

همـه مـی دانیـم کـه زن گاه بـرای پـول بیشـتر کرامـت اش را هـم ممکن اسـت نادیده بگیـرد. گاه بـرای رفـاه بیشـتر بچـه را هـم سـقط مـی کنـد آن هـم عمدا و بـه صورت جنایـت آمیـز. زن اصلا ممکن اسـت خود را نازای نازا کند. ممکن اسـت سـلطه ورزی اش از مـرد هـم شـدیدتر و خشـن تـر شـود. زن ممکن اسـت قاتل شـود و بـه بدترین شـکل هـا هـم مرتکـب قتـل شـود. زن واقعاً هـم ممکن اسـت مرتکب اشـاعه فحشـا شـود ...همین طور رسـانه؟

مخاطب , Dec 21, 2007

....

● *اینها که گفتید جای خدشه بسیار دارد (مثلا شما همه جا زن را تنها گرفته اید در حالی که سوی دیگر ماجرا مرد هم هست و معلوم نیست چرا مرد دیده نمی شود) ولی حتی اگر فرض کنیم حرف شما درست است با ارائه مثال و استعاره چیزی ثابت نمی شود. شما برای نمونه باید نشان دهید که مثلا زمانه جایی بچه اش را سقط کرده است یا خود را نازا کرده است یا کرامت اش را به قول شما نادیده گرفته است. ضمنا وجه شبه تمام نیست. یعنی رسانه از همه جهت مانند زن نیست. بعد هم اینکه بر فرض زمانه بد. این خوبی کیهان را نشان نمی دهد. مهدی جامی*

نقد داستانهای عجایب المخلوقاتی کیهان • پاره سوم

دموکراسی خیابان یکطرفه نیست

یک دی هشتاد و شش

روزنامه کیهان در **یادداشت تازه‌ای** به بازتاب گزارش خود درباره رادیو زمانه پرداخته است و در آن همان حرفهای قبلی را تکرار کرده است. کیهان به نوشته‌های مهدی خلجی و ماه منیر رحیمی و دیگران پاسخ داده است و در این میان چند کلمه‌ای هم درباره دو یادداشت من آورده است. من در اینجا چند نکته‌ای را که مربوط به ادعاهای کیهان با ارجاع به نقد من است پاسخ میدهم و دوستان دیگر هم در صورت تمایل میتوانند پاسخ تازه‌ای به کیهان بدهند. میکوشم بعضی از آنچه میخواستم در نقد سوم خود بنویسم نیز در همین جا بیاورم.

نویسندگان کیهان متن نوشته‌های دوستان زمانه را بیش از آنکه خوانده باشند تفسیر کرده‌اند وگرنه شماری از ایرادها را مطرح نمی‌کردند. مثلا درباره مهم‌ترین بخش ادعاهاشان که وابستگی است اگر نامه مدیر پرس نو را به‌دقت می‌خواندند در می‌یافتند که پاسخ چیست. کیهان می‌نویسد:

«مهدی جامی، مدیر رادیو زمانه، در سلسله گزارش‌هایی که روزهای ۲۵ و ۲۷

آذر ۱۳۸۶، به عنوان یادداشت اول این رسانه اینترنتی منتشر شده است، بدون هیچ گونه پاسخگویی به وابستگی «رادیو زمانه» به «سرویس اطلاعات و امنیت هلند»، با رویکردی سیاسی به تحلیل گزارش روزنامه کیهان پرداخت.»

این برادران چه جور پاسخی می‌خواهند؟ استدلال بر عهده خود آن‌هاست که اتهام زده‌اند. وابستگی به سرویس اطلاعاتی از نظر من نقش خود در آب دیدن است. آن‌ها چون به احتمال زیاد به نوعی به سرویس‌های اطلاعاتی موازی وابسته‌اند شیوه دیگری برای ادامه حیات رسانه جز وابستگی نمی‌شناسند. برای تنویر افکار ایشان و دیگرانی که ممکن است این حرف‌ها را باور کنند می‌گویم که زمانه را یک هیات سی نفره از وبلاگ‌نویسان و روزنامه‌نگاران و رسانه‌شناسان در کارگاه زمانه در جولای ۲۰۰۶ پایه‌گذاری کردند. گروهی از صمیمی‌ترین و فعال‌ترین و باذوق‌ترین روزنامه‌نگاران جوان ایرانی که هیچ انگ وابستگی به آن‌ها متصور نیست هم زمانه را همراه با گروهی از فرهیختگان با سابقه و خوشنام ایرانی اداره می‌کنند. من در نوامبر ۲۰۰۶ پس از یازده سال به تهران رفتم. اگر کوچک‌ترین نشانی از وابستگی ما به یک سرویس اطلاعاتی موجود بود احتمال زیاد از آن سفر بر نمی‌گشتم. وانگهی من در همان یادداشت اول خود به روشنی نشان دادم که کیهان چنان جمع بزرگی از افراد و گروه‌های مختلف را به یک چوب رانده که محال است بتوان جز در مخالفت آن‌ها با روش‌های کیهانی وجه اشتراک شاخص دیگری میان آن‌ها پیدا کرد.

زمانی گل آقا به حسن حبیبی که گفته بود باید اقشار آسیب‌پذیر را شناسایی کرد، به شوخی گفت: شما اقشار آسیب‌ناپذیر را شناسایی کنید که کار ساده‌تری است و باقی را جزو آسیب‌پذیرها بگذارید. حال باید به این اتهام‌زنندگان گفت: شما نشان دهید که چه کسی از نظر شما متهم و وابسته نیست تا معلوم شود دایره غیروابستگان از نظر شما چقدر کوچک است. امری که در نوبت بعدی موید آن خواهد شد که تحلیل من از ایشان به عنوان مانویان جدید تا چه حد

درست است. اگر فهم مانوی‌گری برای ایشان دشوار باشد می‌توانم به خوبی نشان دهم که اندیشه کیهانی یک اندیشه خوارجی است. اندیشه‌ای که جز گروه بسیار کوچکی همه را منحرف تلقی می‌کند.

باری اگر پاسخ روشن دوای درد این برادران باشد به صراحت می‌گویم که اگر کوچک‌ترین نشانی پیدا کنند که زمانه وابسته به این یا آن سرویس اطلاعاتی است اولین نفری خواهم بود که از کار کناره بگیرم. سرمایه زمانه استقلال آن است و واقع این است که دارد هزینه‌های استقلال خود را می‌پردازد. دوسوی طیف ذوب‌شدگان در جمهوری اسلامی و ذوب‌شدگان در ضدیت با آن مخالف زمانه‌اند که می‌خواهد رسانه مردم باشد. هر دو سوی طیف مردم را نادیده می‌انگارند. یک بار این سوال را مطرح کرده بودم که چه کسی از رادیو زمانه می‌ترسد. حال باید بگویم: همه کسانی که برای مردم نقشی و وزنی قائل نیستند. این دست سیاست‌پیشگان فکر می‌کنند سرنوشت مردم را باید با سرویس‌های اطلاعاتی معین کرد. اگر با سرویس اطلاعاتی مورد علاقه آن‌ها مرتبط نیستی لابد به سرویس اطلاعاتی مقابل آن‌ها رابطه داری. اما ما رسانه‌ایم. با مردم رابطه داریم.

کیهان می‌نویسد: «در قسمت اول این یادداشت با عنوان «همه متهمان آقای شریعتمداری» وی «کیهان» را متهم کرد که بر اساس لیستی از پیش تعیین‌شده بر «پرونده‌سازی»(!) علیه افراد و گروه‌های سیاسی می‌پردازد.»

من درست متوجه نمی‌شوم که آن علامت تعجب برای چیست. روزنامه کیهان نانش را از راه پرونده‌سازی می‌خورد. چه کسی است که این را نداند؟ بعد هم ادامه می‌دهد:

«این در حالی است که «رادیو زمانه» تاکنون هیچ استدلالی را برای برگزیدن خط مشی «اسلام‌ستیزی» و «اشاعه فحشای عریان» اقامه نکرده است، بلکه در

قسمت دوم یادداشت «مهدی جامی» کوشش شده است که گسترش فحشا امری موجه جلوه داده شود.»

این مساله فحشا از آن مسائلی است که کیهان باید بکوشد کمتر پایه بحث و طعن‌هایش قرار دهد زیرا ممکن است ناقدان در جواب خود بر گسترش عظیم فحشای ناشی از مدیریت همفکران ایشان در صحنه سیاست ایران انگشت بگذارند. کسی می‌تواند دیگران را متهم به اشاعه فحشا کند که خود پاکدامن باشد و از پاکدامنی دفاع کرده و آن را نهادینه کرده باشد. کشوری که دارد به بزرگ‌ترین بازار فحشا در منطقه تبدیل می‌شود و دخترانش را صادر می‌کند و زیر پرچم دولت اسلامی هیچگونه امنیت جنسی در خیابان و خانواده باقی نمانده است باید کمی فروتن باشد و به دور و بر خود بنگرد. توزیع فیلم‌های پورنو یکی از پرسودترین حرفه‌های مورد علاقه در آن مملکت است. راه دور نمی‌روم. فقط یادآوری می‌کنم حرف مقامات انتظامی ایران را که به گردش پول بزرگ چند میلیاردی از فروش فیلم هم‌خوابگی خانم هنرپیشه‌ای با نامزدش اشاره کرده بودند. تو خود حدیث مفصل بخوان از این مجمل.

کار زمانه گسترش فحشا نیست. پاسخ دادن به سوال‌هایی است که در جامعه موج می‌زند و زیر حاکمیت سانسور و لاپوشانی بی‌جواب مانده است.

تازه این فقط اشاره به بخش خاصی از فحشا ست. اگر وارد بحث‌های دیگری مانند اختلاس و ارتشا و کارچاق‌کنی و قاچاق و بی‌قانونی و فشارهای ناروای سیاسی و زندان و مجازات‌های غیرانسانی و بی‌برنامگی مزمن و اتلاف حرث و نسل و زیر پا گذاشتن شرع و قانون شویم دامنه سخن بسیار فراتر خواهد رفت.

درباره اسلام‌ستیزی هم پاسخ من مشابه است. باز راه دور نمی‌روم. به قول مرحوم بازرگان این فریادهای وااسلاما و تبلیغات سبک روسی برای دفاع از اسلام و البته

تذبذب دینی در رفتار مدیران و رهبران و تسلط ریاکاری در جامعه اسلامی ایران و بدتر از همه دولتی کردن دین و تقلیل آن به ظواهر بزرگ‌ترین عامل خروج مردم از دین - و خروج از کشور دین دولتی شده - بوده و هست. بهتر است مدعیان کمی به خود و نتایج تدبیر مدیران در کارهای داخلی بنگرند و بعد زمانه را متهم کنند. آن نوع اسلام که ایشان می‌ورزند مطلوب هیچ صاحب خردی نیست. در این قول مشهور شده پس از انقلاب بنگرید که هیچ کس بهتر از این دست مسلمانان با اسلام ستیز نکرده است و اسلام را بی‌آبرو نساخته است. من روزگاری با معاون حزب نهضت اسلامی در تاجیکستان در همین باب گفتگو می‌کردم. از او پرسیدم بزرگ‌ترین خطر برای اسلام چیست؟ گفت خود اسلام!

نیاز به استدلال بسیار نمی‌بینم. باز هم راه نزدیک می‌روم: نویسندگان و پنهان‌پژوهان و اسلام‌خواهان کیهان در این بنگرند که چقدر روش کار و فکر و تبلیغ و روزنامه‌نگاری آن‌ها مردمان را به سوی اسلام جلب کرده است که می‌خواهند دیگران هم از راه ایشان بروند؟ من یقین دارم که ایشان اگر گروه‌های بزرگی را از اسلام فراری نداده باشند کسی را به اسلام خود جلب نکرده‌اند. کسی که پای در گل خود مانده است خوب است زبان طعن بر دیگران ببندد.

نمونه اسلام‌خواهی کیهان در همان یادداشت پیشین ایشان بهروشنی ثبت است. آن‌ها برای دفاع از آنچه خود صحیح می‌پندارند به هیچ اصلی پایبند نیستند و مظهر کامل هدف وسیله را توجیه می‌کنند می‌شوند. این آن اسلامی است که قرار است ایشان بپراکنند و جهانگیر شود؟ یکبار دیگر این بخش از آن یادداشت را مرور کنید:

«چه سرنوشت لایحه جرائم اینترنتی در هاله ابهام باشد، چه امکان استنتاج و اجتهاد از متن قوانین موجود برای برخورد با شبکه‌ای که فحشای سیاه را

می‌گستراند، میسر نباشد، چه ضرورت درک و دریافت آن صبغه سزاوارتر امنیت اجتماعی پدید نیامده باشد، هر چه که باشد در فقه شیعه و در قانون مجازات اسلامی ایران، فقدان نص قانونی برای پیگرد و محکومیت سایت‌ها و گروپ‌های خرد و کلانی که فحشای سیاه را در سطوح گوناگون تبلیغ می‌کنند، نمیتواند دلیلی برای عدم صدور حکم پیگرد و مجازات قانونی عاملان آن باشد.»

این اسلام است؟ کیهان اسلام‌خواه چگونه به خود اجازه می دهد حکومت اسلامی را به کار غیرقانونی و غیرشرعی برانگیزد؟ خلاصه سخن بالا این است که درست است که قانون نداریم و فقه شیعه در این باب سخنی ندارد اما این موجب نمی‌شود که کسانی را که کیهان متهم کرده است بازداشت نکنیم و تحت پیگرد قرار ندهیم! این همان امنیت مطلوب اسلامی است؟ شاهدی بهتر از این هست که نشان دهد کیهانیان به هیچ چیز جز سرکوب هر که مخالف آن‌هاست نمی‌اندیشند؟

کیهان با روشی عوامفریبانه در پایان یادداشت جدید خود نوشته است: «رادیو زمانه» در حالی زشت استقبال از «سیاست دیالوگ با کیهان» را برگزیده است، که علیرغم گذشت هشت روز از انتشار «گزارش تحلیلی کیهان از پروژه ناتوی فرهنگی در هلند»، هنوز متن کامل آن گزارش را برای خوانندگان خود منتشر نکرده است و تنها به نشر متونی که ادله‌ای بی‌پایه را در رد گزارش کیهان اقامه کرده‌اند، بسنده نموده است.

به سادگی باید گفت دموکراسی خیابان یک‌طرفه نیست. کیهان متهم می‌کند و پاسخ‌ها را درج نمی‌کند که سهل است خواستار پیگرد متهم‌شوندگان بر اساس قانون غیرموجود است اما انتظار دارد که حرف‌هایش عینا در زمانه بازنشر شود! با این همه، راه حل ساده است: هیچ دیالوگی یک‌طرفه نیست. هر گاه

کیهـان توانسـت خـود را راضـی کند کـه در مقابل داستان‌پردازی‌هـای خـود نقدها و پاسـخ‌ها را درج کنـد و بـه حیثیـت افـراد احتـرام بگـذارد، زمانه نیز بـا کمال میل نظـرات کیهان را منتشـر خواهد کرد. ما دسـت کـم قـدم اول را برداشـته‌ایم. مدیر کیهان را دعـوت کرده‌ایم. اگـر اهـل دیالوگ باشـند دعـوت متقابل خواهنـد کرد. نتیجـه هـر دیالوگـی کـه ناشـی از چنین دعوتی باشـد البتـه در زمانه منتشـر خواهد شـد. امـا در کیهان هم منتشر می‌شـود؟

http://zamaaneh.com/blog/12/2007/post_82.html

نظـــرهای خــــواننـدگــــان

○ یک شعله بس است خرمنی را....

تاریـخ بـی حافظـه یـا حافظـه ی تاریخـی بر بـاد رفته؟ کسـی چـه مـی داند. در بلبشـوی انقـلاب همیشـه تلفـات هسـت. درود برهـا و مـرگ برهـا بـر ارابـه ی آهنین شـوری بی شـعور مـی نشـینند غـداره بـه کـف و اربـده کـش حریف مـی جوینـد و به دسـت آویز رسـالتی کـه بـر گـرده شـان سـنگینی می کند آنقـدر بی خیـال می تازنـد که جـان آدمی نیـز بـه ارزنـی نمـی ارزد.حکایـت همـان آقا شـعبان بی مـخ که تا آفتـاب به نیمه نرسـید فاتحـه‌ی نهضتـی را خوانـد و مـدال افتخـاری سـرباز وطن! را هم بـه گـردن آویخت تا سرمشـق کسـانی باشـد که سـالها بعد بر پشت سکان کشـتی آبرومندانه ی سخن نشسـته و دفتر و دسـتکی دارند اما هنوز پیشـه ای به جز عربده جویـی و قداره کشـی در قاموسشـان نیسـت. گاه بـه نعـل مـی زننـد و گاه به میـخ. گاه منور الفکر مـی شـوند و گاه گزمه تا لبـاس

حریـر آزادی را بـر تـن بـی قـواره ی هیولایـی کنند که به اسـم اسـلام و انقـلاب بکارت دریـده و گلـو بریـده و در فریـاد تکبیرش چیزی به جز نهیب شـیطان نیسـت و چه جای بحـث : کافـر همه را بـه کیش خود پنـدارد...

آقای شریعتمداری، حافظه ی تاریخیت کجاست ؟ شما که هنوز دست هایت را نشسته ای برادر جان!. شب نامه ی وزین تو این همه اطلاعات طبقه بندی شده را از کدام سازمان به غنیمت گرفته؟ یا نکند خودت به تنهایی یک سازمان عریض و طویلی که بهشت و جهنم خلایق را تعیین می کنی. راستی شما روزنامه نگاری یا هنوز هم مفتش؟ تو جیره از کدام آخور می خوری؟ پشت کدام خدا جا خوش کرده اید که چیزی به جز نفرت در نگاهت نیست. چند نفر در دشنام نامه ات هنوز پرونده ندارند؟ «هویت» چند هزار نفر بر ملا نشده؟ شریعتت چرا چیزی به جز تکفیر در عبایش نیست. جمهوریت چرا انقدر بی تحمل است که با دمی نسیم، تا نا کجای ناسوتش به باد می رود...

آقـای شـریعتمداری عزیـز، سـرباز وطن!!! لطفا برو دسـت هایت را بشـور. هرچند که این لکـه های خـون بـا آب اقیانوس هم پاک نمی شـود.

م - لبو فروش , Dec 22, 2007

....

راسـتی مگـر از نظـر آقـای شـریعتمداری وابسـته بـه سـرویس جاسوسـی بد اسـت؟ سـرویس جاسوسـی حامی القاعده یا سـرویس جاسوسـی روسـیه چطور ؟ راستی ایشان چـرا سـراغی از جاسوسـانی کـه به اسـم تعمیر زیـر دریایی هـای از رده خـارج در خلیج فـارس بـه خرج حضـرات پـلاس اند نمـی گیرند؟

علی , Dec 22, 2007

....

آقای جامی

لطفـا بـه مطلبـی کـه امیر فرشـاد ابراهیمـی در وبلاگـش دربـاره شـما و رادیو زمانـه و ... سـفرتان به ایـران نوشـته جـواب بدهید.

هامون زمان , Dec 22, 2007

● *از اینکـه خبـر دادیـد ممنـون. خوانـدم و منتظر می مانم ایشـان نامه هایـی را که ادعا مـی کنند منتشـر کنند. پاسـخ ام را پـس از آن خواهـم داد. مهدی جامی*

....

○ آقـای جامـی، فعـلا اصـلا قصـد ورود بـه بحـث و ارزش گذاری را نـدارم. بـا اینکه از اولیـن مطلـب چـه در کیهـان و چـه در زمانـه پی گیر موضوع هسـتم.
اما یک درخواسـت دارم. قرار اسـت شـما با آقای شـریعتمداری فرق داشـته باشـید. یعنی شـناختی کـه مـن از شـما چه از زمان سیبسـتان چه در زمانی که مشـغولیت عمـده تان در زمانـه اسـت، دارم به من این تفاوت را نشـان داده اسـت.
پـس امیـدوارم ایـن تفـاوت را در لحـن مقالاتتـان هـم ببینـم. بـه نظـر من اصـلا صحیح نیسـت کـه شـما هم بـا همان ادبیـات سرشـار از تهمـت و خود بـی عیب بینی کـه آقای شـریعتمداری و دوسـتانش در کیهـان بـه کار مـی برنـد به پاسـخ گویـی برآیید.
متاسـفانه ایـن گونـه ادبیـات از اولین نوشـتارتان در این بـاب تا همین مقاله که بسـیار هم غلیـظ می باشـد، وجود داشـته و دارد.
پنگوئن , Dec 22, 2007

....

● *از خیرخواهی و دلسوزی تان سپاسگزارم. برایتان آرزو نمی‌کنم که مورد اتهام شریعتمداری قرار بگیرید. اما هر گاه قرار گرفتید خواهید دید که وقتی کسانی هر چه به ذهن و زبان شان آمد به عنوان حقایق مسلم به خورد مخاطب دادند چقدر حق خواهید داشت که کم و کاستی های خودشان را به رخ شان بکشید. من کوشیده ام از جاده انصاف خارج نشوم و تهمتی به کسی نزنم فقط آینه ای در برابر ایشان گذاشته ام تا قدری فروتنی پیشه کنند و سر از برف درآورند. اگر غلطتی در سخن من هست تناسبی بین آن تهمت‌ها با این پاسخ هم بجویید. تهمت غلیظ جواب غلیظ می‌طلبد. مهدی جامی*

....

○ آقای جامی گرامی،
سلام بر شما مرد فهمیده ی سخن سنج.

جداً حال کردم از جوابی که به پنگوئن دادید.اصولا ما مرگ رو دوست داریم، منتها برای همسایه. برای خودمون جیب های گل و گشادی می دوزیم و تا دلت بخواد آوانس میدیم، اما نوبت به غیر که رسید به هیچیک قائل نیستیم.

اون دستی رو که چنین مقاله ی دندان شکنی رو نوشته عجالتا باید طلا گرفت.

فقط یک چیز رو در مقاله بهش اشاره کردید و من با اون صد در صد موافق نیستم ... اون هم اینکه من دشمن اسلام رو بسیاری از مسلمونها می دونم، منظورم از همون قدیم الایامی هست که مسلمون علیه مسلمون شمشیر می زد.

جونتون جوون و عمر زمانه تون دراز، که ما هی بیایم اینجا و مقاله های درست و درمون بخونیم.

ضمنا یک چیز رو هم اضافه کنم: تحت تاثیر کامنتهایی ظاهرا مودبانه اما در باطن بس مغرضانه قرار نگیرید.

موفق باشید.

علی رضا , Dec 23, 2007

....

MrJAME

It is too difficult for me to understand how you can run a RADIO station that is in oposition to the IRANIAN goverment.at the sametime you are also able to travel back and fourt from HOLLAND to IRAN too. something is missing,I belive that something is wrong with you or with the goverment of HOLLAND, because they understand who you are and have given you the chanse to do anything you want.I wish I can live in HOLLAND TOO

Dec 23, 2007 -- hamid

....

این تیتر «دموکراسی خیابان یکطرفه نیست»، ۲ غلط دارد:

یک : بعد از دمکراسی یادتان رفته «،» [ویرگول] گذاری کنید.

۲ - از آن‌جایی که «سرهم‌نویسی» غلط است، یکطرفه را [با یک نیم‌فاصله] باید

نوشـت : یک‌طرفه.

اگر این ۲ غلط نبود هم خواننده بهتر و راحت‌تر می‌توانست بخواند و هم می‌شد:

دموکراسی ، خیابان یک‌طرفه نیست

تا بعد...

ح.ش , Dec 23, 2007

....

◉ ح.ش گرامـی، چـون شـما اینقـدر دقیـق در علامت گذاری هسـتید، یـادآوری می کنم کـه ویرگـول همیشـه بلافاصلـه بعد از آخرین حرف اسـت، یعنـی بدون هیـچ فاصله ای. شـما پس از دموکراسـی اول یک فاصله و سـپس ویرگول را گذاشـته اید. این فاصله می توانـد ویرگـول را بـه سـطر بعـدی انتقـال دهد.

کتایون , Dec 23, 2007

....

◉ shariatmadry negahesh mooohesh ast

بدون نام , Dec 23, 2007

....

◉ سلام -بدیهی است که پذیرش دموکراسی که هیچیک از مسئولین دولتی و حکومتی اصل آنرا نفی نکرده اند شامل تضارب آرا و پویایی در تفکر و اندیشه و اصل مشارکت مردمی است آنچه که ائمه معصومین هم به شیعیان خود توصیه کرده اند توجه به عقل و تفکر و بصیرت و خود شناسی و شناخت درست از موقعیت و جهان اطراف است که این همه بر ما وظیفه می کند تا به آگاه سازی و انتقاد از عملکردها بپردازیم قلم و نوع مواضع رادیو زمانه را خوب و مناسب ایده های خود می بینم حضورش را بر ملت ایران در هر جای دنیا که هستند تبریک می گویم توفیق و بهروزی را برای دست اندرکاران آن آرزومندم ضمنا موسیقی های خیلی جالب و مناسبی را برای ایام کریسمس انتخاب کردید حضرت مسیح که یاور و همراه حضرت مهدی خواهد بود حامی شما و مدافعان راستی و حقیقت و مهرورزی باشد .

میرناصر بوذری - بدون مرز , Dec 24, 2007

کتایون عزیز!
فکر کنم مشکل از دقت من نباشد؛ حرف‌ام این است: چرا خواننده [یا همان مخاطب]،باید مجبور باشد تا «یک جمله‌ی کوتاه» را چندبار [و آن‌هم با شکل‌های مختلف] بخواند و دست‌آخر نیز گنگ و گیج،از خیر خواندن «مطلب» بگذرد؟!
البته این سماجت‌های ابلهانه‌ام را خواهید بخشید و [صد البته]، باقی ماجرا...
ح.ش , Dec 24, 2007

....

آقای جامی ! چرا از آن گزارشی که توسط آن نشریه هلندی به چاپ رسید و متن اصلی اش هم در اینترنت موجود است ، سخنی نمی گویید؟ آیا این نشریه هم وابسته به کیهان است؟! !برای اطلاع خوانندگان شما بخشی از آن را در این کامنت می گذارم.
امیدوارم نظرتان را بگویید:
گزارشی از: Erdbrink Thomas و Thalia Verkade
روتردام. تهران، ۱۶سپتامبر ۲۰۰۶

....

وزارت امور خارجه هلند به یک سازمان نومحافظه کار آمریکایی یارانه داده است تا از طریق برنامه ای، جابجایی صلح آمیز قدرت را در ایران عملی سازد.
سازمان خانه آزادی (House Freedom) که در سال ۲۰۰۳ از حمله آمریکا به عراق جانبداری می کرد، امسال حدود ۶۳۰هزار یورو از دولت هلند دریافت داشت. مدیر این سازمان این موضوع را تأیید کرده است. پول هلند به منظور ایجاد همایشگاهی اینترنتی برای شخصیت های مخالف ایرانی هزینه سی شود که نامش:
www.gozaar.org است.
هلند و آمریکا تنها کشورهای جهان هستند که آشکارا بودجه ای برای ترویج دگرگونی سیاسی در ایران فراهم ساخته اند...
این یارانه بخشی از یک پروژه بزرگتر هلندی است که هدفش ترویج کثرت گرایی در رسانه های ایرانی ست. بعد از طرح لایحه ای توسط فرح کریمی (از حزب

سبزهای چپ) و هانس فان بالن (VVD، حزب لیبرال)، مجلس هلند در سال ۲۰۰۴ مبلغ ۱۵میلیون یورو اعتبار برای این منظور فراهم ساخت.

روزنامه انگلیسی Financial Times می گوید که خانه آزادی یکی از سازمانهایی است که از وزارت امور خارجه آمریکا برای عملیات پنهانی و غیرقانونی در ایران، پول دریافت می کند. ایالات متحده ۷۵میلیون دلار برای «آوردن دموکراسی و آزادی در ایران» اختصاص داده است . خانه آزادی یکی از نیروهای مؤثر در پشتیبانی از «انقلاب نارنجی» طی سالهای ۲۰۰۴ و ۲۰۰۵ در اوکراین و نیز در جنبش دانشجویی Otpur در صربستان بود.

زمانی که این سازمان آمریکایی درخواست کرد از هلند یارانه دریافت کند، مدیریت آن را Woolsey James رئیس سابق سیا (CIA) بر عهده داشت که از حامیان فراخوانهای تغییر رژیم در ایران بوده است. Peter Ackerman رئیس فعلی خانه آزادی، مدیریت مرکز اسناد حقوق بشر ایران را نیز برعهده دارد. این گروه در مجاورت ایران در دبی همایش هایی را برگزار کرد که تأکید آنها بر درسهایی بود که از قیام مردم در صربستان و اوکراین می توان گرفت.

پولی که هلند برای تقویت کثرت گرایی در رسانه های ایران اختصاص داده است، ابتدا برای تأسیس یک تلویزیون ماهواره ای منظور شده بود تا توسط خبرنگاران مخالف ایرانی از هلند برای ایران برنامه پخش کند. اما وقتی معلوم شد که این طرح عملی نیست، ۱۵میلیون یورو تقسیم شد و بخش اصلی آن به سازمانهای هلندی رسید، از جمله به سازمانی که خبرنگاران را آموزش می دهد، و نیز به یک فرستنده رادیویی متمرکز بر ایران (رادیو زمانه)و تشکیلات World Press Photo. منابع مطلع در وزارت امور خارجه هلند می گویند که خانه آزادی یکی از دو سازمان خارجی است که بخشی از این پول را دریافت کرده اند. دیگری زیر مجموعه شبکه بریتانیایی بی بی سی است.

از نظر Kees-Jan Ouwerkerk سخنگوی وزارت خارجه- که پول را تقسیم کرده است- نام دریافت کنندگان پول را نمی توان افشا کرد. او می افزاید «اگر خانه آزادی

می گوید که از هلند پول می گیرد، حق مسلم اش است که این را بگوید. ولی ما قرار گذاشتیم افشا نکنیم که دقیقا چه سازمانهایی را حمایت می کنیم. دلیل اش هم این است که از به خطر انداختن این سازمانها پیشگیری کرده باشیم.»

متن اصلی در روزنامه هلندی: Handelsblad-NRC

محقق , Dec 24, 2007

....

● آنچه در اینجا آورده اید در همان زمان در زمانه مطرح شده است و مدیر پرس نو به آن پاسخ داده است:

http://www.radiozamaaneh.com

blog/2006/10/post_24.html

مساله بسادگی این است که رادیو زمانه راه اکتیویسم سیاسی را نمی رود و تا آنجا که من می دانم سایت گذار نیز نتوانسته است پشتیبانی مالی مجدد به دست آورد. ولی رابطه این سخن را که توماس از مخالفان کل پروژه نوشته است با آنچه کیهان می گوید متوجه نشدم. شما می توانید مخالف طرح هلند باشید ولی آیا این به معنای آن است که باید با کیهان موافق باشید؟ در ضمن توماس امروز نگاه دیگری دست کم به زمانه دارد و خود از منتقدان کسانی است که در روزنامه هلندی فولکس کرانت با آن مخالفت کرده اند:

http://www.radiozamaaneh.com

blog/2006/10/post_24.html

که در آن به همین مطالبی هم که شما آورده اید اشاره می کنند. در این باره یادداشت مرا هم ببینید:

http://www.radiozamaaneh.com

blog/2007/04/post_42.html

به هر حال ما به نظر مخاطبان خود رسانه ای نیستیم که آنها نپسندند فارغ از آنچه کیهان یا دیگران می گویند . این موضوع در نظرسنجی ماه سپتامبر ما و رشد

روزافـزون خوانـندگان و شـنوندگان پیدا سـت. مهـدی جامی

....

Iranain Tradition
When Ali (A.S) came towards Kofe,
past thought Anbar , a city which Iranian
people used to live in there.
Farmers were so excited that their dear
leader was passing their city.
They started to run when Ali (A.S) started to run in
front of his horse .
Ali (A.S) ask them why did you do this ?
why did you run ?
They responded :this is a sort of admiration
that we alleged for our leaders and those
who we respect them so much .
They said this is an Iranian custom and a
kind of respect which is common between us.
Ali (A.S) said:
This job put you on difficulty in this world
and bring you misery on other world.
Try to avoid this kind of behaviour
which bring your personality down
plus what is the use of this kind of thing?!!!

Dec 25, 2007 -- MirNaserBouzari

....

مـن از جمهوری اسـلامی و جناب اقای شـریعتمداری که چهره اسـلام واقعـی را به ما نمایاندند بسـیار متشـکرم. این را خیلی جدی میگویم!
اسـلام همین اسـت که میبینیـد و میگویند. این اصطلاح مـن درآوردی « قرائـت » ها همان وسـمه بـر ابروی کور اسـت. البتـه با اجازه بزرگتـر ها و دین پژوهـان گرامی!

برزو مهتران , Dec 25, 2007

....

آقای جامی، خیابان ردلایتز در تهران قرار دارد یا آمستردام؟

حمیدرضا , Dec 29, 2007

می‌دانید که در آمستردام است ولی منظورتان این است که شهرنوی تهران معرف تهران بود؟ و یا حالا که نیست خیابانهای تهران برای خانمها امن تر از خیابان های آمستردام است؟ مهدی جامی

....

روزنامه کیهان برای خیلی ها شناخته شده است که اورگان وزارت امنیت حکومت اسلامی هست و حسین باز جو به عنوان یک ادم فساد برای ملیونها ایرانی شناخته شده است. خنده دار است که کیهان از رادیو زمانه میخواهد که مقاله کامل کیهان را در سایت رادیو زمانه گذاشته شود اگر کیهان هم در سایت اینترنتی خود این امکان رو مثل رادیو زمانه به خواننده گان میداد که عقیده خود را بگویند باز این درخواست آنچنان خنده دار نبود . اقای جامی شما باید با تمام قوا در برابر این این روزنامه نگار نماها بایستید. و ذره ای کوتا نیامد

Dec 29, 2007 --kia

....

من که اگر جای شما بودم تمام این اراجیف کیهانیان را دلیلی بر حقانیت و موثر بودن کارم می دانستم.

شیدا, Dec 29, 2007

....

اکنون که در غم از دست رفتن بوتو عزادارم زیاد نمینویسم.
به نظر این حقیر کیهان دریده تر و بی آبرو تر از آن است که لایق قلم فرسایی باشد مگرآنکه خود متهم دوست داشته باشد که قضیه را کش دهد و شاید سرش درد کند.
بهتر است جناب جامی از کنار این مسائل با خونسردی بگذرند مگر آنکه وجود و اراجیف کیهانیان برایشان مهم باشد که این خود ارزش وجودی جناب جامی را زیر سوال میبرد؛ چرا که کیهان سالهاست از دایره مطبوعات آدمیان خارج است.
بهترین پاسخ ابلهان خاموشی است.
گردآفرید, Dec 29, 2007

● به نظرم این بی انصافی است که بگوییم اگر به ادعاهای کیهان پاسخ دادیم می خواهیم ماجرا را کش بدهیم. هم ادعا کنند و هم پاسخ نشنوند؟ بر عکس من فکر می کنم اگر از آغاز جواب مقتضی داده می شد کیهان اینقدر گستاخ نمی شد. گناه ما نیست که پاسخ می دهیم کوتاهی دیگر دوستان است که جواب نمی دهند. زمانه هیچ ادعایی را در رسانه های کثیرالانتشار بی پاسخ نخواهد گذاشت و از حقوق و خط مشی خود دفاع خواهد کرد. مهدی جامی

....

○ البته که جواب «های» از قدیم گفته اند «هوی» است. و آنچنان که نوشته اید: چون اتهام را خودشان وارد می کنند، پس استدلالش هم بر عهده ی خود آنهاست. در مورد کیهانیان اما حکایت «ترحم بر پلنگ تیز دندان است» و «چو بینی و خاموش نشینی، گناه است». اعاده حیثت هم البته به جای خود.

ولی در ضمن حواستان هم باشد که درگیر نوعی «جنگ فرسایشی» نشوید.

تنظیم و نوشتن این مطالب، جواب دادن به هر کامنت ـ هرچند کوتاه ـ وقت می برد و انرژی می طلبد.

کیهان یک رسانه نوشتاری است و بس. لشکری از قلم به دستان رسمی و غیررسمی هم در استخدام دارد. وظیفه یک یا چند نفرشان هم می تواند فقط این باشد که به «زمانه» بپیچند.

شما اما رسانه ای چند وجهی هستید از صدا و کلام و تصویر، با گستره ای که در چشم انداز خود دارید و معدود همکارانتان.

اگر فرمایش «کم گوی و گزیده گوی چون در» را قبول داشته باشیم. به گمان من این پاره ی سوم ـ همین یادداشت بالا ـ در عین موجز بودن، گویا و رساترین کلام و گفته ی شماست در پاسخ به درازه و زیاده نویسی های کیهان.

از این به بعدش می تواند آغاز همان «جنگ فرسایشی» باشد که باید هوشیارانه از آن پرهیز کرد.

راوی , Dec 29, 2007

هر دم از این باغ بری میرسد

محمدرضا کچویی , Dec 30, 2007

....

اینها نویسنده های شمایند!

/http://www.kayhannews.ir

HTM#other1409.861010/14

جعفر , Dec 31, 2007

....

آقـای زاهـد «نویسـنده زمانـه» نیسـتند و اصرار بـر این نکتـه خود دروغ اسـت ولی باشـند هـم یـک بـار مثل کیهان خطـا کرده انـد که دانمـارک و هلنـد را یکی مـی داند و البتـه دهها دروغ تاریخـی و اسـنادی تحویـل خواننـدگان اش مـی دهـد. بـا اینهمه، شـخصا خوشـحالم که کیهان به اسـتناد تاریخی توجه کرده اسـت و آن را پایه نقد قرار داده و نـه اهـوا و دروغهـای سیاسـی را. در عیـن حال گرچه کل نقد جالب اسـت هنوز تاریـخ هایـی کـه آورده انـد دقیق نیسـت. ولی قدم مثبتی اسـت به سـوی فاصله گرفتن از دروغ و خیالبافـی. امیـدوارم شـما هـم همینطور بـا کیهان رفتار کنیـد و خطاهایش را بیابیـد و کیهـان برایتـان مرجع راسـت و دروغ نباشـد. مهدی جامی

....

در بخش نظرات نوشـته اند که کیهان « یک رسـانه ی نوشـتاری » اسـت . اصلاً چنین نیسـت . کیهـان ریسـمان وزارت اطلاعـات جمهوری اسـلامی ایـران را در دسـت دارد و آقـای شـریعتمداری بـا پرونـده سـازی های عجیـب و غریبـش از هر کس که خوشـش نیایـد او را بـه پـای میـز بازجویـی می کشـاند و فقط خدا مـی داند چه بر سـرش می آید. شـما نگاهی به فهرسـت همه ی کسـانی که در این سـال ها مورد افترا و حمله ی کیهان قـرار گرفتـه انـد بیندازیـد آن وقت مـی فهمید من چه مـی گویم .

اگـر دسـت آقـای شـریعتمداری بـود جهان دیگری خلـق می کـرد و همه ی آدم هـا را به سـبک و سـیاق خـود ، ماشـین وار ، طراحی می کـرد و آن وقت از نظر او جهانـی ایدهٔ ال

مـی شـد . احتمـالاً خداونـد نیر ، نعـوذ بـالله ، در کار خلقت جهان غفلت کرده که هسـتی انسـانی را چنین متفاوت آفریده اسـت !

جلیل - تهران , Jan 1, 2008

....

درود بر شما

سایت شما در خیابان بهشت درج گردید

خیابان بهشت , Jan 4, 2008

....

شـما بـا پاسـخ نوشـتن به اراجیـف کیهـان در واقع گفته آنها را دارید یر مسـند سـخن مـی نشـانید کـه از یـک فرد مجـرب و آزمـوده بعید اسـت. ضمنا، آیـا خیابان دمکراسـی بـرای مدیـر رادیـو زمانـه هم دوطرفه اسـت. خـدا را چـه دیدی، شـاید افرادی باشـند که همیـن ایرادهـا را از شـیوه مدیریت شـما بگیرنـد. ما ایرانی ها عـادت داریم تا به ریاسـت می‌رسـیم، نصیحـت بپراکنیـم و نصیحـت نپذیریـم. اگر خیابان دمکراسـی برای شـما هم یـک طرفـه نیسـت، این پیـام را که بـرای بار دوم می فرسـتم، منتشـر کنید

صابر , Jan 5, 2008

....

آقای جامی

مـن نمیدونـم چرا بعضی از هم میهنـان ما و به خصوص روشـنفکران چنین برخوردهایی را دارنـد مـن همیشـه و بارها شـاهد بودم که بخش عظیمی از هم میهنان کـه من در خارج مـی بینـم ناراحـت این هسـتند کـه چرا غرب به اپوزسـیون کمـک نمی کند تا از شـر این دیکتاتـوری و این امثال شـریعتمداری ها و شـرکا راحت شـویم؟ ولی چـرا وقتی پارلمان هلنـد بودجـه ای برای رسـاندن اخبار درسـت به مـردم ایران، در نظر گرفـت همه یه دفعه شـاکی شـدند و یـک دفعه در آنطرف قـرار گرفتند و رفیق روباه و شـریعتمداری شـدند؟ مثـل همین آقایی کـه بالا مطلـب داده آقای محقق.

واقعـا مـا ملتی هسـتیم که خودمـون هم نمی دونیـم چی مـی خوایم؟ بالاخـره این غرب

باید با کدوم ساز ایرانی ها برقصه ؟ یا اینکه همه انتظار دارند یک روزه غرب با یه کودتا هم فرهنگ عقب افتاده را مدرن کنه و هم یه رژیم دمکرات بیاره سر کار؟ نه به کار فرهنگی احتیاج هست و نه آموزش؟ آقای محقق لطفا اول یه کم تحقیق کن و محقق بشو بعد برای ما فاکت از روزنامه های هلندی بیار. ملت ما متاسفانه تا ببینند یه جریانی داره درست پا می گیره همچین میخوان بزنند پاشو بشکنند که دیگه با گچ که هیچی با سیمان هم نگیره!

آقای جامی

دقیقا با این مسائلی که پیش آمد از ایران اراجیف همیشگی شریعت مداری و «روزی نامه اش»! و از این طرف هم اراجیف یه عده ای که خوشبختانه توی سوراخ هاشون قایم شدند چون چیزی برای گفتن ندارند! برای خیلی ها و من ثابت کرد که زمانه حقانیت دارد و برای همین هم نه در ایران شریعتمداری و شرکا و نه در اینجا یارانش تاب تحملش را ندارند.

زمانه رنگین تر باد زمانه پر بار تر باد زمانه زنده باد درود بر مهدی جامی و یارانش در زمانه و سراسر دنیا که واقعا یک ساله شدید دودی و خاری توی چشم حسودان و دشمنان مردم و آزادی

آسیا , Jan 6, 2008

....

سلام - نظر به اهمیت موضوع دموکراسی آخرین پست وبلاگ خود را که به دو زبان فارسی و انگلیسی است برای شما بطور کامل نقل می کنم تا ببینید که حضرت امام رضا علیه السلام می فرمایند همه ما در زمانی که پیامبران الهی با معجزات خود و امامان پاک آسمانی علیهم السلام با عصمت خود غائب هستند چگونه می بایست به عقل خود تکیه کنیم و نظامات بشری را سامان بدهیم

http://imamalkhalgh.blogfa.com

ابن سکیت از حضرت امام رضا علیه السلام سوال می کند که چرا موسی بن عمران با معجزات سه گانه از قبیل آلات سحر و عصا و ید بیضا و عیسی بن مریم با اطلاع

از علـم پزشـکی و همچنیـن پیامبـر اکرم (ص) با اشـراف کامل بر فن خطابه و سـخنوری بر مردم مبعوث گشـتند؟

حضرت امام رضا علیه السلام پاسـخ دادند: آشـنائی پیامبران به علوم گوناگون به سـبب شـرایط خـاص حاکـم بـر جوامع بشـری بود بـرای مثـال دوران پیامبـری حضرت موسـی مصادف بـود بـا شـیوع سـحر و جـادو و زمـان بعثـت عیسـی مقـارن بود بـا بـروز انواع بیماریهـای زمینگیـر کننده از قبیل فلـج و خوره و کوری و همچنین عصـر پیامبر (ص) در قبضـه سـخن پـردازان بلیغـی بـود که با فصاحت کلام در اندیشـه و روان انسـانها نفوذ پیدا مـی کردنـد و خداونـد بـا تجهیـز پیامبرانش به حربه های مناسـب در هـر زمانی حجت خـود را بر کفرورزان و سـتمکاران کامل گردانید.

بعد از پاسـخ امام رضا علیه السـلام ابن سـکیت اظهار داشـت : من فکر می کنم شـرایط امـروز مـا بسـیار وخیـم تر از گذشـته اسـت : آیا هـم اکنون نیـز دلیل و حجتـی قاطع از طـرف خداونـد بـرای به خاک مالیدن بینی دشـمنان اسـلام وجـود دارد؟

حضـرت امـام رضا علیه السـلام در پاسـخ فرمودنـد: بلی امـروز حجت بالغـه الهی همان عقـل تکامـل یافتـه بشـر اسـت که قادر اسـت کسـی را که در بیـان احکام الهـی از صداقت برخـوردار اسـت از لاف زن دروغ پیشـه تمیز دهد.

کتاب قصص الانبیاء یا

سرگذشت پیامبران از آدم تا خاتم انبیا (ص)

تالیف: آیه الله سید نعمت الله جزایری

ترجمه : یوسف عزیزی

چاپ یازدهم سال ۱۳۸۵

انتشارات هاد – تهران - تلفن ۳۳۹۱۷۳۱۰

صفحه ۳٤ پایان بخش اول

به نقل از کتاب علل الشرایع جلد ۱ -صفحه ۱۲۱.

Ebne sakkit asked Emam Reza(A.S):
Why Mosa the son of Emran have been appointed with miracles

such as Cane, magic and Esa the son of Maryam came out by miracle such as the medicine science and also Mohammad (peace be upon him) with having a great power of oratory and Declamation? Emam Reza Respond: Prophets's knowledges due to the specifies condition on human being in different times. For example the period of Mosa have been placed with magic and Esa (A.S) came when illness from different types such as paralysis, blindness were speared in the world.

It is the same for Mohammad (Peace be upon him) that in his time the world be in the hand of eloquent orator they could have a great influence on people's mind and thought . Therefore God has empowered his Prophets with various things in different periods to ultimatum with oppressors and unbelievers.

After Emam Reza answer (A.S), he indicated that he thinks the situation is worse than before , is there still any cutting cause which can make a good punishment for those who are enemy of Islam?

Emam Reza (A.S): replied

Yes.Nowadays , God's perfect reason is Developed intelligence of human being which can recognize between who are sincere for explanation commands of Islam and who are liars .

میرناصر بوذری – بدون مرز , Jan 12, 2008

....

http://www.farsnews.com/newstext.php?nn=8610120304

آخـر بـی شـرمی و دروغ هـم حـدی دارد، ۳۰ سـال آزگار اسـت ایـن هـا دارنـد از اخلاق حـرف مـی زننـد آن وقت بـه ایـن راحتـی دروغ مـی بافند.خداوندا!

اصـلا آن خبرنـگاری کـه بـاور کند کـه آقای مهـدی جامی یـا هـر فرد حقیقی یـا حقوقی دیگ ری م ی تواند به کسـی حق شـهروندی اروپا را بدهـد ،همان بهتر که بـرود لای جرز دیوار یابـرای فارس نیوز، خبر بنویسـد.

حضرات!تـو را بـه خـدا بـاور کنید مـردم شـعور دارندو الحمد الله شـما تنها منبع کسـب خبر آن ها نیسـتید.

Jan 12, 2008 --Mina

....

آقای جامی

میدانـم حرفـی کـه میخواهم بزنم بـه موضوع مـورد بحث ربطی نـدارد ولی مـن نتها این کانـال را جهت ارتباط باشـما بلدم.

مطلـب ایـن اسـت کـه چنـدی است شـیوه نـا مرضیـه ای در رادیو زمانـه باب شـده که در اصـل توهیـن بـه مخاطب اسـت و به صورتـی سـر کار گذاشـتن او و آن اینکه کامنتها موقعـی منعکـس میگـردد کـه یا مطلـب از صفحـه اصلی به آرشـیو منتقـل شـده و یا در شـرف انتقال میباشـد.چنین رویه ای نقض غرض نیسـت؟ اگر نظر خواننـدگان چیزی در حـد تزیئـن کار اسـت پس عدمش بـه ز وجود.ولی اگـر نیت زمینه ای بـرای تعاطی افکار باشـد کـه بـا چنین شـیوه ای بعید اسـت مراد حاصـل گردد.

شـده اسـت کـه نقطه نظر های گونـه گون خواننـدگان حتا مطلب اصلی را تحت الشـعاع قرار داده اسـت.

آقای جامی عزیز شتر سواری دولا دولا نمیشود.

حسین , Jan 13, 2008

....

با عرض سلام خدمت حاج مهدی گل ...

شـما یکجا نوشـته اید : ((وانگهی من در همان یادداشـت اول خود بروشـنی نشان دادم که کیهـان چنـان جمـع بزرگـی از افراد و گروههای مختلـف را به یک چـوب رانده که محال اسـت بتوان جز در مخالفت آنها با روشـهای کیهانی وجه اشـتراک شـاخص دیگری میان آنها پیـدا کرد.))

و یـک جـای دیگـر نوشـته اید ((دوسـوی طیـف ذوب شـدگان در جمهوری اسـلامی و ذوب شـدگان در ضدیـت بـا آن مخالـف زمانـه اند که می خواهد رسـانه مردم باشـد. هر دو سـوی طیـف مـردم را نادیده مـی انگارند.))

نتیجه اول = همکاران رادیو زمانه همگی با روش های کیهانی مخالف هستند.

نتیجه دوم = «زمانه» بر خلاف برخی رسانه ها، رسانه «مردم» است و نمودار نظرات «مردم».

گزاره = بخشی از مردم ایران روش های کیهانی را میپسندند.

شاهدی بر صحت گزاره = خودم از این دست مردم زیاد میشناسم! چندین میلیونشان احمدی نژاد را برگزیدند! همین قشر هستند که به غیر اصلاح طلب ها رای میدهند... نتیجه با فرض صحت گزاره = «زمانه» هم به هر حال بخشی از مردم را نادیده میگیرد.
حرف حسابم = جون هر کسی که دوست دارید، وقتی میخواید از لغت «مردم» استفاده کنید، دقت بیشتری داشته باشید ... اساسی ترین مشکل کیهانیون نیز همین استفاده «بی مهابا» از لغت «مردم» است که «قدم اول خطای رسانه ای» است ...
تی فدا ...
چه فرقی میکنه؟ , Jan 13, 2008

....

نظر من این است که رادیویی که با خانم پارسی پور برنامه های پورنوگرافیک اجرا می کند بهتر است وارد مقوله پاکدامنی نشود. توپیدن به کیهان هم ملاک مشروعیت نیست به نظر من.
میم, Jan 14, 2008

....

آقای جامی
در این زمینه تقاضای کفایت مباحثات را دارم.
به قول دوستان عزیز گیلک « وا بده برار»
پور گیلک, Jan 14, 2008

....

آقا نظر من متحجر که چاپ نشد، شما واقعا مثل کیهان نیستی ها ... برا خودت اسفند دود کن! :)
راستی یه شباهت دیگه بین «زمانه» و کیهان پیدا کردم!
کیهان هم همیشه وقتی نظر ناصحانه ای میاد، دستور «کفایت مذاکرات» میده!! :)
همتون عین همین رسانه های جیگر ...
همون که راجع به لفظ, Jan 14, 2008

به قول مر حوم شاملو:

شمشیری بی دسته را درمرز انسان و تباهی فرونشاندند

و بر سر سفره ای مشکوک ، جهان را به ساده ترین لقمه بخش کرده اند

«ما» و «دوزخیان»

درود بر شـما جناب جامی پاسـخ کاملی بود.هر چند روی این جماعت کیهان رو نیسـت.

ورسـیون آپ گریدشده ی سنگ پای قزوین است!!!

سیاوش, Jan 15, 2008

....

آقا یا خانم «چه فرقی می کنه». از قدرت منطقت خوشمان آمد. دستت درست!

فرقی نمی کنه؟, Jan 16, 2008

وقتی تلویزیون جدید از فارسی خجالت می‌کشد

چهار بهمن هشتاد و شش

در خبرهای زمانه خوانده‌اید که تلویزیون جدیدی برای ایرانیان در آلمان آغاز به کار خواهد کرد. خبرهای رسیده می‌گفت که کار تیم همکاران این تی وی جدید حرفه‌ای است. من هم وقتی سایت **نیومکس تی وی** را دیدم اطمینان یافتم که قرار است کاری حرفه‌ای عرضه شود. یادداشت زیر مقدمه‌ای است نشانه شناختی بر این تلویزیون هنوز-نیامده.

نیومکس: از همین نام آغاز کنم. تلویزیونی برای ایران که نامی دارد ناآشنا برای ایرانی جماعت. تنها نکته آشنایی که به نظر من می‌رسد فیلم «مکس» است. نوعی ارتباط دور (و شاید هم نزدیک، کسی چه می‌داند) با مکس و مضمون آن؟ از تکیه بر رقص و آواز و هنر صحنه‌ای شاید بتوان در تایید این برداشت نتیجه‌ای گرفت. در حالی که تلویزیون‌های ایرانی از قدیم و جدید نام‌های ایرانی برگزیده‌اند و تلویزیونی مانند ببین تی وی با وجود تکیه‌ای که بر نسل دوم مهاجران دارد تلاش می‌کند به فرهنگ فارسی اعتنا کنند، غیبت این توجه در نیومکس احتمالا نشانه مهمی از گرایش تجاری آن است و بی‌علاقگی طراحان آن برای پشتیبانی از

فرهنگ ایرانی. نیومکس تفریح بی‌مرز را به رسمیت می‌شناسد.

ست-آپ سایت: مثل همین عبارتی که من به کار بردم هیچ چیز آشنای دیگری هم از نظر فارسی‌زبان در این سایت نیست. زبان بخش‌ها انگلیسی است و توضیحات هم به انگلیسی. شما اگر ایرانی مقیم آلمان باشید از سایت چیزی دستگیرتان می‌شود اما اگر نباشید فقط باید طراحی سایت را تحسین کنید. تیزر معرفی برنامه‌های تی وی جدید هم کاملا به انگلیسی است. به نظر می‌رسد انگلیسی زبان اصلی نیومکس است و حتی آلمانی هم محض تعارف در سایت به کار رفته است. شاید اطلاعات من ضعیف است اما شمار کسانی که در ایران آلمانی بدانند محدود است و تلویزیونی به زبان انگلیسی هم نمی تواند ۷۰ میلیون ایرانی را مخاطب قرار دهد.

تهیه‌کنندگان تیزر نیومکس که کاملا جذاب و حرفه‌ای هم ساخته شده حتی یک‌بار هم از روایتگری که به لهجه آمریکایی روی تیزر حرف می‌زند و یا دو مجری دختر و پسر خوش‌قیافه‌شان نخواسته‌اند که کلمه‌ای به فارسی ادا کنند. حتی سلامی درودی خوشامدی بزودی گفتنی. هیچ.

به نظرم تا همینجا این تی وی جدید مخاطبان خود را تعیین کرده است که حتما نه همه ۷۰ میلیون بلکه بخش خاصی از ۷۰ میلیون ایرانی خواهند بود.

فقط یک راه دیگری برای صحت ادعای نیومکس برای خطاب قرار دادن همه ایرانیان وجود دارد: برای تماشای این تی وی شما نیازی به زبان فارسی ندارید! محتوای تیزر آن این نکته را می‌تواند تایید کند.

تیزر: تیزر بلند ۱۰ دقیقه‌ای نیومکس در نگاه اول همه جذابیت‌هایی را که یک تلویزیون عامه‌پسند دارد نشان می‌دهد: رقص، نور، هنرپیشه‌ها و خوانندگان

ایرانـی و خارجـی، کنسـرت، ماشـین، سـرعت، ورزش (اتومـوبیل‌رانـی، بیـس بـال، هاکـی، اسـکی روی آب و فوتبال)، زندگـی لوکس، جذابیت‌هـای بـدن زن، فیلم‌هـای اکشـن، کمـدی، سـفر، فیلم‌برداری همـوار، مدهـا و مدل‌ها و مدسـازها، معرفـی تکنولـوژی و در واقـع ابزارهـای جدیـد بـرای خریـد، اجـرای راحـت و مـدرن، نورپـردازی خـوب، افه‌هـای گفتگوهـای راحـت و بی‌خیال بـا مـردم بیـرون از اسـتودیو، مجریـان خوش‌قیافه‌ای کـه حتمـا خیلـی زود در دل تماشـاگر جـا بـاز می‌کننـد و خانـم مجـری‌ای کـه چیـزی از لونا شـاد کـم نخواهـد آورد. و البته آگهی‌هـای خـوش سـاخت. همـه در قالـب ضرباهنگـی تند.

تماشـاگر عـادی و جوان دلـش غنج می‌رود بـرای تماشـای یـک چنین تلویزیونی. امـا از نگـاه حرفـه‌ای ایـن تلویزیون چیـزی بیش‌تر از یـک کانال تفریحـی اروپایی نخواهـد بـود کـه حتـی فارسـی هـم حـرف نمی‌زنـد امـا بـرای ایران پخش می‌شـود.

بـرای مـن تیـزر نیومکس همـه آن چیزهایـی را در خود جمـع کرده کـه ایرانـی جماعت به طور سیسـتماتیک از آن محـروم شـده است. اما به دسـت آوردن آن در یـک کانال خارجـی تازه، تغییـر مهمی در زندگـی روزانه او ایجـاد نمی‌کند. گرچه بـرای مدیـران نیومکس موفقیت تجـاری خواهـد آورد. امـا از نگاه فرهنگـی، این تلویزیـون تاییـد فعالانه و آگاهانه آن کلیشـه‌ای اسـت که آمال بسـیاری از ایرانی‌ها را سـاخته اسـت: تصویـر بهشتـی از غرب. تیزر نیومکس آن را تلویزیونی شـرقی معرفـی می‌کنـد. امـا مـن در آن چیـزی از شـرق ندیدم. شـرق، توریسـتی شـاید اما شـرق امـروزی در نیومکس غایـب اسـت. و طبیعـی هم هسـت انگار. شـرقی خسـته از خـود چیـز دیگری می‌خواهد.

http://zamaaneh.com/blog/01/2008/post_84.html

اتفاق جدید رسـانه ای که به آن پرداخته شـده نشـانه ای از یک دوران جدید از زندگی ایرانـی هـا و ایرانـی تبـار هاسـت. دوره ای کـه دلبسـتگی آگاهانه به نشـانه هـای تاریخی فرهنـگ و هویـت ایرانـی از دایره توجـه خارج می شـود. دلیلی ندارد این تحـول را مورد ارزیابـی ارزشـی قـرار دهیـم و آن را خـوب یا بد بدانیم ولی همانطور که تویسـتده اشـاره کـرده اسـت درخور تامل نشـانه شناسـانه اسـت. به گمان مـن معنی این تحول این اسـت کـه شـما مـی توانید پـدر و مادر ایرانی داشـته باشـید به فارسـی حـرف بزنیـد و حتی در ایران به دنیا آمده باشـید ولی احسـاس نکنید که ایرانی هسـتید بلکه بیشـتر یک انسـان به تعبیـر ادوارد سـعید بـی وطـن باشید.شـما آن گاه به جای وطـن فقط یک خانـه دارید که در جایـی از زمین اسـت هرجا که باشـد.

علی اصغررمضانپور , Jan 24, 2008

....

یـک : آقـای جامـی بـه نکتـه ظریفـی اشـاره کردند:«وقتی تلویزیـون جدید،از فارسـی خجالـت می‌کشـد»[!]

۲ – متاسفم برای گرداندگان چنین رسانه‌هایی که «فارسی» را نمی‌بینند!

۳ – مـن هـم به‌شـدت موافق ایـن نظریه‌ام که : نـگاه حرفه‌ای این تلویزیون،گامـی فراتر از یـک کانال تفریحی [معمولی] اروپایی،نخواهد برداشـت و البتـه باقی ماجرا...

ح.ش , Jan 24, 2008

....

برخلاف نظری که مهدی جامی داده، به نظر من این کانال جدید نشانگر یک تحول جدید در رسانه های ایرانی است، تحولی به سوی نسل دوم و بورژوازی مرفه، مخاطب تلویزیون

مشخص است و هدف هم مشخص، برای من ظهور این تلویزیون بسیار جالب است و به نظرم باید هم که جدی گرفته شود، تنها نکته جالب که مهدی جامی به‌درستی به آن اشاره کرد غیبت زبان فارسی است که گویا دست اندرکاران حضورش را مانع جهانی شدن و بازار خود دانسته اند این هم یکی از عواملی ست که برای من این تلویزیون را برای مطالعات ارتباطی جالب تر می کند، این سی و سومین کانال تلویزیونی خارج از کشور است.

ا.ح , Jan 25, 2008

....

سلام

من مقیم اتریشم. الان این سایت را باز کردم. توضیحات نوشتاری به آلمانی اما زبان گفتاری به انگلیسی است. در توضیحاتش نوشته تبادل همه فرهنگها نه فقط فارسی برای فارسی زبان/ حداقل من اینطور برداشت کردم/ از دوستی هم شنیدم به زبان آلمانی و انگلیسی قرار است پخش شود.

بدون نام , Jan 25, 2008

....

نه خیر. این سی و سومین کانال تلویزیونی خارج از کشور نیست. تنها در آمریکااز سال ۱۳۶۱ تا بحال دست کم شصت و چهار کانال را ما شمرده ایم که آمده اند و تعطیل شده اند و هنوز تعداد زیادی از آنها فعالند. کتاب آقای نفیسی را در این باره ببینید.

بهنام , Jan 25, 2008

....

کدومتون رفتین توی ماهواره کانال رو دیدین ؟ طبق اون تیزر سایتشون دارین تحلیل میکنین ؟

من که رفتم دیدم، عین همون تیزرها رو نشون میداد، فقط یکی در میون، یه سری انگلیسی بود، یه سری فارسی-انگلیسی، یعنی مردِ فارسی حرف میزد، زنِ انگلیسی !! خیلی جالبه !!!

Jan 26,, 2008 -- Mohammad

◉ دوست عزیز ممنون از یادآوری تان، آمار همه کانال های فارسی زبان را در تزم آورده ام، این سی و سومین کانال ماهواره ای برای ایران است.

ا.ح , Jan 26, 2008

....

◉ چرا پیشداوری میکنید صبر کنید برنامه های اصلی شروع بشه اونوقت قضاوت و اظهار عقیده بکنین فقط ایرونی میتونه جلو جلو قضاوت بکنه و رای بده:ای ایران ای مرز پرگهر!

ایرانجلسی , Jan 26, 2008

....

◉ با سلام،

با همه نظرات شما موافقم اما زبان انگلیسی تی وی ممکن است به پیشرفت زبان انگلیسی در داخل ایران کمک کند. چون همانطور که همه ما میدانیم زبان انگلیسی در ایران حتی نسبت به تمام کشور های اطراف ضعیفتر است.

مونا , Jan 27, 2008

....

◉ سلام

آقای جامی واقعا به نکته ی جالبی توجه کردید.

در ایران و یا کشورهای دیگر شاید ایرانیان و فارسی زبانان قدرت درک ارزش زبان شیرین فارسی را نداشته باشند ولی در افغانستان که هجومی از زبان ها است و در کنار زبان دری (با کمی تفاوت لهجه می توان گفت که فارسی است) زبانی دیگر را دارند که در بسا موارد با مشکلات زیادی رو به رو می شوند و می خواهند که حرمت و ارزش این زبان را حفظ کنند مطلب شما و درک شما آسان تر خواهد بود.

و اینجا مردمی که به زبان شیرین دری صحبت می کنند سعی می کنند که این زبان را از هر راهی که می شود حفظ کنند البته تا حدودی خالص نمانده و در آن بعضی از واژه های نا آشنای انگلیسی و روسی هم وارد شده است.

کسـانی که در افغانسـتان در بخش مدیریت و گردانندگی بعضی تلویزیون های خصوصی کار مـی کننـد و از لغـات پـاک فارسـی و عـاری از هر گونه تجـاوز خارجی اسـتفاده می کننـد مـورد هجـوم قـرار می گیرند که چرا شـما فرهنگ بیگانـه را به داخل مـی آورید در صورتی که فارسـی همان دری اسـت.

با آرزوی موفقیت شما

لینا , Jan 28, 2008

....

○ «همانطور که همه ما میدانیم زبان انگلیسـی در ایران حتی نسـبت به تمام کشـور های اطراف ضعیفتر است.»

منظورت کجاسـت ؟ کافیه یه سـر به کشـورهای همسـایه بزنی تا ببینی چقدر انگلیسـی میدونن

در ضمن چه اجباری هست که همه انگلیسی بلد باشن ؟

Jan 29,, 2008 -- Mohammad

بازی در یک استادیوم خالی

بیست و دوم بهمن هشتاد و شش

انقلاب ۵۷ هر چه که بود بازیگران بسیار داشت و جهانی به تماشای آن نشسته بود. امروز در آغاز سی‌ساله شدن آن انقلاب بازی دیگر رونقی ندارد. آن زمان همه از سر و کول هم بالا می‌رفتند تا انقلاب را تماشا کنند. همه آن‌ها که در خارج بودند باز می‌گشتند تا سهمی داشته باشند در بازی و تماشا. همه بودند از چپ چپ تا راست راست. از هواداران حکومت اسلامی و خلیفه‌گری تا طرفداران جمهوری دموکراتیک خلقی. امروز از آن همه کسی در بازی نیست. حتی پای اصلاح‌طلبان را هم می‌کشند تا از بازی بیرون بیندازند. آخرین تحلیل این است که اصولگرایان دو جناح می‌شوند تا دو بال پرواز انتخابات شوند و نمایش دموکراسی دهند. - به دیگران چه حاجت است؟

امروز همه گروه‌ها تار و مار شده‌اند. صدها هزار نفر ایرانی به خارج کشور تارانده شده‌اند. گروه‌های داخلی نفس بریده‌اند. مردم به کار معیشت چنان مشغولند و چنان از بازی خسته شده‌اند که حوصله‌ای برای تماشا هم ندارند. دادگاه‌ها در کارند تا به تادیب و تعزیر و تنبیه زبان‌درازان بپردازند. روزنامه‌ها

دیگر کنترل هم نمی‌شوند بلکه دستور می‌گیرند که چه بنویسند و چه ننویسند. حزب شوخی تلخی است. بازی بی‌بازیگر مانده است. حال تنها نگهبانان بازی می‌کنند. نوبت نظامیان است.

انقلابی را که روزی مردم پاسداری می‌کردند و در همه شهرها و کوی و برزن‌ها شب تا صبح بیدار می‌ماندند تا امنیت برقرار باشد امروز تنها پاسداران پاسداری می‌کنند. کسی حس تعلق به انقلاب ندارد. ساده است چون کسی به بازی گرفته نمیشود. هر کسی به اتهامی رانده شده است. جمعیت «بی‌صلاحیت‌ها» امروز اکثریت جمعیت کشور را تشکیل می‌دهد. انقلاب به دولتش فروکاسته شده است. و به نگهبانان دولت. به مردم نیازی نیست. انقلاب به یک عبارت تمام شده است.

هر انقلابی نوعی سرمایه اجتماعی است. انباشت خواست‌ها و خزانه آرمان‌ها و استعدادها و انرژی‌های هزاران هزار آدم است. انقلاب ایران این ثروت بزرگ را آسان و سهلگیرانه خرج کرده است. و امروز فقیرتر از همیشه است. انبار انقلاب خالی است. دیگر کسی آرمان و استعداد و آینده‌اش را با انقلاب گره نمی‌زند. مگر برخورداران از انقلاب.

کتاب مقدس مسلمانان حاکمان را برحذر می‌دارد از اینکه دولتی برای اغنیای خود باشند. در قرآن انقلاب اسلامی این آیه افتاده بوده است. در نتیجه امروز فقط اغنیای دولت دور و بر دولت مانده‌اند. و این یعنی محروم شدن از ثروت بزرگ ملت و اعتماد آن‌ها و دلگرمی‌شان به حمایت دولتی بیدار. انقلاب روز به روز به موازات از دست دادن مردم فقیرتر شده است.

حالا به جای مردم نظامیان نقطه اتکای دولت و انقلاب شده‌اند. بی‌معنا

شـدن انتخابات به همین دلیل اسـت. وقتی مردم نباشـند و بودن و نبودنشان فرقی نکنـد و نبودنشان بهتر باشـد از بودنشان انتخابات به چه کار می‌آیـد؟ همه چیز را اغنیـای دولـت تعیین می‌کنند. مردم چه کاره‌اند؟

بزرگ‌تریـن فرصتـی کـه انقلاب از دسـت داد نیرو و اراده سـاختن ایران بود به دسـت فرزندانـش. فرزندانـی کـه امـروز در همه جـای جهان پراکنده‌انـد. یا در همه گورسـتان‌های ایران. یا نسـلی سـوخته‌اند در میان طبقـات برخـوردار از انقلاب. یا دارنـد خـود را آمـاده می‌کننـد کـه مهاجـرت کنند. سـرمایه اجتماعی انقـلاب ۵۷ از آن منظر کـه بـه دولـت انقـلاب و مدیریـت سیاسـی بر می‌گـردد مدت‌هاسـت تـه کشـیده است.

انقلاب ایران می‌توانسـت به انباشـت مناسبی از تجربه‌های اجتماعی در سیاست و مدیریت بیانجامد کـه از کار نسـل امـروز انقلاب ندیـده و دیـروز انقلابی کارگشـایی کنـد امـا تنهـا بـه انباشـت پیرمردانـی در سیاسـت انجامیده اسـت کـه راه بـر هر نوع تنـوع و تکثـر بسـته‌اند و دایـره‌ای کـه گرداگـرد خـود کشـیده‌اند مـدام کوچک‌تـر می‌شـود. بیـرون، جهـان را اندیشـه‌های نـو و خـلاق و جـوان فتـح می‌کند. ایران گرفتـار انقلابـی اسـت کـه زود پیر شـده و به پیرمـردان واگذار شـده اسـت. انبار این انقلاب فقیر و پیر کالایی جز تحقیر و سـرکوب و رهگیری و حذف و مرشدبازی نـدارد. زبان تفاهـم و روشـنی نمی‌شناسـد. هـر راه خطایـی را صدبـار می‌رود و نمی‌آمـوزد. فکـر می‌کنـد کـه عمـل صالـح می‌کنـد و در واقـع هر چـه می‌کند خطا در خطـا و سـیئه در سـیئه اسـت. این پیـر شکسـته و جوان‌گریز جامعـه را به تنگ آورده اسـت و در معـرض تنش‌هـای بسـیار و آشـفتگی بی‌مهار قرار داده و به آسـتانه ورشکسـتگی و فروپاشـی آورده است.

سـالی کـه بـه سی‌سالگی مشـی چنیـن انقلابـی ختـم می‌شود می‌تواند سـالی پرمخاطـره باشـد. خطـر همیشـه درونی اسـت. «هنر» پیرمـردان انقلاب به حاشیه

راندن مردم و تکاپوکنندگان اجتماعی بوده است؛ بیرون کردن آنها از بازی و خریدن داور. اما مردم وقتی تصمیم بگیرند که بازیگر باشند همه «هنر»ها عیب خواهد شد. بازی در استادیوم خالی وقتی همه تیمها و تماشاگران را به بیرون رانده باشید بازی خطرناکی است. آنها آن بیرون نخواهند ماند.

http://zamaaneh.com/blog/2008/02/post_92.html

○ جای تاسف است که هنوز گروهی به نام اصلاح طلبی مردم را به حضور در این استادیوم خالی دعوت می کنند و از مردم می خواهند در جشن های انقلاب شرکت کنند.

علی اصغر رمضانپور , Feb 11, 2008

....

○ با سلام و گرامی داشت روز۲۲ بهمن.

متاسفانه بسیاری از عوامل داخلی و خارجی که بوجود آورنده ی بازی «مردمی»و با ش کوه ۲۲ بهمن در ایران بودند .نتیجه ی خود را گرفتند. دیگر جاضر به ادامه بازی با کیفیت «مردمی»نشدند .

سر مردم کلاه گذاشتند و تاریخ بد جوری قضاوت خواهد کرد.

فرزانه , Feb 11, 2008

....

○ هر چه بیشتر علل و عوامل وقوع چیزی را که به غلط انقلاب می خوانند جستجو

می‌کنم می‌بینم هیچ پاسخی مگر این تعبیر موجز و پر مغز شاملو نمی‌تواند مرا به جوابی برساند:« اتفاق سال پنجاه و هفت یک ارگاسم جمعی بود»
حاصل آن ارگاسم جنین‌های ناقص‌الخلقه‌ای بودکه تاج تاراج کردند و شمشیرها به غنیمت گرفتند که بر تخت هادس بنشینند و پادشاه جهنم شوند.آن پادشاهی که گریان بیرون رفت فرشته نبود. اما آنکه درآمد دیو بود. هادسی نگهبان مردگان. وگرنه اولین فتح‌اش گورستان نبود. الان در رخوتِ پس از ارگاسمی جمعی در کابوسی جمعی شب تیره‌ای را به شب تیره‌تری می‌سپاریم.

شهرزاد , Feb 11, 2008

....

زیباترین و دلنشین‌ترین نوشته‌ی سیاسی بود که شاید در یک سال گذشته خوانده‌ام. این احساس به بازی گرفته نشدن از طرفی و بازی خوردن از طرف دیگر سال‌هاست که کابوس نسل ماست

عزیز , Feb 11, 2008

....

آه و هزاران آه از دلها و آرزوهای سوخته مان ....چه زیبا و زیبا سرودی قصه ی حقیقت این سرزمین به جبر و فقر و ریا و ... ستم خفته!

Feb 12, 2008 -- Nasrin

....

چه سود اگر این جمعیت خارج از گود ناگهان به درون صحنه کنش اجتماعی هجوم آورند هنگامیکه فاقد هرگونه وفاق جمعی و نیز گزینهء واضح و روشنی برای مدیریت سیاسی-اجتماعی سرزمینشان هستند.

سهراب , Feb 13, 2008

....

اگر منصفانه وقایع سی سال اخیر را به چشم خودتان دیده باشید و با پوست و استخوان آن را تجربه کرده باشید می توانید اذعان بدارید که انقلاب ۵۷ انقلابی نبود

که مـردم را از دادگاه های تخصصی و استبداد فرسـوده ایـران برهاند، بلکه آمـد تا دیوار بلنـدی را مبتنـی بـر اصـول و ارزش هـای خـود بنانهد. بدیهی بـود که هیچ جنبنـده ای را هـم بـرای مخالفت خـود برنتابد و تمامی گروه هـا و نهادهای انقلابی واقعی را ریشـه کن و یـا آواره کند.

گروه حاکم براساس ایجاد بحران سر کار هستند و فی نفسه کارشان بحران سازی است نمونه های بی شیله پیله ی جمهوری اسلامی فرزند خلف آن یعنی احمدی نژاد است که دقیقا به اقتضای نفس خود عمل می کند. یعنی برای همه بحران ایجاد می کند.

فرج , Feb 13, 2008

....

⭕ Thanks for your good writing. Only one point though. There is not even one single verse in Quran that calls the book «Mogha-das.» Instead the book titles itself as «Majid» & «Hakim» & as a message for the humans generations until the eternity. As these «Peers» & the so called «Foghaha» are generally good inventors they have been attaching the words «Islamic»& «Moghadas» to anything they like to. Start from «Islamic Republic», «Islamic Hijab» & go on. The worst among all has been the naming of Iran & Iraq bloody war as the «Defa›e Moghadas.» All these actions/inventions are called as «Toghi-on» in Quran & not «Enghelob». Va Salaam.

Feb 13, 2008 -- Amir

....

⭕ Demet Garm Aziz, nice page you made why don›t you Visit Abadani Dictionary site and post it in the Guest Book for others to enjoy. KTRD Sia

Jul 9, 2008 -- SiaAbadani Ph.D

زمـانه به چه معنـا وبلاگـی است؟

سیزده اسفند هشتاد و شش

علاقه‌مند بودم کسی دیگر در باره انتقادهای پارسا (**کارنامه وبلاگستانی زمانه**) بنویسد و نه من. اما به هر حال بی‌پاسخ گذاشتن انتقادها هم شرط کار رسانه‌ای نیست. می‌کوشم به سهم خود درباره رابطه زمانه و وبلاگ و وبلاگستان روشنگری‌هایی بیاورم و البته راه برای علاقه‌مندان این دست مباحث همچنان باز است تا در بحث مشارکت کنند.

اجـازه بدهیـد اول از تلاش‌هـای اخیـر آرش کمانگیـر یـاد کنـم کـه بـر اسـاس مطالعاتش روشـن شـده اسـت کـه زمانه اکنـون صدرنشـین لینکدونی‌های شـمار قابـل توجهـی از وبلاگ‌نویسـان اسـت (+). بسیاری از این وبلاگ‌نویسـان را طبعا مـا چهـره به چهـره نمی‌شناسـیم. شـماری از آن‌هـا حتی در بلاگ‌چرخـان زمانه هم حضـور ندارنـد. امـا این‌هـا باعـث نمی‌شـود آن‌ها به زمانه توجه نداشته باشـند. به نظـرم این نشـانه خوبـی از یـک رابطـه قابـل قبول با وبلاگسـتان اسـت. رابطه‌ای کـه نشـان می‌دهـد «تولیـدات متنـوع» زمانـه با «طیف متنوع» وبلاگسـتان ارتبـاط برقرار کـرده اسـت. مـن ایـن را رابطه شـماره یـک می‌نامم: تنـوع و مطلوبیت.

طبعا این هم که من بگویم شمار قابل توجهی از وبلاگ‌نویسان با زمانه همکاری می‌کنند ممکن است توضیح واضح جلوه کند. این را رابطه شماره دو می‌نامم: همکاری‌های متقابل.

اما مشکل در کجاست که دوستانی مانند پارسا فکر می‌کنند رابطه چنان که باید برقرار نیست و باید بهتر از این‌ها بوده باشد؟
من قبل از اینکه بخواهم پاسخی به دست دهم فکر می‌کنم خوب است مفاهیم پایه را بررسی کنیم و به تعهدات اعلام شده زمانه نظر افکنیم و زمانه را نسبت به ادعاها و گفته‌ها و تعهداتش بسنجیم و البته دایره امکانات رسانه‌ای‌اش.

پارسا می‌نویسد که «رادیو زمانه رادیوی وبلاگستان قرار بود باشد.» اما به‌درستی اشاره می‌کند که در مفاهیمی مانند وبلاگستان، وبلاگ‌دار، وبلاگ‌نویس و رسانه شخصی هنوز ابهام وجود دارد و بحث در آن‌ها به جایی نرسیده است. پس منطقا یکی از مسائلی که می‌تواند پایه نقد را تغییر دهد روشن‌سازی مفاهیم است. «بخشی از مشکل هم ناشی از ابهام‌آمیز بودن و نو بودن ابزارهاست.» در واقع این مسیری است اکتشافی و باید به تعهدات اکتشافی بودن پایبند باشد. من این را اصل مهمی می‌دانم.

«رادیو زمانه از ابتدا اعلام کرده بود که دنبال پیگیری جریان غالب رسانه‌ای نیست.» درست. هنوز هم همین را می‌گوید اما معنای آن چیست؟ و بدون روشن ساختن آن چگونه می‌توان گفت که «عملا بستر مناسبی برای فعالیت وبلاگ‌ها یا وبلاگ‌نویسان به وجود نیاورد»؟ به نظر من این سخن هم در مفاهیمی که به آن اشاره و تکیه دارد، مثل «جریان غالب رسانه‌ای»، در یادداشت پارسا روشن نیست. به‌علاوه مساله‌ای که به آن عنوان «بسترسازی» می‌دهد هم برای من ناروشن است. به‌خصوص اگر در نظر بگیریم که وبلاگستان

یک مجموعه بی‌مرکز است. بنابرین سوال اینجاست که چگونه می‌توان برای وبلاگستان بسترسازی معینی کرد بدون آنکه برایش تصمیم گرفته باشیم یا به توهم ایجاد مرکز دامن بزنیم؟ راه زمانه تقویت وبلاگ به عنوان رسانه خودمانی بوده است. اما هرگز نمی‌خواسته است مرکز وبلاگ‌ها باشد. و نیست. زمانه مرکزی از مرکزهای بسیار است. نگاهی به همان آمار آرش کمانگیر بسیار عبرت آموز خواهد بود. زمانه در کنار «یک پزشک» قرار دارد و خود آرش و نیکان و دیگران؛ یعنی سرپل‌های شلوغ‌تر وب فارسی. و نه بازار مرکزی آن. چنین نقشی را زمانه برای خود قائل نبوده و نیست. این را من مراقبت زمانه از اصل بنیادین وبلاگ می‌دانم: دموکراسی. به زبان دیگر: سعی نکنی جای همه را پر کنی بلکه جای همه را به جا آوری.

همچنین، بر خلاف آنچه پارسا از جریان غالب رسانه‌ای برداشت می‌کند، پیروی وبلاگ‌ها از پوشش رسانه‌ای «رسانه‌های جریان اصلی» نیست که آن‌ها را از ابداع دور می‌سازد. نفس وبلاگ‌نویسی است که با جریان غالب فاصله‌گذاری می کند. مساله اصلی در اینجاست که وبلاگ‌ها رسانه‌های خودمانی هستند و آینه فرهنگ غیررسمی. اینکه محتوای آن‌ها چیست مساله ثانوی است. روش کار است که مهم است. یعنی نفس برخورد فعال آن‌ها با خبرها و گزارش‌ها و نظرهای مطرح شده اهمیت دارد. زیرا کاشف نگرشی است غیررسمی. این معنا از وبلاگی بودن بنیادین است. من این را پیوند مهمی میان زمانه و وبلاگ می‌دانم: پشتیبانی از فرهنگ غیررسمی.

در مورد خبرها هم مساله در رسمی بودن یا نبودن خبر نیست. در زاویه دید است. حرفه‌ای بودن در خبر امری ناگزیر است. اما حرفه‌ای بودن به معنای غیروبلاگی بودن نیست. رسمی بودن است که از جهان وبلاگ به عنوان رسانه خودمانی خارج می‌شود. موضوع باز مساله ثانوی است.

به نظر پارسا زمانه باید خبرنویسی وبلاگداران را تشویق می‌کرده است و وسواس زیادی از خود نشان نمی‌داده است. اما فکر نمی‌کنم هیچ رسانه‌ای که در کار خبر سهل‌انگار باشد میان وبلاگ‌نویسان و غیر آنان جدی گرفته شود.

درباره بعضی ایده‌های مشخص پارسا هم مانند آنچه از شبکه‌ای نوشتن وبلاگ‌ها در باره موضوعات خاص یاد کرده است موضوع کاملا باز است و زمانه از آن استقبال می‌کند اما این کار مانند بسیاری از کارهای دیگر در زمانه نیازمند آن است که کسی مثلا خود پارسا به کار هماهنگ‌سازی آن بپردازد. زمانه برای انتشار و حمایت از چنین نوشته‌هایی مشکل ندارد اما ستادی هم برای چنین اموری طراحی نکرده است. زمانه مجموعه‌ای نامتمرکز مانند خود وبلاگستان است و در دست کم ۳۰ شهر دنیا مطالبش تولید می‌شود. اگر کسانی از همکاران ما در شهرهای مختلف جهان بتوانند شبکه‌نویسی را هماهنگ و هدایت کنند و برای زمانه برنامه‌سازی کنند کسی مانع کار آن‌ها نخواهد شد. اما تیم کوچک زمانه در آمستردام نمی‌تواند این امر را بر عهده بگیرد. زمانه کار بزرگ را با جمع بزرگ انجام می‌دهد. ایده‌ها از همه اطراف می‌رسند. ایده پارسا هم یکی از آن‌هاست. اما مجری می‌خواهد. این نکته هم رابطه دیگری میان روش کار زمانه و وبلاگ را برجسته می‌کند: عدم تمرکز.

مساله‌هایی که در زمانه مطرح می‌شوند دستوری نیستند. درباره اشاره پارسا به مساله سکس هم باید بهروشنی گفت که این انتخاب همکاران زمانه است و نه ستادی برای سفارش کارهای اینچنینی در زمانه. اگر علاقه کسانی که با علم و تکنولوژی و محیط زیست سر و کار دارند برای مشارکت با زمانه به همان اندازه دوستانی باشد که به مسائل بهداشتی و آموزشی و روانشناسی و مانند آن علاقه دارند زمانه آن‌ها را از دایره علایق خود بیرون نمی‌گذارد. تصور اینکه چنین مسائلی در زمانه فراموش شده است قضاوت درباره آینده‌ای است که

نیامده. زیرا زمانه یک سرشت واحد و ابدی ندارد. رسانه‌ای است که با ایده ساخته می‌شود و بسته به نیاز روز و علاقه همکارانش موضوع‌گزینی می‌کند. پس رابطه بعدی این است: پرهیز از دستوری بودن.

پارسا می‌نویسد: «کاش لااقل در کنار این همه آموزش نحوه انجام خودارضایی و هم‌خوابگی و لذت بردن‌های اروتیک به جوان ایرانی کمک می‌کردیم که غرب و بلکه دنیا را بهتر بشناسد و غرب را معادل لذت و عصیانگری و آزادی بیمار و نامسئولانه نبیند.» این سخن دیدن سکس و ندیدن اندیشه و نادیده گرفتن ده‌ها مطلب درباره غرب و جهان امروز در زمانه است که فقط یک نمونه‌اش مثلا گفتگوهای زمانه است با روشنفکران ایرانی با موضوع «ما و غرب». بسیاری از مباحث نیلگون و اندیشه زمانه تامل در جهان مدرن و رابطه ما با غرب است. به علاوه تاسف خوردن مشکلی را حل نمی‌کند. بهتر است دوستانی مانند پارسا آستین بالا بزنند و بنویسند. زمانه اگر نوشته‌های ایشان را بر نوشته‌هایی در باره سکس ترجیح داد نقد آن‌ها وارد خواهد بود.

در باره وبلاگستان دوست ناقد ما دست به گزینش می‌زند و می‌گوید «این» گروه از وبلاگ‌نویسان وبلاگستان را تشکیل نمی‌دهند و «آن» گروه‌اند که وبلاگستان حقیقی را می‌سازند: «به هیچ رو لینک دادن به نوشته‌های محمدعلی ابطحی، عباس عبدی، کریم ارغنده پور، رجبعلی مزروعی، جواد کاشی، عباس معروفی، داریوش آشوری یا سعید حنایی کاشانی و ... «تعامل با وبلاگستان» محسوب نشده و نمی‌شود. چه این عده خود یا نویسنده هستند یا ژورنالیست یا سیاستمدار و اساسا در زمره وبلاگ‌نویسان عادی و مبدع که منظور نظر ما هستند نیستند.» به نظر من این تقسیم‌بندی نارواست. درست است که وبلاگ‌نویسان سرشناس گروه خاصی را در وبلاگستان تشکیل می‌دهند اما مساله اصلی باز همان است که روش و منش آن‌ها با فرهنگ رسمی فاصله دارد.

آنچـه زمانــه بــرای آن تــلاش می کند گشــودن فضــا بــرای دیدگاه‌های غیررســمی اســت. یعنی همان چیزی که وبلاگ بر عهده داشــته اســت. زمانه رســانه‌ای اســت کــه ایــن را از وبــلاگ آموخته اســت تا در خدمت رشــد فرهنگ غیررســمی باشــد.

دوست ما می‌گوید زمانه برای بلاگ‌چرخان خود دست به تایید و رد صلاحیت می‌زند حال آنکه خود به تقسیم وبلاگ‌ها به این باشد و آن نباشد پرداخته است.

دربــاره بلاگ‌چرخــان اما مســاله ســاده‌تر از این حرف‌هاســت. مــا نمی‌توانیم همه وبلاگ‌هــا را پوشــش دهیــم. بنابرین تــلاش می‌کنیم طیف وبلاگ‌ها را نشــان دهیم. چــون هــر قــدر هــم وبــلاگ در وبلاگ‌چرخان زمانه باشــد (کــه الان بیــش از ۵۷۰ وبــلاگ را در گردونــه خــود دارد) بــاز هــم شــماری از وبلاگ‌هــا از آن بیــرون مــی ماننــد. امــا ایــن ناشــی از تاییــد و رد صلاحیــت نیســت. طبیعــت انتخاب اســت و محدودیــت ناگزیــر. ما وبلاگ‌چرخــان را ناچار باید در حــدی متوقف کنیم و گرنه بایــد تبدیــل شــود به فهرســت وبلاگ‌هــای فارســی. اهمیــت کار اما این اســت که ایــن گردونــه دربرگیرنــده طیف باشــد نه همه.

در بــاره نیمــه دیگر نقد پارســا جداگانه خواهم نوشــت اما خوب اســت در اینجا ببینیــم زمانــه چــه تعهدی کــرده اســت و از عهده بر آمده اســت یا نه. مــن در همان روزهــای اول کار در یادداشــتی (**<u>رادیویــی کــه از وبــلاگ می‌آمــوزد</u>**) در همیــن وبلاگ زمانه نوشــتم:

«وبلاگ در میان همه هنرهایش دو ســه کار چشــمگیر دارد. نخســت آنکه «فرد» را شــاخص کــرده و وارد بــازار گفتگــو کــرده اســت و بســیاری از ایــن «فرد»هــا را بــه شــهرت و اعتبــار رســانده است به نحــوی کــه جــز از راه وبلاگ ممکــن نبود. دو دیگــر انحصــار طبقه نویســنده و روزنامه‌نگار را شکســته اســت و نوشــتن را به امــری روزمــره و عــادی بدل ســاخته اســت و اســطوره‌زدایی کــرده اســت. در واقع وبلاگ مظهر تام و تمام اندیشــه عمومی کردن ســواد اســت که در آغاز قرن مســاله

روشنگران اجتماعی بود. وبلاگ سرانجام یک کار دیگر را نیز به انجام رسانده است و آن هم ساده کردن زبان و مردمی کردن آن است. این دموکراتیزه کردن زبان نیز آرمان بزرگ عهد مشروطیت است. آن زمان شعر غیردرباری نقشی را بازی کرد که این زمان وبلاگ که محل ظهور زبان غیررسمی است می‌کند.»

رابطه زمانه با وبلاگ و وبلاگستان از این مسیر است. زمانه هم در اجرا و هم در فکر وبلاگی بوده و مانده است و خواهد ماند.

«زمانه مدعی است که رسانه‌ای مدرن است . مدرن بودن را در پایان یافتن عصر پدرسالاری و عقلِ کل بازی می‌بیند. زمانه رسانه «فرد»ها ست. و تنها از این راه است که رسانه «جمعی» است. رسانه‌ای است که در تئوری هر فردی می‌تواند در آن بنویسد و تولید کند. در زمانه، مثل وبلاگ، شنونده/خواننده همزمان تولید کننده هم هست: هم راه نظر دادن برایش باز است و هم سوژه دادن و نهایتا برنامه ساختن. زمانه هدفش تقویت روزنامه‌نگاری فرد/شهروند است. کاری که وبلاگ از پیش آغاز کرده است. کاری که هنوز در عرصه رادیو آزموده نشده است. زمانه آزمودن این اندیشه است. وبلاگی کردن رادیو. همگانی کردن آن. دموکراتیک کردن رسانه تا چشم‌انداز ممکن. رادیویی خودمانی. نزدیک به ما. و زمانه ما.»

اگر قرار است پایه روشنی برای نقد قرار دهیم خوب است از این موضوعات شروع کنیم. ادعای من آن است که زمانه در حد امکانات محدود یک رسانه کوچک توانسته است کار بزرگی را راه اندازد. و چنانکه پیش‌تر هم در همان زمان نوشته بودم: من از اینکه زمانه نقد می‌شود بسیار خرسندم. زیرا رسانه‌ای که دیده نشود نقد نمی‌شود. نقدها نشانه توجه به زمانه است. انتظار ستایش منتقدان را هم ندارم اما انتظار دارم که بگویند آنچه در این تجربه، خطا(ی تحلیل یا عمل) می‌یابند کجاست. شماری از منتقدان زمانه را با آنچه خود در

سـر دارنـد می‌سـنجند. امـا نقـد می‌توانـد به مـا کمک کنـد از آنچـه در سـر داریم طرح عملیاتـی بهتـری ارائه کنیم.

http://zamaaneh.com/blog/03/2008/post_95.html

بـرای من جواب بسـیار خوب و مناسـبی بـود. در ضمن آقای جامی، در ادامه سـخنتان میتوان گفت که نقد دیگری باعث میشـود تا قرد به آنچه میکند از نو بیندیشـد. کار شـما و سـایر دوسـتان در زمانـه ابتـکاری نو و بدیع اسـت که از اندیشـه ای متفاوت زاده شـده اسـت. اگـر حسـن کار شـما را حتی تنهـا در افزایش گوناگونـی در کار فرهنگی و رسـانه ای بدانیـم، کافـی خواهـد بـود تا بگوییم: همچنـان به کارتان با پشـتکار ادامـه دهید. رضا

بدون نام , Mar 4, 2008

....

آن انتقاد و این پاسـخ راهگشـای کسـانی اسـت که می خواهند هر یک سـهمی از زمانه مـدرن داشـته باشـند. بـه واقـع تصور مـا از رادیـو زمانه همچنـان کـه از نـام آن برمی آید موتور جسـتجوگر وبلاگ نویسـان نیسـت، چه در عمل وب سـایت زمانـه خود مجموعه ای از وبـلاگ هاسـت. امـا یـک نکتـه در انتهـای نوشـته آقـای جامی اسـت که امیـدوارم دیـر یـا زود تحقـق یابد و آن: «...دموکراتیک کردن رسـانه تا چشـم انداز ممکـن. رادیویی خودمانـی. نزدیک بـه مـا. و زمانه ما.»

در اوایـل سـال ۱۳۱۹ شمسـی اتفـاق بزرگـی در تهـران به وقوع پیوسـت و رادیو شـروع بـه کار کـرد. بهتریـن و متعالی ترین دوره موسـیقی مردمـی ایران محصول همیـن رویداد

است، یعنی رادیو به عنوان یک رسانه توانست از یک سو به شناسایی و معرفی آثار هنرمندان برجسته موسیقی بیانجامد و از سوی دیگر سلیقه های هنری مردم را ارتقا بخشد. این مهم با وقوع انقلاب اسلامی یکباره از مسیر خود متوقف ماند. آن چه باقی مانده این که در زمانه ما رادیوهای فارسی زبان چه در داخل و چه در خارج برای جذب مخاطب مطابق سیاست های خبری خود از نوع موسیقی پاپ به شکل فزاینده ای بهره می جویند که نتیجه آن هم کاهش فزاینده سلیقه های مردمی است. رادیو زمانه اما تا حدودی از این قاعده به دور است و می توان در آن ژانرهای گوناگون موسیقی را یافت اما پیداست تا رسیدن به رادیویی که بتواند موج تازه ای باشد، باید راههایی را بپیماید. اگر نویسندگان مطبوعاتی امروز از وبلاگ استفاده مناسبی دارند در جهت انتشار مطالب خود امید است که رادیو زمانه علاوه بر وبلاگ چرخانی – که به همین اندازه هم کاری بزرگ کرده – بتواند محملی در ایجاد فضای رسانه ای مدرن برای هنرمندان و نوازندگان باشد که فاقد رسانه های لازم و چه بسا محیط خاص هنری برای هنرنمایی هستند. در دوره ای که تلویزیون ایران از نشان دادن ساز اجتناب می کند، و در مطبوعات هم کمتر بحثی از سازشناسی و امثال آن است بدیهی خواهد بود که مردم حتا در شناخت سازهای ملی خود و تفکیک صدای آن ها دچار مشکل شوند. ایکاش بشود در کنار وبلاگ چرخانی نویسندگان یا روزنامه نویسان که اغلب علاوه بر وبلاگ خود در رسانه هایی نیز فعال هستند بتوان به صورت آنلاین و یا هر شکل مدرن دیگری به جای حرف ها و حدیث های مکرر کمی هم از نغمه ها و آواهای زمانه بشنویم. مشابه کاری که سایت یاهو در رادیوی آنلاین با موسیقی نواحی خود می کند.

فرج, Mar 5, 2008

....

⭕ تشکر از مهدی جامی و دوستانی که پای این نوشته و نیز نوشته بنده نظرشان را منعکس کرده بودند. به گمانم اگر دوستان حوصله شان سرنرفته باشد، چند نکته نه لزوماً به عنوان جواب بلکه در جهت ادامه بحث و روشن کردن بیشتر موضوع، لازم

به تـوضیـح بـاشـد. مختصـراً اینجـا قـدری تـوضیـح داده میشـود تا بعد: اول اینکـه قیاس رادیـو زمانه با وبلاگ «یـک پزشـک» درسـت نیسـت. گیـرم کـه نرم‌افزارهـای آرش کمانگیر چیـزی را مانیتـور کـرده بـاشـد. ایـن‌دو رسـانه هسـتند امـا بسـیار بـا هـم متفاوتنـد. مثل این اسـت کـه کسـی هواپیمای گلایدر شـخصی را با بوئینگ مسـافربری مقایسـه کند و ببیند کدام محبوب‌تر هسـتند. دوم بی‌مرکزی وبلاگسـتان جواز بی‌مرکزی زمانه نمی‌شـود. زمانه در تحـولات و منازعـات وبلاگسـتان بی‌مرکـز، کافـی اسـت کـه بیطـرف بمانـد این شـرط معقولـی اسـت، امـا نمـی شـود گفـت کـه پـس حـالا کـه زمانـه وبلاگسـتانی اسـت پـس از هـر طـرف کـه مطلـب آمـد و موضـوع روز وبلاگسـتانی بـود همـان بهتریـن اسـت و بایـد در زمانـه منتشـر شـود. زمانـه خـودش چـون رسـانه مـدرن و بـا بودجـه کلانـی اسـت و خوشـبختانه حجـم تولیداتـش سـر بـه فلـک می زنـد، خـود بـه خـود یکـی از چنـد مرکـز عمـده رسـانه ای مـن جملـه در وبلاگسـتان اسـت. ایـن ادعـا کـه زمانـه مرکـز (یا یکـی از مراکـز) نیسـت، یـا ماننـد «یـک پزشـک» دیـده و مقایسـه میشـود، بیشـتر یـک تعـارف اسـت. سـوم منظـور از بسترسـازی همـان حمایـت از بلاگـداران مبدع اسـت. وبلاگنویسـی کـه ژورنالیسـت یا نویسـنده حرفه‌ای نیسـت، امـا بـرای هـر پسـت خود چنـد سـاعتی وقت میگـذارد و اطلاعـات مفیـد یا تحلیلـی آموزنـده ارائـه می دهـد یا نقدی بـه موضوعی میزنـد و نقبـی و گریـزی بـه واقعه‌ای، بـا وبلاگنویسـی کـه سرسری‌نویسـی یا شخصینویسـی مطلـق میکنـد مسـلماً فرق دارد. زمانـه بایـد وبلاگنویس اول را (هرچـه کـه نوشـته بـاشـد) بیشـتر از وبلاگنویس دوم حمایـت کنـد اگر میخواهـد تعامل سـازنده بـا وبلاگسـتان داشـته بـاشـد. بیطرفـی زمانـه بـه معنی بیطـرف مانـدنش در تشـخیص کار وبلاگسـتانی باکیفیت از کار بی‌کیفیـت نیسـت.

چهـارم جریـان غالـب رسانه‌ای، معمـولاً سـرتیترهای خبـری مهـم یا سـوژه هـای جنجالی رسـانه هاسـت. بـه عنـوان مثال انتخابـات آمریکا، انتخاب علـی دایـی بـه عنوان سـرمربی، تصویـب قطعنامه سـوم شـورای امنیـت و... پنجـم ادعـا نکـردم کـه عباس عبـدی و ابطحی و... وبلاگنویس نیسـتند و فقـط دوسـتانی ماننـد علیرضا مجیـدی و ناصر خالدیـان و مجیـد زهـری و کـورش علیانـی و ... وبلاگنویس هسـتند. مدعـای بنده این بـود کـه وقتی

میگوییـم وبلاگسـتان ببینیم کـدام وبلاگها بیشـتر برایمان تداعی میشـود. البته برداشـت و تصـور هرکـس از وبلاگسـتان کامـلاً متفاوت اسـت و دهها هـزار وبلاگسـتان داریم. این اتفاقـاً نظـر مذکـور را ثابت می کند که وبلاگسـتان بسـیار متنوعتر از آینـده عباس عبدی، مکتـوب مهاجرانی، زاویه دید جواد کاشـی و حلقه ملکوت اسـت. نوشـته هـای اینها البته خواندنـی هسـتند امـا این موضوع بحث ما نیسـت. ششـم مشـی اکتشـافی مهـدی جامی چـون حداکثـری (شـامل تقریبـاً تولیدات) و بیشـکل و بیراسـتا اسـت، هزینه هـای زیادی در پی داشـته اسـت. کل کار وبلاگسـتان در رادیو زمانه را نمی شـود به اکتشـاف و تحقیق سـپرد. بلکه به گمانم لازم اسـت آن را در حداقل نگاه داشـت. آزاد و رها و بیفکر پیشـینی نمیشـود نیروهـا را معطـل کرد بـه کار آزمون و خطا و تحلیـل دادهها و سـینرژی کردن و اکتشـاف. اینکار هم وبلاگ نویسـان را دلسـرد میکند هم ژورنالیسـتها را. مضافاً کار تفننی وبلاگنویسـی جدیـت و دقـت لازم بـرای اکتشـاف و همفکـری را نـدارد. گفتنی هـا زیاد هسـتند و گمانـم مجبـور باشـم نوشـتهای کوتـاه در این مـورد ارائه کنم و البتـه امیدوارم دوسـتان بحثهـای خودشـان را مطـرح کننـد و موضوع به دیالـوگ دو نفره تبدیل نشـود.
پارسا صائبی, Mar 5, 2008

....

◯ جان کلام همان فرهنگ غیررسـمی اسـت با همه ی تنوع و نوآوری شکلی و مضمونی کـه به شـناخت تـازه از عرصه های مختلف هنر و زندگی می پـردازد (موضوعات مندرج در وبـلاگ عکـس فـوری!)و مـن امیـدوارم کـه رادیـو زمانه علیرغم کج و مج شـدنهای ادواری همچنـان به این اصل وفـادار بماند.
پایدار باشید.
علیرضا مجابی, Mar 6, 2008

....

◯ جناب جامی، با تشکر از پاسخ شما. در قسمت مانیفست شما این مطلب آمده :
«. رادیـو زمانه میخواهـد عرصـهای بـرای فعالیت وبلاگنویسـان ایرانی باشـد و دیدگاههـای مـردم عـادی را بازتابانـد»

لطف کنید و توضیح دهید زمانه تاکنون چه قدم هایی در این مورد برداشته.

با تشکر

طاها بذری, Mar 6, 2008

....

سلام

زمانــه را از مدتهــا پیــش دنبال مــی کنم و امیدواریم با تغییــر ات جدید بتواند فضای خوبی برای بلاگ نویســان ایرانــی ایجاد کند ...

سرباز معلم جنوبی, Mar 7, 2008

....

خــوب اســت پیشــنهادهایی کــه داریــد را بــا شــرح کافی همینجا بنویســید یــا ایمیل کنیــد بــه ایمیل عمومــی زمانــه. زمانه

....

مکان: داخلی – اتاق سردبیر–روز

آقــای ســردبیر پشــت میزش نشســته و خبرنگار در نمــای نزدیک دارد با نــگاه غضب آلود نگاهــش مــی کنــد و می خواهــد بداند چرا گزارشــی کــه درباره زنــان خیابانی تهیــه کرده غیــر قابــل چاپ اســت ؟ (منتظر جواب نباشــید)

مکان: داخلی، منزل خبرنگار،شب

خبرنــگار وبلاگــش را بــاز کــرده و کل مطلب را توی بخش مطلب کپی پیســت می کند و دکمــه را فشــار مــی دهــد . و در ذهنــش به مطلبی راجع به موشــهای خیابــان ولیعصر فکر میکنــد تــا با حق التحریــرش بتواند برای ۸ مــارس برای زنــش کادو بخرد.

شــاید خیلــی ســورئال شــد ولی وبلاگ شــده جایی کــه وقتی ما نمــی توانیــم در حوزه ی رســمی ژورنالیســتی حرفمان را بزنیم میانبر زده و در محیط وبلاگی آن را منتشر می کنیم . تنها یک چیز شــاید فراموشــمان شــود . اینگه رعایت اخلاق ژورنالیســتی و ادیت حرفه‌ای مطلب و مرجع معتبر دادن و ســایر ابزار حرفه ای ربطی به حضور ســردبیر بالای ســرمان نــدارد و بایــد رعایتش کنیــم . فکــر می کنم زمانه جاییســت که بــه این قوم رانده شــده از

مطبوعـات رسـمی جـای نفس کشـیدن و برقـراری ارتباط با مخاطـب را داده و یـادآوری هم مـی کند که حرفه ای بنویسـند.

سارا باقری , Mar 8, 2008

شلیک به مطبوعات

بیست و شش اسفند هشتاد و شش

روز دولت ایران نو نمی‌شود

هدیه نوروزی؟ یا هدیه مابعد انتخاباتی؟ برای حاکمیت فعلی به قول محمد آقازاده هر حرکتی مشکوک است. نوروز و کهنه روز ندارد. مساله فقط انتخابات بود که آن هم طی شد. کاش همیشه در ایران انتخابات باشد.

روش کار کاملا استبدادی است. محکوم نه مطلع می‌شود و نه احضار می‌شود. دادگاه روند پردردسری است. پس هیات نظارت نقش یک دادگاه صحرایی را بازی می‌کند. شلیک به مطبوعات. و تمام.

بستن فضا. این پیام بستن ۹ نشریه و لغو امتیاز آن‌ها به صورت همزمان است. در ایران انتشار امتیاز است نه حق! و مثل هر چیز دیگری در یک جامعه استبدادزده می‌تواند یکشبه بخشیده شود و می‌تواند یک‌روزه پس گرفته شود.

قانون؟ قانون در ایران برای دولت است. و فقط برای دولت. ملت جایی در

قانون نـدارد. و نبایـد پایـش را از حـدی کـه برایـش تعییـن می‌کنند درازتـر کند. محتـوای قانون؟ مهم نیسـت که محتـوای قانون اقـدام دولت را تاییـد می‌کند یا نه. مهـم ایـن اسـت که حکـم دولت مزین بـه نوعی تبصره و مـاده باشـد. دولتی که به هیچ قانونی پابند نیسـت قانون برایش لقلق زبان اسـت و توجیه نیات سیاسـی‌اش.

علت: فسـاد. این ترس بیمارگونه از فسـاد معنای واقعی‌اش خارج شـدن مردمان از حیطـه دولتیان اسـت. دولـت احمدی البته حیطه تنگ‌تری دارد. ایـن را به هزار و یـک زبـان می‌گویـد و با هزار و یک نشـانه عریان می‌کند. هر کسـی تـن به صلاح این دولت ندهد فاسـد است.

میـزان رای دولـت است

دولـت احمـدی کـه دولتـی در یـد نظامیـان اسـت رفتـارش با همـه چیـز قاطع و نظامـی اسـت. ایـران به یک پادگان بزرگ تبدیل شـده اسـت. پیش به سـوی کجا؟ دولتـی اینچنیـن ملـت را به کجا مـی برد؟

دولـت اسـت کـه تعییـن می‌کند کی چـی بخوانـد. دولت ایـران به معنـای کامل کلمـه یـک دولت پدرسـالار اسـت. و مثـل هر پدرسـالاری بختکی اسـت افتاده بر روی اخـلاق و رفتـار و انتخـاب «رعایـا». اینکـه خـودش چقدر آلوده اسـت اصلا مهـم نیسـت. مهـم این اسـت که شـما از چشـم او آلـوده نباشـید. دولت ایـران در تناقضـی عجیـب زندگی می‌کند. راسـتش را بخواهیـد دولتی قجری اسـت. حرف دولـت اسـت که قانون اسـت. میـزان رای دولت اسـت.

دولـت احمدی در دنبالـه ایده‌های دولت-پدری و دولت-محـوری اوایل انقلاب کـه خـود برگرفتـه از عصـر تسـلط دولـت در قـرن بیسـتم بـود هنـوز سرشـار از خیالاتـی در بـاره بهشـت موعودی اسـت که دولـت قدر قـدرت قرار بـود در قرن گذشـته خلق را به آن واصل کند. بهشـت زوری، میان شـاه (که می خواسـت ایران

را بـه هـر قیمتی شـده ولو کشـان کشـان بـه تمدن بـزرگ برسـاند) و میراث‌خـواران سیاسـی او در سـه دهه اخیر مشـترک است.

دولتـی بر خـلاف عقـل

جامعـه ایران پـر از اجبارهـای خـلاف عقـل اسـت. از حجـاب اجبـاری تا چکمه نپوشـیدن اجبـاری، از جنـگ اجبـاری تـا صلـح اجبـاری، از نمـاز اجبـاری تا تظاهرات اجبـاری، از تحمیـل صدهـا قاعـده اجتماعـی و آموزشـی و سیاسـی تـا تحمیـل تصمیم‌هـای ناگهانـی. مهـم نیسـت لغـو امتیاز اسـت یـا انحلال سـازمان بـزرگ و موثری ماننـد سـازمان برنامه‌ریزی. هر قـدر ناگهانی‌تـر و غیرعقلانی‌تـر ظاهرا در ارعـاب و حیـرت خلـق و به رخ کشـیدن قـدرت موثرتر.

واقعیت این اسـت که گرچه دولت می‌خواهد مردم را بترسـاند و ادب کند و سـلطه خـود را قاهـر و مطلـق نشـان دهد امـا از مردم می‌ترسـد. دولت و حاکمیت در ایران گرفتار دور سـازش و سـتیز با مردمی اسـت که نمی‌خواهند رعیت باشـند و نمی‌خواهند دولت بر ایشـان خدایگانی کند. دولت احمدی مثلا اگر در یک کشـور یکدسـت حکومت می‌کرد اصلا نشـریه‌ای کـه تعطیل کند نمی‌داشـت. همه گوش به فرمان بودند. مگر چه کسـی در شـوروی سـابق یا در ترکمنسـتان فعلی نشـریه‌ای را لغو مجوز کرده اسـت؟ ایران امـا دچار دوپارگی اجتماعـی عظیمی اسـت که از اتفاق پاره کم‌تـر-رشـد-یافته‌اش بر پاره رشـد-یافته‌تر سـلطه سیاسـی پیدا کرده اسـت.

دولت عقب‌مانده و جامعه رشد یافته

ایـن عقب‌مانـدگان سیاسـی بر طبع پیشـرفت جـوی فرهنگ عمومـی در ایران مهار می‌زننـد و آن را بـر نمی‌تابنـد. زیـرا هیـچ وجـه مشـترکی میـان آنچـه خـود مایلند رسـمیت و پذیرفتگـی یابـد بـا فرهنـگ غیررسـمی و فرهنگ‌مـداران آن نمی‌یابند. بـرای همیـن اسـت کـه اینقـدر بیگانـه‌وار رفتـار می‌کننـد. گویی کشـوری را اشـغال

کرده‌انـد. هیـچ حرمتـی برای هیچ کسـی قائل نیسـتند. هیچ حدی را نمی‌شناسـند. مراجعـه‌ای بـه رفتـار و گفتـار قاضیـان ارشـد ایـن نظـام می‌توانـد ایـن روش‌های استبدادی را بهخوبـی نشـان دهـد (مثلا **حرف‌هـای عباس عبدی دربـاره قاضی مرتضـوی** کـه اخیـرا دسـت بـه دسـت در وبلاگسـتان چرخیـد و در بی بی سـی منتشـر شـده بـود: آقای مرتضـوی کتاب قانـون را کنار زد و متذکر شـد کـه ارجاع بـه کتـاب قانون نزد من مسـموع نیسـت.). رفتـار دولتیان بـا فرهنگی که خـارج از کنترل آن‌ها تولید شـده باشـد و یا تولیدکنندگانش در گروه اقتدارطلب قرار نداشـته باشـند همیـن اواخـر در برگـزاری جشـنواره فیلـم فجـر بازتابید. تعطیل نشـریات سـینمایی ماننـد «دنیـای تصویـر» ادامه همـان رفتار اسـت. هر قدر هـم که مدیرش تـلاش کرده باشـد تنشـی میـان خـود و اقتدارطلبان ایجـاد نکند بـاز او و همچنان و همیشـه غیرخودی حسـاب می‌شـود.

رفتـار دولـت احمـدی دایـره خودی‌هـا را تنگ‌تـر و کوچک‌تـر می‌کنـد و قطبی شـدن جامعـه ایـران را افزایـش می‌دهـد و فاصلـه میـان دوپـاره آن را بیش‌تـر و بیش‌تـر می‌کنـد. اگـر طیف اصلاح‌طلبـان روی هم رفته کوشـید تا فاصلـه دولت و ملـت را کم‌تـر کنـد، طیـف حاکم که اندیشـه‌های آخرالزمانـی دارد اصـلا نیازی به آن نمی‌بینـد و بـر انشـقاق ملی می‌افزاید. این نشـانه روشـن عقب‌ماندگی سیاسـی اسـت. بـه گفتـه اندیشـورانه رضا علیجانـی جامعه ایرانـی جامعه‌ای فربه اسـت که دولتـش می‌خواهـد ماننـد نامـادری بـه اجبار لباسـی تنگ بر تـن او بپوشـاند. هیچ آزاده‌ای چنیـن دولتی را دوسـت نخواهد داشـت.

اقتـدار اعتبـار نمی‌آورد

امـا بـرای مـن و بسـیاری دیگر روشـن اسـت که ایـن دور سـتیز با میل رها شـدن مـردم از بندگانـی دولـت و سـازش‌های ناگزیرش که نشـریات رنگارنـگ و وزین ماننـد «هفـت» نتیجـه آن اسـت، ایـن پدر فرتـوت و این نامـادری عبـوس را به تن

دادن بـه خواسـت مردم وادار خواهد کرد. سـه دهه سـتیز و سـازش بعـد از انقلاب گـواه روشـنی اسـت کـه فرهنـگ رو بـه رشـد و آزادیخـواه و عقلانـی دولت‌های سـلطه‌طلب و خود-خدا-پندار را عقب رانده اسـت. بسـتن مطبوعات روشی برای سـوت زدن دولتـی اسـت کـه در تنهایـی ترسـناکی گرفتار اسـت. تنهایی ناشـی از بی‌اعتبـاری. ایـن بی‌اعتبـاری مزمـن اسـت کـه موجـب می‌شـود هـر از گاهـی به رفتاری واکنشـی و مضحک دسـت بزند تا اقتدار خود را نشـان دهد. ممکن اسـت ایـن دولـت اقتـداری به کمک قـوای قهریـه و قانون های من-عندی داشـته باشـد امـا اقتدار اعتبار نمـی آورد.

مشـکل ایـران که در ایـن ماجرا مانند بسـیاری وقایـع اتفاقیه دیگر آشـکارا خود را نشـان می‌دهـد ایـن اسـت کـه دولتـی درخور ملتـش نـدارد. دولتی نـدارد که به مـردم و فرهنـگ آنان اعتنا کند و به خواسـت ایشـان گـردن نهد و ناچـار نزد مردم فرهنگسـاز اعتباری هـم ندارد.

http://zamaaneh.com/blog/03/2008/post_97.html

بسیار تکان دهنده بود

احسان , Mar 17, 2008

....

نقدتـان بـر دولـت در ایـران امـروز بـه جاسـت. فقط مـی مانـد دو واقعیـت آزاردهنده دیگـر کـه خـوب بـود کوتـاه پرداخته می شـد: یکی ایـن که دولـت موجود از آسـمان بر

سـر ایرانیـان نیافتـاده اسـت بلکه بـه قول بسـیاری از تحلیلگـران محصول طبیعـی فکر و عملکـردی بـود کـه اصـلاح طلبـان تحـت رهبری خاتمـی در مدت ۸ سـال پیـش گرفته بودنـد. دوم آن کـه نقـش دولـت را نبایـد بالاتـر از روابـط واقعـی هر روزه میـان تک تک مـردم تصـور کرد. متاسـفانه در ایـن میان بخش قابل توجـه ای از خود جامعـه هم(چه در روابـط خانـواده چـه در کار و یـا مدرسـه و یـا مسـجد ویا حتی رسـانه و حـزب و کانون صنفـی و...) صاحـب اخلاقیاتی شـده اسـت که نسـخه قـوی تـری از و یا بـه تعبیر دیگر پشـتیبانی کننـده ی اسـتبداد دولتـی اسـت و ایـن طـرز رفتارها و اندیشـه های اسـتبدادی آنقـدر هـم در سـلول هـای مـردم نفـوذ کـرده که مگـو و مپـرس؛ منظـورم توسـعه انواع خشـونت هـا و بزهـکاری ها به ویـژه بدترین نوع آن یعنـی در قلمرو خانواده هـا (از قتل هـای ناموسـی گرفتـه تا کـودک آزاری تا خیانت و انـواع تحقیر ها و آزار هـای میان زن و مـرد و فرزنـدان و نزدیـکان)، افزایش خوفناک صنعـت دروغ و انواع رنـد بازی ها و کلک ورزی هـا و بـی اعتمـادی هـا بـه ویـژه در روابط مالـی و اقتصـادی، و بی وفایـی ها و بی پرنسـیپی هـا در میان جوانان و تحقیر دیگـران و تجاوزهای بی پروایانـه به حقوق دیگران در روابـط فـردی و جمعـی اسـت. بـرای درک شـدت این مصیبت بایـد گاه گاه بـه دالان هـای مملـو از جمعیـت در دادگسـتری ها سـر زد. مطابق گـزارش ها در هرسـال از هر ۵ تـا ۷ نفـر ایرانـی یکـی وارد در یـک دعوای حقوقی یا کیفری اسـت. گویـی در جامعه کم کـم دارد قاعـده مـی شـود که باید بدی دولـت را را با بـدی به دیگری یا اگرنشـد به خود جـواب داد. بـدی هـا و زشـتی هـای دولـت منحـط را مـداوم بازتولید کـردن مثل مرضی بدخیـم بـه جـان خـود مردم افتاده اسـت. کوتـاه آنکه باید این سـر طیف خشـونت را هم دیـد: دولـت فعلـی تا حـد زیادی آیینـه روابط و مناسـبات شـکل گرفتـه در جامعه فعلی اسـت. بـه قول قـرآن: تـا تغییر نکنیم تغییـر ندهیم!

حسن رضایی , Mar 17, 2008

....

◯ آقای جامی

منظورتـان از «دولـت احمـدی» چیسـت؟ منظورتان: دولـت احمدی نـژاد؛ دولت خاتمی؛

دولت رفسنجانی است؟ یا منظورتان همچنین کل حاکمیت دینی جمهوری اسلامی از خمینی تا خامنه ای است؟

بدون نام , Mar 17, 2008

....

◯ تحلیلی دقیق از اوضاع سیاسی – فرهنگی کنونی در ایران امروز. متشکرم.

حمیدصدر , Mar 18, 2008

....

◯ سخن شما بر دل نشست.

رفتار حاکمان فعلی ایران ، درست مانند رفتار اشغالگران است. بی مایگان مجیز گو را بر صدر می نشانند ، و پر مایگان ناهمراه را به انواع حیل در بند می کنند ، از بند زندان گرفته تا بند سکوت . و از بند ناداری و عزلت گرفته ، تا بند بی خانمانی و غربت.

تا اینجایش را ، کسانی که چشمی برای دیدن و گوشی برای شنیدن دارند ، همه دیده و شنیده اند. آنچه که باید نمایان شود و به گوش مردمان برسد ، این است که با این اشغالگران چه باید کرد. با هزار افسوس ، سرزمین ما پیوسته در اشغال بوده است ، و مردم ما حرفه نا شریف تحت اشغال زیستن را به خوبی آموخته اند.

می گویند قربانیان تجاوز جنسی ، با آن که گناهی مرتکب نشده اند ، در کنار درد شدید تجاوز و زخم های جسمی و روحی حاصل از آن ، احساس گناه هم می کنند ، و همین سبب می شود که در مقابل آن پدیده شوم سکوت اختیار کنند ، خصوصا اگر کسی از خانواده خودشان به ایشان تجاوز کرده باشد. سکوتی که هیچ مرهمی بر زخمی نمی گذارد و عاقبت همچون آتشفشانی سر باز می کند و نهایتا به تخریب شخص می انجامد.

قربانیان تجاوز ، برای بازگشت به زندگی عادی نیاز به کمک روانشناس با تجربه دارند. تازه بعد از این است که شهامت آن را پیدا می کنند ، که به مبارزه بی امان با شخص متجاوز بپردازند.

ملت ما اکنون در وضعیت مشابهی گرفتار آمده است: شخصی از اعضای خانواده به او تجاوز کرده است. به خاطر عدم قدرت و عدم اعتماد به نفس ، توان ایستادن در مقابل متجاوز را ندارد. اگر به حال خود رها شود ، به مرز خود تخریبی می رسد ، اگر چه بخش هایی از آن در قالب اعتیاد و انواع دیگر فساد ، به این مرز رسیده است. باقی آن هم ممکن است مانند مردم عراق با وارد شدن به چرخه خشونت ، به چنین مرزی برسد.

آدم اشغال شده نیاز به کمک دارد ، حتی اگر از دریافت کمک سر باز زند.

اولین و بزرگترین کمک این است که به او فهمانده شود که مورد تجاوز قرار گرفته است و بلایی که سرش آمده ، طبیعی نبوده و سر همه کس نمی آید ، و او در این میان گناهی ندارد. تازه پس از این مرحله ، درمان شخص آغاز می شود تا کم کم جان بگیرد و قدرت پیدا کند تا متجاوز خود را به پای محاکمه بکشاند و از او سلب قدرت کند.

شـما قـدم اول را برداشـتید، کـه همانـا اعلام وضعیت اشـغال اسـت. امیـدوارم پـی آن را بگیرید تا با کمک بقیه کارشناسـان ، راهکارهایی برای کمک به آن سـرزمین اشـغال شـده و مـردم مـورد تجاوز واقع شـده پیدا شـود.

علی ، Mar 18, 2008

....

◉ در ایـن گیـر و دار بسـتن روزنامـه هـا و مجـلات کـه ایـن بـار دیگر عمدتـا فرهنگی و هنـری بـوده انـد، بـه هنگامـی کـه کتـاب هـا چـاپ نمی شـوند یا اگـر می شـوند رنگ و بویـی ندارنـد و فیلـم هـا توقیف می شـوند و چه و چـه هـا...زمانه باید یا مـی تواند روزنه ای باشـد بـرای تنفـس فرهنگی. برای اندکی بیشـتر گفتن و شـنیدن از هنر و فرهنگ.

بدون نام ، Mar 19, 2008

تحــول مفــاهیم در ژورنالیسم عصر دیجیتال

چهار اردیبهشت هشتاد و هفت

امروز سوم می روز جهانی آزادی مطبوعات است. این فرصتی است که روزنامه‌نگاران به روزنامه‌نگاری بیاندیشند. در حدود ۱۵ سال است که چنین روزی بنا به تصمیم اعضای ملل متحد به بزرگداشت روزنامه‌نگاری آزاد اختصاص یافته است (+). معمولا در این روز فهرست‌هایی از مشکلات روزنامه‌نگاری آزاد منتشر می‌شود اما مساله آزادی و استقلال در روزنامه‌نگاری امروز بحثی بسیار وسیع‌تر از فهرست کردن مشکلات روزنامه‌نگاری و نقض آزادی بیان است. این فهرست‌ها و مساله‌شناسی‌ها بدون بحث بنیادین در مفاهیم تازه رسانه‌ای بعید است بتواند به امکانات تازه‌ای که در جهت گسترش آزادی‌ها به وجود آمده راه ببرد.

مشکلات قدیم راه حل‌های تازه پیدا کرده است. بازماندن از امکانات و راه حل‌های جدید به معنای آن است که خود را از کلیدهای تازه برای گشودن معماهای مزمن روزنامه‌نگاری محروم کرده‌ایم. درست است که برای آزادی بیان به فعالان اجتماعی و سیاسی نیاز داریم اما آزادی همانقدر که به فعالان و مبارزان خود نیاز دارد به سنجش معیارها و توجه به تحولی که در مفاهیم به وجود آمده نیز نیازمند است.

اینترنت رسانه تحول‌ساز

در جهان جدید رسانه‌ای آنچه واقعا جدید است اینترنت است. اینترنت تنها یک دستگاه ارتباطی تازه نیست. اینترنت مفاهیم مختلفی را متحول کرده است و بازشناسی این مفاهیم ما را از تکیه بر مفاهیم عصر ماقبل دیجیتال آزاد می‌کند تا بتوانیم راهی متناسب با امکان‌های امروزین برای حل مشکل آزادی بیان پیدا کنیم. در واقع در پرتو ارتباطات وب امروز همه مفاهیم ارتباطاتی نیاز به تعریف مجدد دارند.

با تحولات تازه راهی که ژرونالیسم می‌رفت و پایه دموکراسی خوانده می‌شد دگرگون شده است. زیرا خود دموکراسی هم دگرگون شده است. در دموکراسی امروز بیش از هر زمان دیگری مردم نقش یافته‌اند. تحولات تازه صرفا ناشی از تحول در فکر و فلسفه سیاسی و تصمیم مدیران و رهبران یا تحول در اندیشه ژورنالیسم و آمدن ایدئولوژی‌های جدید نیست. بخش مهمی از این تحول از راه دگرگون شدن صنعت ثبت و ضبط و پخش صدا و تصویر و نوشتار اتفاق افتاده است. امری که ناشی از تحولات عصر دیجیتال و ارتباطات از راه وب است.

مخاطبی که صاحب رسانه است

پایه هر ارتباط رسانه‌ای مخاطب است. اما مخاطب امروز همان مخاطب دهه گذشته نیست. این مخاطب روز به روز نقش بیش‌تری در ساختن رسانه پیدا می‌کند. به یک معنا مخاطب امروز با استفاده از تکنولوژی جدید مخاطبی فعال و انتخابگر است و چون فعال است می‌خواهد در رسانه نقش داشته باشد و بر آن نقش بزند. بنابرین رسانه امروز ضروری است که مخاطب-محور باشد. اما اگر مخاطب محور رسانه قرار گیرد رسانه‌پردازی تنها یک رابطه یک‌سویه نخواهد بود. مخاطب امروز رابطه دوسویه را می‌طلبد. او را باید به حساب آورد و وارد میدان کرد و رسانه را به او سپرد. امروز ما با مخاطبانی سر و کار داریم که چه بسا خود صاحب رسانه‌اند. در زمانه ما از روز نخست تکلیف خود را روشن کرده بودیم. نویسندگان و مخاطبان ما بالفعل یا

بالقوه صاحب رسانه‌های کوچک و پرقدرتی هستند که وبلاگ نام دارد. این نویسنده-مخاطب همان رفتاری را ندارد که زمانی زیر سیطره رسانه‌های انحصاری داشت.

سوالاتی از این دست که آیا وبلاگ‌نویسی روزنامه‌نگاری است خود نشان می‌دهد که حوزه ژورنالیسم با تردیدهایی روبه‌رو شده است که ناشی از تحولی در حوزه قدیمی آن است. عناصر تازه‌ای وارد صحنه شده‌اند که باید برای آن‌ها نقش و جا تعریف کرد و رابطه آن‌ها را با دیگر بازیگران بازشناخت. به همین ترتیب سوال درباره اینکه روزنامه‌نگاری شهروندی اصلا روزنامه‌نگاری هست یا نیست نمی‌تواند بی‌جواب بماند و طبعا جوابی متکی به مفاهیم دوره‌های قبلی نمی‌تواند کافی شمرده شود. اگر سوالی مربوط به تحولی پرسیده می‌شود پاسخ ناگزیر باید آن تحول را در پاسخ خود گنجانده باشد. با نفی نمی‌توان به پاسخ قانع‌کننده‌ای رسید.

حاکمیت اندیشه ماقبل دیجیتال

سازمان ملل شعار خود را برای رسانه‌های آزاد «دسترسی به اطلاعات و قدرت بخشیدن به مردم» انتخاب کرده است. مایه‌های قدرت‌بخشی به مردم دست کم از یک دهه پیش وجود داشته است اما تنها در این اواخر امکانات و افق‌های تازه خود را نشان داده است و البته هنوز هم چندان که باید عمومی نشده است. نگاهی به رسان های جریان اصلی در بازار رسانه‌ای فارسی نشان می‌دهد که تصورات رسانه‌ای حاکم همچنان از مدل‌های کهنه عصر ما قبل دیجیتال تبعیت می‌کند. ساختار دیجیتالی ساختاری غیرمتمرکز یا بی‌مرکز است. اما این رسانه‌ها هنوز بر ساختارهای سانترالیزه متکی هستند و رابطه دفتر کار با ژورنالیسم هنوز مانند اداره است. آن‌ها کم‌تر چیزی از تحریریه مجازی می‌دانند و هنوز فکر می‌کنند کار از خانه بی‌معنا ست. از نظر آن‌ها کار همان است که در دفتر انجام می‌شود. در جهانی که رابطه کار با دفتر کار روز به روز گسسته‌تر می‌شود و هزاران هزار نفر خانه و دفترشان یکی شده است و تولید رسانه‌ای با

داشـتن یک دسـتگاه کامپیوتر ممکن اسـت این نـوع تمرکزگرایی یـادآور دفترهای کار در فیلم محاکمه کافکا سـاخته اورسـن ولز اسـت.

هستی‌شناسی تازه

دکتر محمدرضا نیکفر حدود ۱۲ سال پیش در مقاله‌ای درخشان و پیشگام که در نگاه نو (آبان ۱۳۷۵) منتشر شد نشان داده است که جهان جدید پس از اینترنت اصولا متکی به اندیشه هستی‌شناختی تازه‌ای است. او با تکیه بر نگره ژیل دلوز و فلیکس گاتاری توضیح می‌دهد جهان نو بر پایه هستی‌شناسی درختی متکی نیست بلکه هستی‌شناسی‌اش مانند ریشه افشان است: در اینجا ما نه تنها با یک ریشه بلکه با شبکه‌ای از ریشه‌ها سر و کار داریم. این همان سازوکاری است که مغز دارد. مغز دارای مرکز واحد نیست. نیکفر نهایتا به تعریف تازه‌ای از خرد می‌رسد: «خرد یعنی توانایی حرکت در شبکه». به معنای دیگر، خرد «توانایی گفتگو»ست. چنین مدلی بسیاری از مفاهیم را دگرگون می‌کند. خود او بهدرستی به اهمیت این دگرگونی در مساله دموکراسی و قدرت اشاره می‌کند: «دموکراسی سیبرنتیکی امکان پذیر است اما سلطنت مطلقه سیبرنتیکی ناممکن است.»

توانمندسازی مردم / مخاطبان فعال

رادیو زمانه به عنوان رسانه‌ای پیشتاز در بازار رسانه‌های فارسی همت اصلی خود را بر توانمندسازی مردم یا قدرت‌بخشی به ایشان گذاشته است. مردم مساله اصلی‌اند. آن‌ها هم تولیدکننده‌اند و هم مصرف‌کننده. هم نویسنده و برنامه‌سازند و هم مخاطب. زندگی آن‌ها مهم است و باید محور رسانه باشد. اهمیت آلودگی شهر اهواز و استان خوزستان بسیار بیش‌تر از انفجار بمبی از سوی طالبان یا القاعده است. این یکی هم مهم است اما زندگی روزانه مردم اهمیت فوق العاده دارد. انتخاب خبر با مردم است. محور خبر باید مردم باشند. آن‌ها هستند که تعیین می کنند چه چیزی اهمیت دارد. این است که برای رسانه جدید پرداختن به مردم زینت و تعارف نیست. پرنسیپ

است. اگر مردم خرمشهر هنوز شهر آباد و آب سالم ندارند باید رسانه به آن توجه کند. اگر اقلیتی از اهل دین مانند درویشان گنابادی تحت ستم قرار می‌گیرند ارزش رسانه‌ای فوق العاده دارد که به آن‌ها توجه شود. رسانه از آن دولت و حاکمیت و موافقان و مخالفان سیاسی‌اش نیست. رسانه باید آینه مردم باشد و قدرت را از ایشان بگیرد و قدرت آن‌ها را نشان دهد. سانسور بی‌معناست. مردم خود می‌دانند که چه می‌خواهند. یا دقیق‌تر: چه‌ها می‌خواهند؛ چون آن‌ها گروه‌ها و گرایش‌های مختلف هستند. رسانه‌ای که مردم آن را از خود ندانند رسانه نیست. به این معناست که رسانه تنها در معنای خودمانی آن ارزش امروزین دارد. رسانه خودمانی می‌تواند به هر موضوعی که مردم به آن کنجکاوند از سیاست و هنر و ادبیات تا احزاب و جنگ و معیشت و زیبایی و سلامت و تفریحات بپردازد. اما نمی‌تواند برای مردم تعیین تکلیف کند یا به جهتگیری معینی در گروه‌بندی‌های رایج سیاسی تن دهد. حداکثر می‌تواند گرایش‌ها را نشان دهد. رسانه در این معنا پلاتفرمی است برای ایده‌ها و گرایش‌ها و مباحث. انتخاب با مردم است.

تنوع اصل پایه رسانه عصر دیجیتال

اگر قرار باشد رسانه در توانمندسازی مردم نقش بگیرد باید درهایش به روی مردم هم باز باشد و به خرد گفتگو میدان دهد. این البته به مخاطبانی هم نیاز دارد که پا به پای تحول مفاهیم متحول شوند. سقف ممکن آگاهی بخشی برای رسانه، حداکثر سقف ممکن آگاهی در مخاطبان آن است. اینجا هم رابطه دوسویه است. مخاطب مطلوب رسانه دیجیتال مخاطبی است که خود را عضوی از شبکه می‌بینند و از هر نوع حق انحصار برای خود پرهیز دارد. شبکه مدیریت و اخلاق خاص خود را می‌طلبد. نمی‌توان در شبکه خدایی کرد. زیرا اصولا شبکه بی‌مرکز است. رفت و آمد و بحث مرکز آن است. نمی‌توان کسی را از گفتن بازداشت. همه حق دارند اظهار نظر کنند. این چیزی است که تازه ممکن شده است. روزنامه‌نگاران روزآمد و متکی به خرد گفتگو ارزش

این امر تازه را برای متحقق ساختن دموکراسی درک می‌کنند. از طریق این دموکراسی رسانه‌ای است که اطلاعات ارزشمند هم تولید و تکثیر می‌شود. تنوع و فراگیر بودن رسانه‌ای که اصل و معیار موفقیت رسانه عمومی است ناشی از این خصلت است.

تمام این مشخصات که به‌سرعت مرور کردم به رسانه عصر دیجیتال خصلتی دموکراتیک می‌دهد. دموکراتیک بودن در نهاد این نوع رسانه است. روزنامه‌نگاران با درک عمیق‌تر از مفاهیم جدید رسانه‌ای می‌توانند به تحقق ایده قدرت‌بخشی به مردم کمک کنند.

http://zamaaneh.com/blog/04/2008/post_105.html

واقع‌گرا باش و ناممکن را طلب کن

بیست و هشت اردیبهشت هشتاد و هفت

انقلاب یک ابتکار است

جنبش می ۱۹۶۸ پس از چهل سال همچنان منبع الهام فعالان اجتماعی و مایه بحث‌های بسیاری است. این جنبش گرچه حضورش در فرانسه هنوز چندان است که رئیس جمهوری خواستار پایان بخشیدن به آن حضور است و این خود ده‌ها مقاله پاسخ گرفته است اما تنها بر فرانسه تاثیر نگذاشته است. این هم درست است که می ۶۸ خود برآمده از حرکت‌های دیگری در آمریکای دهه ۶۰ بود اما چندان تمایز و عمومیتی پیدا کرد که دیگر جنبش‌ها همچون مقدمه برای آن به شمار آمدند و همه چیز به نام آن ختم شد.

جذابیت جنبش ۶۸ گذشته از تاثیراتی که در زمان خود داشت ناشی از اندیشه‌های آزادیخواهانه‌ای است که از آن نمایندگی کرد. اندیشه‌هایی که هنوز هم تازگی دارند. از این منظر، جهان مدرن هنوز از اندیشه‌های این جنبش فرانگذشته است تا بنمایه‌های فکری آن به تاریخ پیوسته باشد. به عبارت دیگر، مانیفست‌های اغلب خودجوش ارائه شده در جنبش ۶۸ هنوز کارکرد دارد و مساله نسل‌های نواندیش است.

همه ما عناصر «نامطلوب» هستیم

جنبش ٦٨ تاثیر شگرفی بر جهان مدرن گذاشت و بر اندیشه اجتماعی و سیاسی ایرانی نیز سخت موثر افتاد. میان آن جنبش و انقلاب ۵۷ تنها ده سال فاصله است. این دهه تماما زیر نگین شورشگری ٦٨ بود. سال ایرانی جنبش ١٣٤٧ است. این همان سال‌هایی است که نطفه اندیشه مبارزه انقلابی و چریکی در ایران بسته می‌شد. دو سال بعد جنبش سیاهکل پیش آمد. گروه‌های چریکی پایه‌گذاری شد. سخنرانی‌های شریعتی از سال ٤٩ اوج پیدا کرد. فضای فرهنگی به‌تدریج تغییر کرد و فرهنگ اعتراض عمومی شد و جذابیت یافت و از طریق کار هنرمندان و نویسندگان و شاعران و روشنفکران به فرهنگ عمومی طبقات شهرنشین تبدیل شد. ترانه‌های معترض و سیاسی دهه ۵۰ شمسی شاهد خوبی برای این عمومی شدن فرهنگ اعتراض است. چیزی که به خانه‌های مردم راه یافت و مردم آن را بی‌زور و دگنگ پذیرفتند بی‌گمان راه آینده را رقم خواهد زد.

نمی‌خواهد مرا آزاد کنی - خودم این کار را بلدم

جنبش ٦٨ جنبشی در مقابل اتوریته‌های سنتی و خفقان‌آور بود. انقلاب ایران هم با نفی چنان اتوریته‌های جاافتاده‌ای آغاز شد ولی اتوریته‌های سنت‌گرای تازه‌ای بر جامعه حاکم شد. سلطنت رفت اما شریعت به جای آن نشست. این شاید در جامعه ایرانی که رهبری تاریخی‌اش میان سلطنت و شریعت تقسیم شده بود نتیجه‌ای طبیعی بود اما روح جنبش نابود نشد و طی سه دهه بعد، از زیر ضرب اتوریته‌های مطلق‌اندیش بیرون آمد. جامعه امروز ایران یکی از ضداتوریته‌ترین جوامع جهان است. فشار نظامی و سیاسی اتوریته حاکم جامعه را ذره‌ای و بی‌مرکز کرده است گرچه همزمان اعتباری هم برای خود باقی نگذاشته است. درست مثل جنبش ٦٨ نه تنها دولت اعتباری ندارد که اپوزیسیون آن هم از اعتبار برخوردار نیست. ناچار راه مردم راه دیگری شده است. آنچه زیرپوست جامعه ایرانی جریان دارد به ناگزیر امروز یا فردا به یک جریان آشکار و غالب تبدیل خواهد شد که نیازی به ریاکاری برای پنهان کردن خود نخواهد داشت.

سودای ویرانگری لذتی خلاقانه است

آنچه امروز در جامعه ایران می‌بینیم نوعی افراط و آنارشی است که مجنون‌ها و شیفتگان تازه‌ای برای تغییر به میدان خواهد آورد. جنون مرزهای محافظه‌کاری را در هم خواهد شکست چنانکه در جنبش ۶۸ کرد. فشار حاکم در ایران بسیار شبیه فشار حاکم در جامعه فرانسه آن سال‌ها ست. حاکمانی که نسل جنگ بودند. این فشار، در واکنش، به نوعی میل مهارناپذیر برای تغییر تبدیل شده است. طبعا جوانان بیش از همه آمادگی تغییر دارند. چون آماده رفتارهای ضداتوریته‌اند. رفتارهایی که از چشم محافظه‌کاران حاکم غیرمتعارف ارزیابی می‌شود و تمام تلاش آن‌ها را برای مهار این خلاف عرف‌ها برانگیخته است. چالش واقعی میان فرهنگی است بسته به روی شادی و زندگی و صلح که می‌خواهد به هر نحو شده خود را رسمیت ببخشد و حاکم کند و فرهنگی دیگر که هرگونه رسمیت را طرد می‌کند. می‌خواهد شاد و ساده و صمیمی باشد. هرقدر فرهنگ رسمی از خلاقیت و تخیل فعال دورتر می‌شود و عبوس بودن و خشک‌اندیشی‌اش با خشونت روزافزون همراه می‌شود فرهنگ غیررسمی و رسمیت‌گریز در شیوه‌های بقای خود خلاق‌تر و فعال‌تر و قدرتمندتر می‌شود. گویی مانند بچه‌های ۶۸ شعار می‌دهد که تخیل را باید بر مسند قدرت نشاند و کلیشه را از مسند تاراند. چه در عرصه موسیقی و چه در عرصه رسانه و فرهنگ و رفتار. «آینده تنها حاوی چیزی خواهد بود که ما امروز درونِ آن بگذاریم.» سرشار کردن آینده از کسانی که دچار فقر تخیل‌اند بر نمی‌آید.

به زودی در این مکان: ویرانه‌هایی جذاب

جنـون خـلاق پایـه و مایه همه حرکت‌هـای بـزرگ اجتماعی و هنـری و فرهنگی اسـت. پایـه و مایـه تجربه‌هـای بـزرگ اندیشـه خلاف-آمد اسـت. هر قـدر تجربه بزرگ‌تـر جنـون و تخیـل بزرگ‌تـر. هـم بـرای فـرد و هـم بـرای جامعه پیشـرفت بـدون جنون‌هـای بـزرگ یـا مقطعـی ممکن نیسـت. طـرح انقـلاب داریـد؟ طرح جنـون نداشـته باشـید آب در هـاون می‌کوبیـد. انقلابتـان فـردی اسـت؟ اجتماعی

است؟ قومی است؟ دینی است؟ علمی است؟ هر چه هست به جنون نیاز دارید. مدنس، دیوانگی، جنون، جن زدگی، شیفتگی، نامتعارف بودن، متمرکز و مستغرق شدن، ریاضت کشیدن، رژیم‌های سخت غذایی و بدنی و روحی و ارادی به خود هموار کردن، رفتار خلاف-آمد عادت کردن، ضدتابو بودن، تحمل شداید کردن و دم نزدن، راه معشوق با ابرو روفتن و چله نشستن همه این‌ها و بیش از این‌ها رنگ جنون دارد و همه نام‌های مختلفی است که بر جنون می‌گذاریم. جامعه با جنون راه خود را باز می‌کند. زیرا جنون عقل منجمدشده را پس می‌زند.

درگیری سرچشمه هر چیزی است

انقلاب ایران نمایشگر جنون بود. در این سخن که همه دیوانه شده بودند حقیقتی هست. شیفتگی بر همه مسلط بود. کور و کر شده به یک چیز فکر می‌کردند. حرف ناصحانی که دیوانه نشده بودند را نمی‌شنیدند. جنبش ۱۹۶۸ هم دیوانگی بود. به هم ریختن همه قواعد زندگی اجتماعی و سیاسی و خانوادگی بود. ناراضی‌ترین بخش جامعه می‌خواست یکبار دیگر همه ارزش‌ها را بازسنجد. این‌ها جوانان بود. آن‌ها آینده‌ای در جامعه محافظه‌کار و گذشته‌نگر برای خود نمی‌دیدند. شورش و انقلاب و آنارشیگری را پیشه کردند.

افکار آرزومندانه را تمرین کن

اما همه جنون‌ها راهی به دهی است؟ بسیاری از ما می‌دانیم حتی به غریزه که باید مجنون بود تا حرف جدید آورد اما اگر چه همه آن‌ها که حرف جدیدی دارند دیوانه‌اند و به قول فروغ دیوانه‌وار دوست دارند اما هر کسی که دیوانه‌وش بود لزوما مجنون اصیل با حرفی برآمده-از-دل-و-جان که او را پریشان کرده باشد نیست. دیوانگی روش عاقلان نیست. روش دیوانگان رویاپرداز است. عاقلانی هستند که می‌خواهند از به دیوانگی زدن خود راهی بازکنند اما این آن نیست که باید. صنعت کردن است و

در عشق و تجربه اصیل فراز کردن. دیوانگی آزادسازی از هزار بند امر متعارف است. گذشتن از امروز ملال آور و رفتن به سوی آینده نامعلوم اما جذاب است. طرد کردن قانون‌های منجمد و کهنه و مدل‌های تجربه شده است. نداشتن مدل است. اکتشاف و شهود آزاد است. جرات داشتن است برای نظر و عمل. و منتظر نماندن برای آمدن آن قهرمان نجات‌بخش. این ساختن آینده‌ای است که در آغاز ناممکن به نظر می‌رسد. «هر چیزی را که به تو درس داده‌اند فراموش کن. با رؤیاپردازی شروع کن.»

....

تیتـر و میـان تیترها و جمـلات داخل گیومه از شـعارها و دیوارنوشـته‌های می ۶۸. بـرای گزیـده‌ای از صدها شـعار آن دوران بنگرید بـه: MAY 1968 GRAFFITI

http://zamaaneh.com/blog/1968_/05/2008.html

سلام

سه پاراگراف آخر آموزنده است. ممنون.

آرش , May 17, 2008

....

مـن هیـچ کـدوم از ایـن دوتـا -بـه زعم شـما- انقلاب و ندیـدم و آن طـور که مطالعه کـردم کوچکتریـن ارتباطی بین درخواسـت دیکتاتوری کمونیسـتی یک مشـت سوسـول فرانسـوی و آزادی خواهی نیسـت و هرگز نمی توان اسـم انقلاب بر آن گذاشـت! انقلاب ایـران هـم فاجعـه ای از خسـتگی مردم از خوشـی هاشـان اسـت که خب جنونـی بود که

ما - نسـل هـای آینـده - بایـد بدبختی اش را بکشیم! در این که رادیوی شـما به اندیشـه
هـای چپ تمایل دارد شـکی نیسـت ولـی خواهـش می کنم این توهمات را که ۲۰ سال
پیش فروپاشـید آزادی ندانید.

نماینده نسل سوخته , May 18, 2008

....

○ مهدی جامی شـناخت کاملی از شـما ندارم، حتی نمی دونم دقیقا چند سال داری، تو
را از زمانـی کـه زمانـه را پایـه گذاری کردی می شناسـم ولـی متنی کالبدشـکاف و تا این
حـد موجـز، گیرا و بنیادین آنهم در رسانهها کم پیدا می شـه. آرزو می کنم بتونی شـرایط
رو اونطـور کـه برازنده یک رسـانه آزاد هسـت ، اداره کنی.

بابک نظری , May 18, 2008

....

○ سـلام. هـر لحظـه منتظـر بـودم یـک بیت از مولانـا هـم بندازیـد وسـط نوشـته، کـه
خوشبختانه انتظـارم بـرآورده نشـد. حـالا از شـوخی گذشـته، ایـن را از کجـا آوردیـد:
«جامعـه امـروز ایـران یکـی از ضداتوریته ترین جوامـع جهان اسـت». ایـن از اون جمله هـا
اسـت کـه معمولا از دهان احمدی نژاد شـنیده می شـود. تـازه، اگر خودتان هم به راسـتی
بـه ایـن ادعـا بـاور داشـتید، از منبـر بـا مخاطبین صحبـت نمی کردیـد. بـا ایـن جمله هـای
خـود توجـه کنید:

«طـرح انقـلاب داریـد؟ طـرح جنون نداشـته باشـید آب در هـاون می کوبیـد. انقلاب تان
فـردی اسـت؟ اجتماعـی اسـت؟ قومـی اسـت؟ دینـی اسـت؟ علمـی اسـت؟ هر چه هسـت
بـه جنـون نیـاز داریـد» یـا «افـکار آرزومندانـه را تمرین کن»!

روی سـخن شـما بـا جامعـه ی ضد اتوریته نیسـت، بلکه رو به کسـانی اسـت که در جواب
شـما بگوینـد: چشـم! هرچی شما بفرمایین!

مانی ب , May 19, 2008

صراحت رسانه‌ای

بیست‌وشش خرداد هشتاد و هفت

بـا همـه گرفـت و گیرهـا و تـلاش دولـت بـرای سانسـور رسـانه‌ها و چرخانـدن گـردش اطلاعـات بـه نفـع دولـت و لاپوشـانی بحران‌هـا و دسـتوری کردن شـیوه پوشـش یـا عدم پوشـش خبرهـا و به طـور کلی تبدیـل روزنامه‌نگاران بـه پیروان و بـه بـه گویان دولـت، فضای روزنامه‌نگاری ایران مرتبا در حال بازتر شـدن اسـت. ایـن موضـوع دیگـر امـری صرفـا اصلاح‌طلبانـه هم نیسـت.

همیـن چنـد روز پیـش **مصاحبـه زمانـه بـا امیـر محبیـان** را در صفحـات زمانه خواندیـد کـه می‌گفـت رسـانه بایـد پیگیرانـه بـه مسـائل حـاد اجتماعـی بپـردازد و بـه قـ رل او افشـاگری کنـد. او می‌گویـد: «مـن معتقـدم کـه اگـر مـا یـک نهـاد مدنی قدرتمنـدی مثـل رسـانه‌ها داشـته باشـیم، کم‌تر مشـکل خواهیم داشـت.»

مـن بـه رسـانه قدرتمنـد معتقـدم؛ امـا بـه افشـاگری اعتقـادی نـدارم؛ چـون بر موضعـی بـودن صراحـت رسـانه‌ای متکـی اسـت. رسـانه بایـد صریـح باشـد؛ ولـی صراحت همیشـه بـه معنـای افشـاگری نیسـت. صراحـت نوعـی پیشـگیری ایجـاد می‌کند تا

کم‌تر به افشا کردن نیاز داشته باشیم. اما لازمه صراحت این است که اگر لازم شد دست به افشاگری هم بزنیم.

در واقع افشا کردن نوعی رفتار تبلویدی است؛ چون بر تحریک و ارائه اطلاعات یک‌سویه استوار است. اما صراحت پایه اخلاق رسانه است. صراحت شهروندان را آماده تجزیه تحلیل می‌کند؛ اما افشاگری، بیش‌تر نشان‌گر نوعی تضاد منافع در لایه‌های قدرت است. و البته در اغلب موارد یک‌سویه است و یک‌سویه هم می‌ماند. امری که رسانه را از جامعیت و نگاه همه‌جانبه دور می‌سازد.

اینکه صراحت ولو تحت نظام سانسور نمی‌میرد به این دلیل هم هست که بحران‌ها و مشکلات ایران امروز آن قدر فراگیر و عمومی است که قابل انکار و لاپوشانی نیست. یعنی هر حدی از سانسور یا تمایل به مخفی کردن مسائل از مردم نمی‌تواند روزنامه و رسانه را از اشاره به بخشی از دغدغه‌های عمومی بازدارد. هر قدر سانسور شدیدتر باشد اشارات فاش‌گو دارای درجه صراحت بالاتری دیده می‌شود. گفتگو از اموری که در یک نظام آزاد رسانه‌ای احتمالا امری معمول تلقی می‌شود، در تحت نظام سانسور جسورانه تلقی خواهد شد.

جنبه دیگر ناگزیری برای صراحت تغییر در ترکیب جمعیتی مخاطبان رسانه‌ها از نظر تحصیلات و انتظارات از رسانه و همزمان دسترسی وسیع‌تر آن‌ها به منابع مختلف رسانه‌ای است. بنابرین رسانه‌ای که بخواهد مخاطب داشته باشد، دیگر نمی‌تواند بازار رسانه‌ای را نادیده بگیرد و صرفا بهفرموده عمل کند. زیرا امروز اگر موضوعی در یک رسانه پوشش نگرفت، حتما رسانه دیگری پیدا خواهد شد که به آن بپردازد.

این نکته را رسانه‌های رسمی و نیمه‌رسمی ایران هم دریافته‌اند و می‌کوشند

که در انتقـال اطلاعـات بـه مخاطبـان خود طـوری رفتار نکننـد که آنها موضوع سانسورشـده را از دیگـران بشـنوند؛ زیـرا خطـر ایـن وجـود دارد کـه تحلیـل آن «دیگـران» جایـی بـرای خـود باز کند. پس بـرای عقـب نماندن از رقبا هم که شـده آنهـا خـود را تـا حـدودی بازتر از آنچـه انتظار مـی‌رود، نشـان مـی‌دهنـد. این البته از ارزش‌هـای تعـدد و تکثـر رسانه‌ای اسـت که رسانه‌های متمایل به سانسور را هـم خـواه ناخـواه دلیـر می‌کند.

گفتگوی عباس عبـدی، روزنامه‌نگار صریح‌اللهجه ایرانی با سعید حجاریان، تئوریسین گروه بزرگی از اصلاح‌طلبان در ایران شاهد خوبی برای بحث صراحت رسانه‌ای است. حجاریان با بازترین بیان ممکن از بنیادی‌ترین مشکلات جامعه و سیاست ایران حرف می‌زند. موضوع و انگیزه خود مصاحبه هم جالب است: «مدتی است که در خیابان، کسانی که احیانا من را می‌شناسند بعد از سلام و علیک می‌پرسند که آقای عبدی «آخرش چه می‌شود؟» این سؤال برای همه مطرح است.»

اولین پاسخ حجاریان به این سؤال غیرمنتظره است. او رابطه‌ای میان پاسخ به سـؤال و گرایش‌هـای آخرالزمانـی نشـان می‌دهـد: «از من هـم ایـن سؤال به کرات پرسیده مـی‌شـود. همین موج اسـت کـه گرایش‌هـای انتظار بـه موعـود را دامن زده اسـت. بعضی‌هـا بـه امیـد یـک دسـت غیب هسـتند. برخی دیگـر امیـد دارنـد که در انتخابـات بعـدی یـک کاندیدایـی پیدا شـود کـه وضعیـت را تغییر دهد.»

موضوع‌هـای مـورد بحـث حجاریـان و عبـدی از مهم‌تریـن مسائلـی اسـت که رسانه امروز باید به آن بپردازد. چنان‌که می‌توان گفت رسانه‌ای که دغدغه‌اش این دست مسائل نباشد، در واقع نقشی را که باید داشته باشد فراموش کرده است:

- مـردم از آینـده خـود هیچ تصویـری ندارند و احسـاس ناامنی می‌کننـد. در واقع بـه قول فرنگی‌هـا اکنون «سیسـتم غارت» وجـود دارد. وقتی فـرد در معرض غارت قـرار می‌گیـرد، بـه دنبـال یـک مامـن می‌گـردد. اینجاست که شـرایط بـرای ظهور

یک مستبد فاشیست مهیا می‌شود. البته دولت کنونی نه توان تامین امنیت را دارد و نه توان کنترل تورم را. وضعیت کنونی ما حاکم شدن نوعی هرج و مرج است. اوضاع حسین‌قلی‌خانی است.

- دولت دارد متلاشی می‌شود. کابینه از هم پاشیده است. به قول همایون کاتوزیان دولت کلنگی شده است. اکنون چند ماه از سال گذشته؛ ولی هنوز مشخص نیست که چند درصد به حقوق‌ها اضافه شده و یا بهره بانکی چه قدر شده است. اصلا چشم‌اندازی برای آینده وجود ندارد. در این شرایط دیگر سنگ روی سنگ بند نمی‌شود. این از علایم آخرالزمان است. گویی در هاویه افتاده‌ایم. چشم‌انداز تاریک است. درآمدهای نفتی هم این مساله را تشدید کرده است. دچار نوعی بی‌آیندگی شده‌ایم.

- باید ببینیم که چه عواملی باعث تغییر می‌شود. زمانی مردم مثلا در اعتراض به افزایش کرایه در اسلامشهر شورش می‌کنند؛ اما این شلوغی فایده‌ای ندارد. این‌ها عوامل گذرایی است که رفع آن برای حکومت مشکلی ندارد. ... خود دولت گفته که سال سختی را در پیش داریم. مشخص نیست که وضعیت در آخر سال چگونه خواهد بود. شاید آن زمان مطالبات گسترده‌ای مطرح شود.

- مقدار زیادی از پول نفت خرج سوبسید شده است. اوضاع امروز ما شبیه شرایط بعد از انقلاب ۱۹۰۵ روسیه است که نخست‌وزیر نظام تزاری اصلاحات ارضی اعلام کرد و با این اقدام طبقه متوسط را به نفع طبقه پایین قربانی کرد. سیاست‌های این دولت هم این است که تا می‌تواند حاشیه را برای خود داشته باشد و طبقه متوسط را قربانی این سیاست کند. با این اقدام ثبات خود را حفظ می‌کند.

- در جامعه طبقه‌ای داریم به نام «لمپن پرولتاریا» این‌ها حاشیه‌نشین‌ها و اقشاری هستند که هنوز ماقبل جامعه صنعتی زندگی می‌کنند. دولت تلاش دارد تا این طبقات را با خود همراه داشته باشد؛ چرا که تصور می‌کند در نهایت هم همین طبقات از موجودیت او دفاع خواهند کرد.

- آن‌ها (دولتیان) معتقدند که آمریکا در نهایت به ایران ضربه خواهد زد. مثلا

ممکـن اسـت در داخـل، حادثه‌ای شـبیه ۱۸ تیـر یا دوم خـرداد اتفاق بیفتـد و یا در منطقـه متحـدان آمریکا به ایـران ضربه بزنند. پـس اعتقاد دارند که بایـد برای حفظ خـود منابـع را تخصیـص دهیم. حال اگر صنعت نابود شـد هم مهم نیسـت. ببینید چقـدر خـرج هیات‌ها می‌شـود. مـن پریشـب در راه منزل دیدم که حجت الاسـلام پورچلویـی، یکـی از اعضـای تیم تـرور خودم، یک هیـات بـزرگ زده و کلی مردم را جمـع کـرده اسـت. بـا خودم گفتـم چقدر جالب اسـت. به من گفتنـد جانباز ۷۰ درصـد هسـتی؛ امـا هـم از دانشـگاه اخراج شـدم و هـم حقوقم قطع شـد. منظورم ایـن اسـت که در تخصیـص منابع، پـول را جایی هزینه می‌کنند کـه می‌دانند مدافع نهایی آن‌هـا خواهند بود.

- در داخـل سـاختار سیاسـی فقـط یک مشـکل در مقابـل دولت اسـت و آن هم روحانیون هسـتند. فشـار بـه روحانیت از جانب مـردم بالا اسـت. روحانیت پایگاه مردمـی دارد و فشـاری کـه به مردم وارد می‌شـود، عینا به روحانیت منتقل می‌شـود. مـردم بـرای تظلم‌خواهی و شـکایت به روحانـی محل مراجعه می‌کننـد و روحانی هـم وظیفـه دارد کـه آن را بـه مراجـع منتقـل کند. اکنـون اگر بـه دیـدن مراجع قم بـروی، همـه از گرانی گلـه می‌کنند.

- دعـوا میـان روحانیـت و نیروهـای نظامی بر سـر تقسـیم منابع اسـت. منابع را دیگـری مصـرف می‌کنـد؛ امـا روحانیـت باید به مـردم جـواب دهد.

متـن کامـل گفتگو را که برای شـهروند امـروز انجام شـده در وبلاگ عباس عبدی بخوانید.

من در مقام تحلیل سخنان حجاریان نیستم؛ اما از منظر رسانه‌ای می‌خواهم بر این نکته تاکید کنم که این حرف‌ها اهمیت فوق‌العاده‌ای دارد. نکات بالا بیش‌تر تئوریک است؛ اما باقی گفتگو هم که درباره بازیگران سیاسی است به همین اندازه صراحت دارد. حتی وقتی حجاریان نمی‌خواهد نظری را صریح بدهد، آشکارا می‌گوید که «الان نگوییم بهتر است. چون حزب نظر علنی و شخصی را ممنوع کرده است.»

جامعــه ایـران تمایل مهارناپذیـری بـرای صراحت رسـانه‌ای پیدا کرده است. این می‌توانـد راه درمانـی بـرای دوزبانگی مزمن ایرانـی باشـد کـه در طـول سـه دهـه گذشـته تشـدید شـده اسـت. از زمانـی کـه گروه‌هـای مختلف مـردم ایران شـروع کرده‌انـد از نظـام دوزبانـه حاکـم و اخـلاق پنهان‌کارانـه آن فاصله بگیرنـد، گرایش اجتماعـی روز بـه رشـدی بـرای صراحت بیان پیدا شـده اسـت. از موسیقی زیرزمینی تـا سـینمای اجتماعـی و از تحـولات در کلام دینـی روشـنفکران تا جسـارت‌های سیاسـیونی ماننـد حجاریـان و از صراحـت یافتـن خواسـت‌های زنـان و گروه‌هـای اقلیت دینـی و جنسـی تـا رواج فرهنگ وبلاگی همه و همه نشـان‌گر آن اسـت که جامعـه پرتکاپـوی ایـران مایل اسـت بـا فرهنگ تازه‌ای سـخن بگویـد. فرهنگی که سیاسـت و رسـانه‌های تـازه‌ای نیـز طلب می‌کنـد. تـازه یعنی در جهـت صراحت.

http://zamaaneh.com/blog/06/2008/post_107.html

گفتگوی خوبی بود

البته هنوز متن کاملش را نخوانده ام

محسن , Jun 18, 2008

متـن بسیار خوبـی بـود، امـا نکتـه مهم از نظـر مـن در این اسـت که متاسـفانه بخش اصلی جامـع ایرانی متشـکل از آن قشـر حاشـیه ایسـت. اخیـرا در اخبار آمـده حداقل ۱۰

ملیـون نامـه ارسـال شـده بـه احمدی نژاد وجـود دارد کـه وی هنوز بـه آنها جـواب نداده اسـت. ایـن آمـار بسـیار جالب توجه اسـت. می تـوان نتیجه گرفـت که کمـاکان احمدی نـژاد دارای آن طرفـداران اسـت. من فکر میکنم دور بعدی ریاسـت جمهـوری کماکان در اختیـار وی خواهد بود. البته متاسـفانه.

سامان , Jun 20, 2008

....

آقای جامی اگر اجازه دهید میخواهم کمی وارد حاشیه این بحث شوم جرا که ما باید اول تکلیف خود را با فردی به نام عباس عبدی روشن کنیم.

آقای عبدی به همراه آقایان میر دامادی ،اصغرزاده و بعدن موسوی خوئینی ها و... از سردمداران دانشجویان پیرو خط امام در اشغال سفارت امریکا بودند، عملی که تا امروز ملت ایران به سنگینترین وجه مشغول پرداخت تاوانش هست و صد ابلته کک ایشان که گزیده نمیشود هیچ اصلن به روی مبارک هم نمیاورند. انگاری او عبدی دیگری بود.

ملت ایران به یاد دارند که اسناد سفارت شده بود چیزی شبیه قوطی لوطی غلامحسین که به طرفه العینی از تویش شامورتی بیرون میامد.

هنوز سند مثلن جاسوسی دریادار مدنی درست در شب انتخابات و بنی صدر در هنگام عزل را از یاد نبرده ایم ولی، اسناد مذاکره آقای بهشتی با امریکائی ها سی سال بعد در میاید.

اشـغال سـفارت امریـکا راز هـای نا گفتـه بسـیار دارد که آقـای عبدی دموکـرات منش و دموکراسـی طلـب تـا کنـون در موردش هیـچ نگفته اند و حافظـه تاریخی مـردم ایران هم کـه قربانش بروم قرنهاسـت تخته اسـت.

بـرای بسـیاری چـون مـن تا ابعاد اشـغال سـفارت اسریکا که آقـای عبدی نامشـان را از آن دارنـد روشـن نگـردد دیگر بحث هـا فرعی و انحرافی اسـت.

شهاب , Jun 28, 2008

....

Dear omayo,
I agree that Mr. Abdi and his friends have done a very shameful act that we are still paying its consequences but please do not

forget that it may happen in every situation like those times. The question is why did the government resign and why didn't they insist in front of extremists? Why did Khomeini allow them to continue the Embassy occupation? Yes the problem comes from the governors in those days not the young nervous Muslims.

Jul 3, 2008 -- omayoun

....

قانونیست در ایران (و البته در بسیاری از نقاط دنیا هم)که انسان را دچار شگفتی میکند .

اعتراض و چپ گرایی همیشه از قشر متوسط جامعه آغاز میشود.قشر مرفه که...و اما قشر پایین تر...شگفتی اینجاست که این قشر بیشتر موافقین دولت را تشکیل میدهند. این قشر هیچ گاه نمی اندیشند به بی عدالتی که خدایشان در حقشان میکند و همیشه جهل و خرافات در این قشر مجال رشد میابد و هدف جمهوری اسلامی نیز همین است که بر جمعیت این گروه بیفزاید تا بدین وسیله از مخالفانش بکاهد.

شهره شفیعی , Jul 4, 2008

....

و البته کامنت قبلی در ادامه ی نظر سامان عزیز

و اما در رابطه با موضوع صراحت رسانه ای:

مسعله اینجاست که دولت نهم صریحا گند میزند بدون هیچ شرمی حتی .بنابراین لحن رسانه ها هم نیازمند صراحت بیشتری میشه

شهره , Jul 4, 2008

....

همایون گرامی

فراموش نکنید که جنگ ایران و عراق از عواقب گروگان گیری بود. جنگی که صدها هزار کشته و معلول و روانی روی دست خانواده هایشان گذاشت.

چرا خط لوله گازی که منطقی ترین راه گذرش از ایران است اینقدر پیچ و تاب بخورد و از جای دیگری بگذرد؟

نکتـه دیگر اینکه ،قصد اصلی اشـغالگران سـفارت به سـقوط کشـاندن دولـت موقت بود، کـه موفـق هم شـدند ولـی بعـدن در دعوای قـدرت شکسـت خوردند و منتقـد و مدعی شـدند. حـال هم کـه در این کسـوت دموکراسـی خواهی درآمـده اند.

من جوانی و انقلابی گری را دلیل کافی نمیبینم.

شهاب , Jul 5, 2008

....

◎ واسـفا بـر شـرایط حاکـم بـر رسـانه هـای ما، اخبـار هـای داغ در رسـانه هـای غرب در حـد تصـادف در اتوبـان و اعتصـاب صنفـی و ...اسـت. اماایران بسـان بمـب خبری در هـر موضـوع چـون سیاسـت ، اجتماعـی ، حـوادث و از همه مهمتـر شـتاب در رخدادها و واکنـش هاسـت کـه دائـم تـداوم و اثـر خبـری راهـم در پـی دارد. پـس کجا مـی توان دلخـوش بـه ایـن سـو سـوهایی کـرد کـه با هـزار تـرس و لـرز و زبان اشـاره و نشـانه به حواشـی اخبـار مـی پردازند.... حرف اینسـت که در مقایسـه میان حجم اخبـار قابل انتقال و محیـط کنجـکاو و پـر اتفـاق ایـران ، آیـا ایـن تلاش هـا می توانند فائق شـدن بر فشـار سانسـور را نمایندگی کنند.

استاد دانشگاه , Jul 9, 2008

....

◎ بـی نهایـت از ایـن وبسـایت خوشـم اومـد ...خیلـی خلاصـه و صریـح با تمـام موارد برخورد شـده بـود ...

موفق و پیروز باشید

عالی بود

Jul 14, 2008 -- sanaz

....

◎ سعدی: دروغ مصلحت آمیز به است از راست فتنه انگیز

آرش: راستِ فتنه انگیز به است از بنای فرهنگی دروغین

آرش شریف زاده عبدی , Ayg 29, 2008

به مناسبت دومین سالگرد آغاز به کار زمانه

از رنگ گل روی زمانه تا رنج خار باغبان‌هاش

پانزده‌مردادهشتادوهفت

معمولا مدیران بر اساس عرف جاری در مواقعی مثل سالگرد باید کلی داد سخن بدهند که دستاوردهای ما این‌ها بوده است و این هم آمار و ارقامش و خلاصه با روحیه مثبت و امیدوار و تلویزیون‌پسند ظاهر شوند.

من علاقه‌ای به این روش ندارم. گرچه از آن آمار و ارقام هم دارم که در مواقع رسمی‌تر استفاده می‌کنم. اما اکنون و اینجا با شما حرف دل و خودمانی بزنم.

ما در زمانه سختی زندگی می‌کنیم. پنهان کردنش از شما چه سودی دارد؟ من بسیار امیدوارم البته. اما بیمناک هم هستم. گاه ناامید هم می‌شوم یا در آستانه ناامید شدن می‌ایستم. مثبت بودن هم درست است. بدون نگاه مثبت آینده‌ای وجود ندارد. اما وقتی آینده‌هایی هم که وجود دارد می‌تواند مبهم و مه‌آلوده و چه بسا ویران‌گر باشد نادیده گرفتن آن و مثبت‌بازی تنها نمی‌تواند چندان دلربایی کند.

می‌شود گفت که بعد از دو سال حالا زمانه از آب و گل در آمده است. می‌شود

برایش کم‌تر نگران بود. همه بداخلاقی‌ها در قبال زمانه فروکش کرده است. هم کیهانی‌های عجایب‌المخلوقاتی زهرشان را ریخته‌اند و نتیجه نگرفته‌اند و هم زهرنویسان فولکس کرانتی بددهنی‌هاشان را کرده‌اند و فراموش شده‌اند.

زمانه تا دسامبر سال پیش سخت زیر ضرب بود از همه طرف. در سال جدید میلادی تا اینجا آسوده بوده‌ایم و مشغول به تحکیم مواضع و سازمان‌دهی بهتر نیروها! بهانه‌جویی‌ها و برچسب زدن‌ها گرچه تمام نشده، اما به غرغر زیر لب تبدیل شده است.

تا اینجا بد نیست. اما کار کردن در محیط ایرانی و برای رسانه‌ای ایرانی که می‌خواهد مستقل هم باشد مشکلات خودش را دارد. کار کوچک و بزرگ هم ندارد.

امشب **داشتم یادداشت چند خطی مدیر هفتان را به مناسبت سه‌سالگی هفتان و آغاز سال چهارم فعالیت‌اش** می‌خواندم. واقعا از شباهت حرف‌هایش با آنچه گاه من فکر می‌کنم در شگفت شدم. با خود فکر کردم او فرسوده محیط پرتنش داخل کشور است و احتمالا فکر می‌کند در بیرون از این خبرها نیست. باید بگویم نه این بیرون هم فشارها و تنگ‌نظری‌ها و بی‌رسمی‌ها و حسادت‌ها و رقابت‌های منفی و بدگویی‌ها آنقدر هست که فرسوده‌ات کند.

من می‌دانم که ما داریم تاریخ می‌سازیم. این حرف را از استادی ایرانی در آمریکا نقل می‌کنم که شاید راضی نباشد نامش را بیاورم. او در سمیناری در آکسفورد به همکار ما پرویز جاهد گفته بود که شما دارید تاریخ می‌سازید. تاریخ را تغییر می‌دهید. چیزی به این مضمون. قبول. من می‌دانم که ایده زمانه چگونه روز به روز با تیمی که از جنون نوشتن و رسانه پرداختن لذت می‌برد، ساخته شده و پرورش یافته است. می‌دانم که چگونه ده‌ها نویسنده برجسته و صدها نویسنده و برنامه‌ساز جوان با آموزش و آزمایش و خطا کار کرده‌اند و آموخته‌اند و زمانه را به رسانه‌ای تبدیل کرده‌اند که کسی

نمی‌تواند نادیده‌اش بگیرد. می‌دانم که همه این کارها را در دو سال کرده‌ایم و امروز با رسانه‌های جریان اصلی رقابت می‌کنیم و در برخی از جنبه ها اصلا قابل رقابت نیستیم و حرف اول بازار رسانه‌ای فارسی را می‌زنیم. اما اگر برایتان بگوییم که برای این جرعه که آزار کسش در پی نیست چه زحمت‌ها از دوستان سابق شده و دشمنان عقب‌مانده و دایگان دلسوزتر از مادر متحمل شده‌ایم و می‌شویم می‌بینید که این گنج بی‌رنج عظیم و کار سخت و درمانگر به دست نیامده است.

من و دوستانم امروز می‌کوشیم زمانه را به رسانه‌ای پایدار تبدیل کنیم. این برای ما امری استراتژیک است و ما هم و غم خود را برای آن گذاشته‌ایم. انتظار نداریم پارلمان و دولت هلند برای ابد از این طرح هر قدر هم که خوب باشد حمایت کنند. قرار ما هم این نیست. گرچه برای پایدارسازی به حمایت حامیان اولیه هم نیاز خواهیم داشت. اما باید از توانایی‌های کم‌تر کشف شده جامعه ایرانی و کارآفرینان ایرانی برای پایداری طرح‌های رسانه‌ای مانند زمانه بهره برد.

برای یک جامعه مدنی پایدار ما تردید نداریم که باید رسانه‌های پایدار وجود داشته باشد. تنوع رسانه‌ای بسیار خوب است؛ اما اگر این رسانه‌های متنوع امروز باشند و فردا خاموش شوند، سودی نخواهند داشت. باید این چراغ را روشن نگه داشت و به دست دیگری و دیگران سپرد.

اما می‌دانید این یعنی چه؟ یعنی با توجه به تجربه و سابقه فرهنگ سیاسی و اجتماعی ایران آرزوی محال کردن. در کشوری که هیچ رسانه‌ای پایدار نمانده مگر به سرنوشت کیهان - نعوذ بالله من عاقبه السوء - دچار شده که عین نابودی و نابودگی و ناپایداری است، چگونه می‌شود از دوام و پایداری حرف زد بدون آنکه بار عظیمی را بر دوش خود ببینی؟ پایداری رسانه‌ای یعنی شنا کردن در جهت خلاف این آب آشوبگر و مست و ناپایدار.

تقریبا ۲۵ پروژه برای مقدمات پایدار کردن زمانه طراحی کرده‌ایم و شماری از آن‌ها را به مرحله عملیاتی کردن نزدیک کرده‌ایم. این هفته اخیر حتی فکر می‌کردم اگر لازم شد بروم فیلمنامه‌ای را که در دست دارم تمام کنم و برای فیلم شدنش تهیه‌کننده پیدا کنم و از عواید ساخت آن برای زمانه خرج کنم. آخر هفته قرار است با دو دوست نازنین بنشینیم طرح‌هایی که آن‌ها فکر کرده‌اند را هم بررسی کنیم. هیچ سنگی را بدون جابه‌جا کردن و این رو به آن رو کردن رها نمی‌کنیم. همه گزینه‌ها را می‌سنجیم. اما آیا موفق خواهیم شد؟

باید بشویم. باید برای آینده زمانه سرمایه‌گذاری کنیم. این رسانه ماست. رسانه‌ای ایرانی که می‌کوشد از تجربه رسانه‌پردازی ایرانی بیاموزد و بر آن بیافزاید.

میان خون دل خوردن‌ها و سوء تفاهم‌ها و وزش بادهای هرز و گزش خارهای راه، دل ما به اتفاقات خوب خوش است که دوستان خوبند و بخت بلند برای آشنایی با دوستان خوبی که امروز هنوز در کمون ناشناختگی‌اند. یک حلقه فکری و مشورتی و حمایتی خوب ثروتی است بی‌بها.

ما فکر می‌کنیم نباید از رنجی که می‌بریم تا راه تازه خود را باز کنیم بیهوده بگذریم. رنج ما باید سودی داشته باشد وگرنه فرسوده و افسرده خواهیم شد و به خیل نابودگان خواهیم پیوست. مثل باغبان که خار هم که به دست‌اش بنشیند به امید پرودن گل تحمل بایدش تحمل ما تا وقتی است که هنوز امیدی برای پروردن داریم.

ما به کاری که می‌کنیم ایمان داریم. بدون ایمان نباید زیر این همه سنگباران ناملایمات ایستاده باشیم. کارهای کم‌خطرتر و پردرآمدتر و آسوده‌تر برای همه ما وجود دارد. اما معیار ما این است که یک کار گروهی ایرانی را موفق کنیم و موفقیتش را پایدار کنیم. این رمز نجات همه ماست.

نظرهای خوانندگان

◉ آقـای جامـی، یک ضرب المثل عامیانه (که بسیار معنی پر معنی هم هسـت) میگوید گربه محض رضای خدا موش نمیگیرد.

حـالا چـه طور شـده که پارلمـان دولت فخیمه هلند «دایـه مهربانتر از مادر شـده» وبه فکر دموکراسـی برای من جهان سـومی نشسـته بر گنج نفت و کم نصیب از آن افتاده اسـت؟ مـن صـدای امریـکا را دوسـت دارم چرا که بـه صراحت میگویـد که یک رادیـوی دولتی اسـت. ولـی بـی غـرض و مـرض بودن شـما و بی بی سـی تو کتـم نمیرود کـه نمیرود. راسـتش نمیدانیـم قسـم هـای چپ و راسـت شـما را باور کنیـم یا گزارشـهای اجق وجق برخـی از همـکاران را. ظل عالی مسـتدام

کوروش مهربان , Aug 5, 2008

....

◉ مهـدی جامـی عزیـز، تبریـک. واقعاً خسـته نباشـید که تا همیـن جا هم گل کاشـته اید و نمونـه یـک کار رسـانه ای جمعـی ایرانی به دسـت داده اید که نظیر نداشـته اسـت تا به حال. امیدوارم همچنان بالنده بمانید و به پایداری که حق تان اسـت برسـید. راسـت گفته آن اسـتاد. دارید تاریخ می سـازید.

سید حسام فروزان , Aug 5, 2008

....

◉ اسم پر معنایی را برای سایتتان انتخاب کرده اید..

زمان ما زمان نیست.. زمانه است..

زمانه برای من.. جایی برای نفس کشیدن..در ضمن خسته نباشید..ممنون.

Aug 5, 2008 -- raha

◉ بـا وجـود مشـکلات فراوانـی کـه متحمّـل شـدید و احسـاس رضایتـی کـه در کلامتان هسـت، و بـه خاطـر هـدف بزرگـی کـه داریـد، کمتـر جـای شـک باقـی میمانـد کـه زمانـه در آینده موفّـق نباشـد. با وجود اینکه کار در این کشـور هم مشـکلات خود را دارد، امیدوارم کـه بـا بهـره گیـری از مزایایـی کـه اینجـا هسـت بتوانیـد در راه خـود پایـدار و پیـروز باشـید. و امیـدوارم کـه در آینـده امـکان فعالیـت بیشـتر شـما در ایـران هـم فراهـم شـود بـدون در نظر گرفتـن اینکه چه سیسـتم سیاسـی حاکم باشـد.

Aug 5, 2008 -- farjam

....

◉ آقـای جامـی زمانـه بایـد پایـدار بمانـد. همـان طـور کـه گفتیـد شـما داریـد تاریـخ مـی سـازید. برایتـان آرزوی توفیـق دارم...

نیما , Aug 5, 2008

....

◉ خسـته نباشـید... زمانـه بیـن رسـانه هـای ایرانـی خـارج از ایـران واقعـا سـرآمد اسـت... کاش رسـانه ای تصویـری هم ماننـد زمانه وجود می داشـت...

شهاب , Aug 5, 2008

....

◉ من رادیـو زمانـه را دوسـت دارم خسـته نباشـید و به این امیـد که رادیو زمانه سـالهای سال به کار خود ادامه بدهد

Aug 5, 2008 -- kia

....

◉ سـخنان آقـای کـوروش مهربـان به نظرغیر منطقی وپـر از تناقض میرسـد.. چگونـه مـی تـوان تلوزیـون صـدای آمریـکا را صرفـا بر اسـاس اینکـه می گوینـد ما نماینده و شـعبه رسـمی مدیـا و رسـانه دولتـی آمریـکا هسـتیم دوسـت داشـت؟! اگـر منظورتـان ایـن اسـت کـه از صداقتشـان در اقرار بـه وابسـتگی به دولت آمریـکا خوشـتان امـده کـه چیـز غریبـی اسـت.. در ضمـن بارهـا و بـه کـرات در سـایت زمانـه دیـده و خوانـدهام

کـه فعالیـن سـایت بـه صراحـت دولت و پارلمـان هلنـد را تامین کننـده بودجـه اداره این سـایت معرفـی کـرده اندولـی جذابیـت زمانه برای بسـیاری بـر همین اسـت که منعکس کننـده دیـدگاه هـای دولـت هلنـد نیست..راسـتش مثـل اینجـا در هیچ کجا شـاهد چنین ظرفیـت وتحمـل ابراز عقاید وآرای طیفهای مختلف سیاسـی و اجتماعی گوناگون و حتی دشـمن نبوده ام.

ابـزار نظراتی از این دسـت نشـانه ناراحتـی بعضی ها از موفقیت زمانـه در جذب مخاطب وانعـکاس بـی غرض و مرض حقایق در ان اسـت..

چراغتان همیشه فروزنده باد

در ضمن حزب اله لبنان و حماس هیچ ابایی ندارند که بگویند پول بگیر دولت ایران هستند پس لطفا در کتتان بنمایید که هر کسی در دنیا نگاه خاص خودش را به قضایا دارد.

Aug 5, 2008 -- raha

....

◎ آقـای جامـی مقایسـه بیـن رایو زمانـه و کیهان شـریعتمداری مقایسـه جالبی نیسـت . هـر چنـد کـه از نظر منبـع مالی شـباهت زیادی وجـود دارد (هـر دو حمایـت مالی قوی پشـت سـر خود دارند .)شـما پایداری یک رسـانه ایرانی که از خارج هدایت می شـود را چگونه با پایداری رسـانه های داخلی مقایسـه می کنید . شـما لطف کرده و بگوید که آیا کارکنـان و برنامـه سـازان زمانـه حاضرند در صورت قطـع حقوق و مزایـا و امکانات مالی فـراوان .بـا هزینـه شـخصی خود زمانه را سـرپا نگه دارند ؟ اگر اینطور باشـد شـما در این پـروژه موفـق خواهیـد بـود و دراینصـورت واقعا تاریخ را می سـازید . (و مطمعن باشـید کـه تنهـا نمـی مانید) اما اگـر غیرازاین باشـد. گفته آن اسـتاد ایرانی در امریـکا را فقط می تـوان یک شـوخی یـا یک جـوک (مثل حرفهای آقـای نبوی)بحسـاب آورد.

با تشکر

آشنا , Aug 5, 2008

....

◎ آقـای جامـی، ضمـن عـرض تبریک دوسـالگی رادیـو زمانه، یـاد آوری تک بـودن کار

فرهنگی این رادیو و عمق مطالب، بجا و لازم است. برای من بسیاری از مطالب آموختنی و تعمق بر انگیزند.

برای شما و همکارانتان آرزوی موفقیت دارم.

با تشکر / مریم.ص

بدون نام , Aug 5, 2008

....

به شما تبریک گفته و برای اهالی نق شفای عاجل آرزومندم.

به این متخصصان منفی باف باید گفت بابا گرتو بهتر میزنی بفرما خبرت.

ینده ناقابل که شدیدا مبتلا به زمانه شده ام بحدی که جنبه تزریقی پیدا کرده .

جناب جامی همین منوال را عنایت فرمائید و بالاغیرتا مثل رستورانهای ایرانی در نیویورک در کیفیت کار پس از دوسال تقود نفرمائید.فعلا اول کار است و از توکل هم غافل نباشید.

حق جلوه دهاد

شیرازی , Aug 6, 2008

....

رادیو و سایت بسیار خوبی دارید. واقعا خسته نباشید.

دوستدار رادیو زمانه , Aug 6, 2008

....

من و پالتاک: شاید اگر مهدی جامی اندکی تجربه سیاسی ، بخصوص در طیف چپ را داشت اینهمه سختی را متحمل نمیشد. رادیو زمانه برای دفاع از خود ساعتها بحث کرد و ده ها صفحه مطلب نوشت . در حالی که تجربه نشان داده لزومی به اینهمه دردسر نبود که میتوانست این واقعیت را در نوع برخورد سازمان « فداییان اقلیت» به ماجرای مشابهش ببیند. آنها سکوت کرده، و با بی اعتنایی روی یک واقعیت مهم که بخوبی آن را میشناختند سرمایه گذاری کردند، آنها میدانستند این اپوزسیون انگیزه دنبال کردن هیچ چیزی را ندارد، آنها بخوبی میدانستند که رفقایشان را یا میتوانند

بخرنـد و یـا بـا بـی محلـی آنهـا را خسـته و سـاکت کننـد. کاری کـه کاملا موفق شـدند چـون خودشـان بخشـی از همین بـازی بودند و خوب میدانسـتند که مخالفین امروزشـان هـم تفـاوت چندانـی با خـود آنها نـدارد . بنابرایـن با وقاحـت کامل نه تنهـا هرگز حاضر بـه محکـوم کـردن همآوایـی سیاسـی و وابسـتگی مالـی اپوزسـیون چـپ با سیاسـتهای امپریالیسـتی نشـدند، بلکه کاملا پای همه چیز ایسـتادند و داسـتان را به مرور زمان موکول کردنـد . در دو سـال پیـش یکـی از همانها بما گفـت « زور بیخود میزنید، تا یکی دو سـال دیگـر هیـچ کس یادش نیسـت این ماجرا چه بود » و او درسـت میگفت. زمان گذشـت و همه چیز سـاکت شـد. دیگر کسـی نه انگیزه اعتراض را داشـت و نه منافعی که ادامه اش دهد. خبرگزاری زنانشـان که تا خرخره به دسـتگاه پلیس امنیتی و منابع مالی امپریالیسـتی وابسـته اسـت صیحـی و سـالم برقرار اسـت، با همـکاری با همـان پلیس تمـام اطلاعات را مخفـی نگـه میدارنـد و همانهایـی که روزی بازوهـای حافظ نظام سـرمایه داری معرفی میکردنـد امـروز بیش از همه از خودشـان و منافع مالی شـان حمایت میکنـد! ، درآمدهای نجومی اش هم پابرجاسـت، بخشـی از آنهایی که زمانی مخالف بودند آرام ارام خودشـان را بـه داخلـش خزاندنـد و سهمشـان را گرفتنـد و همـه چیـز به خیر و خوشـی بـه پایان رسـید. و این واقعیتی بود که «جامی ها» بعلت غیر سیاسـی بودنشـان آن را نمیدانسـتند ! امـروز کـه یکبـار دیگـر به این ماجرا نـگاه میکنیم میبینیم کـه رادیو زمانه ها بسـیار صادق تـر بودنـد، آنهـا کاری را کردنـد کـه هرگز قبحـش را نگفتـه بودند و هیچوقـت برخلاف اعتقـادات و ارمانهایشـان قـدم برنداشـتند، امـا برعکس قضیـه ، آنهایی که شـعارهای ضد امپریالیسـتی سـرمیدادند و بدنبال حکومت شـورایی بودند و از ظلم و استثمار کارگران در اروپـا و ایـران میگفتنـد. آنها بطرز وحشـتناکی کثیف بودند!

امروز وابسـتگی مالی اپوزسـیون به سیاسـتهای امپریالیسـتی که بر اسـاس یک نقشه معین سیاسـی پیش برده میشـود قبح و خجالتی ندارد. ده ها تجمع بواسـطه همین ارتباط اسـت کـه شـکل میگیـرد و همـه یـاد گرفتـه اند که همـه چیـز را مخفی نگـه دارند تا مشـکلی پیـش نیایـد. ایـن داسـتان آنقدر عادی و روزمره شـده که به تمام سـطوح بسـت پیدا کرده اسـت. وقتـی شـما به یـک آدم عادی سـاکن ایران بگویید کـه فلان جریـان از نظر مالی به

آمریکا وابسته است با تعجب نگاهتان خواهند کرد و میپرسند، « خب باشد» . و این بیدلیل نیست، چون آنطرف قضیه ای وجود نداشت که این نقش مخرب را توضیح دهد. فساد سیاسی در اپوزسیون، بخصوص چپ و کمونیستش بیداد میکند. قبیله های دور از مردم، فرقه هایی که یک خانواده در راسشان حکومت میکند، محافل قرون وسطایی ، دروغ و شعبده و کلاهبرداری، جعل خبر و عکس و تصویر ، سرقت مبارزات همدیگر، دزدیدن رفقای شهیدمان ، چپ های منفرد و مستقلی که نه منفردند و نه مستقل بکله تا خرخره به این وب سایت و آن وبسایت و این و آن آدم وابسته هستند جنبش کمونیستی ایران را به یک لجنزار متعفن تبدیل کردند.....

Aug 6, 2008 -- mano-paltalk

....

آقا مبارکه! برای من که تجربه ای بس ارزشمند است. آشنای گرامی مثل اینکه خبر از فری لانس های زمانه ندارید که تعدادشان کم نیست.

هادی , Aug 6, 2008

....

آشنا جان: من از ایران برای‌ات می‌نویسم. من وقتی برای یک پروژه‌ی کوچک به همکاری با زمانه دعوت شدم، حرفی از مواجب و پول پارلمان نبود. ببین عزیز من حرف دل خودم را می‌زنم و نمی‌دانم همکارانم چطور با مساله‌ی مالی کنار می‌آیند. یکی گفت: می‌آیی؟ هستی؟ گفتم: هستم. گفت: یا علی. به‌همین سادگی. چیزی که هست علاوه بر اشتیاق ذاتی‌ام به کار مدیا، اعتقادم به‌زمانه با تمام اختلاف نظرهای گاهی شدیدم است که آن‌را در حداقل جای‌گاه‌اش یک آزمون و خطای بزرگ برای داشتن رسانه‌ای آزاد اما با حفظ مبانی اصولی و زیر بنایی حقوق بشری می‌دانم. خدا را چه دیدی؟ شاید من یک‌روز با زمانه بالکل «اختلاف کاری» پیدا کنم و راه‌ام را جدا کنم و بروم سی خودم. این دوره‌ای که با زمانه کار کردم را به‌حساب همان آزمون و خطاهای دوره‌ی گذار ایرانی می‌گذارم و به آن هم افتخار خواهم کرد. من به شخصه از این که از وقت‌ام که بزرگ‌ترین سرمایه‌ی هر کسی‌ست را ولو اندک در مقیاس

شخصی و ذهن و هنرم را برای اعتلای ایران بگذارم بی جیره و مواجب حتی راضی‌ام.

مه‌دی‌ار , Aug 7, 2008

....

لطفا یکی کامنت **mano-paltalk**

رو به زبان و ادبیات رایج فارسی سال ۱۳۸۷

ترجمه کنه..منظورم مترجمی ازآدمهای دهه ۶۰ هست..فکرمی کنم بیشتر تشریح مشکلات و مسایل درون سازمانی بود.

Aug 7, 2008 -- raha

....

جناب جامی عزیز؛

درد دلهای شما را تنها اصحاب فرهنگ و ایران دوستان واقعی درک میکنند. برای من که سالهاست در رسانه های مختلف به دنبال حرفهای تازه و پویا در حوزه اجتماعی و فرهنگی میگردم؛ زمانه در مدت کوتاهی به یکی از محبوب ترین ها تبدیل شد و همچنان هست. برای شما و همه همکاران آرزوی پایداری و بهروزی دارم.

علیرضا صلاحی , Aug 8, 2008

....

درود بر شما و دو سالگی تان خجسته باد.

به نمایندگی از تمامی خوانندگان افغانستانی سایت تان، خواهش می کنم مطالب و گزارشهای تان را از افغانستان بیشتر کنید. گزارش هایتان از داخل افغانستان واقعاً ضعیف است و در خور سایت سنگین و حرفه ای مانند شما نیست. لطفاً مطالب تحلیلی بیشتری از افغانستان منتشر کنید. ما شاهد بوده ایم که شما اگر بخواهید مطالب تحلیلی از افغانستان داشته باشید، می توانید چنین کنید و خوب هم تحلیل می کنید، اما متاسفانه در این زمینه کم کار هستید. برایتان بهروزی می خواهم.

ثابتی , Aug 8, 2008

....

○ بـا تأخیـر رسـیدم بـه ایـن مطلب، امّا به شـما آقـای جامی و بـه همکاران شـما تبریک می‌گویـم. اگرچـه زمانـه در ایـران فیلتـر شـده، امّا فیـد زمانـه را دریافت می‌کنم و بیشـتر فایل‌هـای کسـت را می‌شـنوم. زمانـه بـرای مـن رادیوئـی اسـت کـه در ایـران نداشـتم تا گـوش کنـم و لـذّت رادیـو شـنیدن را کـه قبـلاً درک نکرده‌بـودم، زمانه به مـن داد.

زمانـه را کمتـر می‌خوانـم و بیشـتر می‌شـنوم. امّـا بعضـی از مقـالات بلنـد زمانـه آن قدر کشـش دارنـد کـه تنبلـی اینترنتـی هـم نمی‌توانـد مانـع از خواندن آنها شـود.

موفّق باشید و ماندگار.

مصطفی , Aug 9, 2008

....

○ ۲سالگی‌تان مبارک و رنج‌های‌تان کم‌تر باد...

نکتـه : تیتـر «از رنـگ گل روی زمانـه تـا رنج خار باغبان‌هـاش »بیش‌تر شـبیه به موضوع انشـاهای دوران دبیرسـتان اسـت تا یک تیتر ژورنالیستی

ح.ش , Aug 9, 2008

....

○ سلام،

کارتـون واقعـا عالیه. من هر روز به سـایت شـما یک بار سـر میزنم. بعضـی روزا که وقت دارم بیشـتر. متاسـفانه خیلـی وقت ندارم که سـایت‌های فارسـی دیگر رو بخونـم و کارها رو مقایسـه کنـم. ولـی می‌تونم بگم که نوشـته‌های شـما رو چـه اونهأی که باها شـون مو افقـم چـه مخالـف دوسـت دارم و منطقی و منصفانـه میبینم. تنـوع برنامه‌ها هم کـه زیاده و ایـن نکتـهٔ مثبتـی هسـت. قبـول دارم که با ایـن تنوع و ایـن کیفیت کار کـردن خیلی پر زحمـت هسـت. همینطور سـر و کلـه زدن با کامنت‌هـای عجیب و غریـب که بعضی هم بـه نظـر بی ربط میرسـن خیلی سـخته. ولی خوب اگه سـخت نبـود که کار جالبـی از آب در نمیومد. خیلـی هم ممنون.

در ضمـن یـک درخواسـت داشـتم. مـن گاه و بیگاه از جاهـای مختلف میشـنوم که برای خیلی‌هـا منبـع مالـی هر رسـانه مهمـه نه حرفی کـه می‌زنه. برای من شـخصا مهم نیسـت

برای همین خیلی دلیلش رو نمیفهمم. فکر کنم اگر شما این گفتمان رو باز کنید، تحقیق کنین مقاله ای بنویسید خیلی خوبه چون افراد با نظرات مختلف کامنت میذارند و بیشتر می‌شه این قضیه رو فهمید. به هر حال باز هم ممنون. موفق باشید.

بدون نام , Aug 10, 2008

....

درود بی پایان مرا بپذیرید. دست به قلم شدم تا در هزاران نقطه مطلبی بنویسم دیدم دوست خوبم از من پیشی گرفته است. مطلب او را آوردم و آنچه شاید او کمتر آورده بود، من به آن پرداختم. پاینده باشید.

هزاران نقطه , Aug 11, 2008

....

آقای جامی عزیز

به گمان من بزرگترین خطای بعضی از ما تایید تفکر تحولات انقلابی است. همیشه برایم این سوال مطرح بوده که با توجه به پشتوانه‌ی تاریخی و فرهنگی ایران ، چرا رفتارها، خواسته‌ها و آرمان‌هایمان انقدر به تشویش دچار شده و هیچ پیکره‌ی موزونی ندارد؟ درست مثل موجودی ناقص الخلقه، که هیچ کدام از اندام‌هایش تحت فرمان فرایند طبیعی رشد نیست. شاید به همین دلیل است که بخش‌هایی از بدنه‌ی این جامعه آنقدر کوتوله مانده که بیشتر شبیه تندیس‌های قرون وسطا است و بخش‌هایی از آن به قدری سریع و انقلابی تغییر کرده که بیشتر شبیه باد کنکی است بد قواره که با هیچ کجای این پیکره جور در نمی‌آید. در این مجال فرصت اثبات و مثال نیست. تنها نگاهی گذرا به اختلاف بین فرهنگ کوچه با آنچه من و شما دلایل روشنفکری میِ‌نامیم کفایت می‌کند. در همه‌ی امور و همه‌ی سطوح. از سیاست و دیانت گرفته تا سنت و مدرنیته‌ی مان. هیچ چیزش با هیچ جایش جور در نمی‌آید.

بالاتنه‌مان را با کت و کراوات پوشانده‌ایم و پایین تنه‌مان را با شورت مامان دوز.

خلاصه اینکه بنده گمان می‌کنم حد اقل در این مقطع از زمان، قبل از اینکه انتظار داشته باشیم این پیکره بدود، اول باید راه رفتن را بیاموزد و پیش از راه رفتن ایستادن

را یـاد بگیرد.
مشـکل مـا قبـل از هر چیز مشـکل تعـادل و تـوازن اسـت. چه در نقـد، چـه در رد و چه در تایید.
مـن معتقـدم از زمانـه باید تقدیـر کرد چرا که سـعی در ایجـاد تعـادل دارد. هرچند گاهی زیـادی انقلابـی مـی شـود و گاهـی هم زیـادی محافظـه‌کار. که البتـه این طبیعی اسـت و خطـا بخشـی از فرایند یک دگردیسـی منطقی اسـت.
منهـای نقدهایـی کـه مـن یـا سـایر دوسـتان بـه عنـوان یـک مخاطب بـر بخش‌هایـی از برنامه‌هـای زمانـه داریـم کـه گاه البتـه دور از انصـاف هـم نیسـت (مثلـن بـر مطلبـی که آقـای مجتبی پور محسـن در نقد شـاملو نوشـت و البته به شـدت شـبیه یـک هوچیگری ژورنالیسـتی بـود تا یـک نقد منصفانـه...)
همینکـه زمانـه بـه مـن ما مـی آمـوزد: که ثقـل جهان نیسـتیم و چیزهـای زیـادی باید یاد بگیریـم کفایـت می‌کند.
تردیـد نـدارم کـه مجموعـه برنامه‌هـای رادیـو زمانـه تاثیـر محسوسـی در ایجـاد فضـای جدیـدی داشـته کـه فقـدان آن سـال‌ها حـس می‌شـد.
دست مریزاد و خسته نباشید .
محمدرضا لطفی , Aug 11, 2008

....

○ مـن در پـایِ این نوشـتار کامنتی داشـتم که منتشـر نیز شـد امـا اکنون هر چـه نگاه می کنـم چیزی نمی یابم. حذف شـده اسـت؟
مخلوق Creature , Aug 22, 2008

....

● *مخلـوق عزیـز مـن چیـزی به یـاد نمـی آورم. برایـم عجیب اسـت که کامنت شـما منتشـر شـده باشـد و بعد حذف شـود چون معمـولا مدیریت کامنتهای وبـلاگ زمانه با خـود مـن اسـت. امـکان دارد دوباره کامنـت را بگذاری؟ بـه هر حال متاسـفم که چنین چیـزی پیش آمده اسـت. مهـدی جامی*

سیبِ عزیز!

مـن کامنـتِ زیـر را از فایل‌هـایِ ووردِ خـودم دوبـاره یافتم. (گرچه چنـدان هم نظرِ مهمی نبـود) راسـتش بـا این اتفاق شـک کـردم این کامنـت را برایِ کـدام یک از یادداشـت‌هایِ شـما ثبت کرده بودم. مطمئنم که در اندیشـه‌یِ زمانه (سـرزمینِ ناشـادِ دروغ) و در وبلاگِ سیبسـتان نبـود. پس گمان کنـم برایِ همین یادداشـتِ کنونی بوده اسـت:

راسـتش من از بالیدنِ زمانه بسـی شـادمان هسـتم! در واقع کم نبودند کسـانی که آینده یِ موفقـی بـرایِ این تجربـه‌یِ تازه نمی‌دیدنـد. زمانه توانسـت در گونه‌ای بی‌مرزیِ سیاسـی گام بـردارد (کـه خـوب و بـدش بحـثِ جدایـی سـت) اما در عوض بیشـتر بـه جنبه‌هایِ اجتماعـی و فرهنگـیِ جامعه‌یِ ایرانی بپردازد. قدرِ مسـلم آن اسـت کـه ارزش و نفعِ بودنِ زمانـه بـا نبـودش بـه هیـچ رو قابـلِ قیاس نیسـت. از کلیـتِ بهـروزیِ رادیو کـه بگذریم، اسـتمرار و تـلاشِ نوآورانـه‌یِ برخـی بخش‌ها کـه من بیش‌تر بـا آن سـر و کار دارم نیز به موفقیـتِ زمانه یاری رسـاند. به‌طورِ مشـخص عبدیِ کلانتری (برخـلافِ صفحه‌یِ مربوط بـه نیکفـر و اخیـراً خلجـی) در نیلگـونِ زمانه توانسـته به‌طورِ مسـتمر و با کوشـشِ پیگیر گونـه‌ای آگاهی‌بخشـیِ روشـنگرانه را بـه خواننـدگانِ خود ارزانـی دارد. ترجمه‌هـایِ او و متونـی که بـرایِ برگردانِ فارسـی برمی‌گزیند، موضوعاتی که برایِ نوشـتن به سـراغِ آن‌ها مـی‌رود و در کل تجربـه‌ای که در نیلگونِ زمانه توسـطِ او شـکل گرفتـه از موفق‌ترین انواعِ کارِ فکـری در حوزه‌یِ رسـانه اسـت. اسـتمرار و تـداوم هر چه بهتر نیلگـون همان چیزی بـود کـه برخی صفحـاتِ دیگرِ بخشِ اندیشـه (به دلایلِ مختلف) نتوانسـتند به آن دسـت یابنـد. در مـوردِ صفحـه‌یِ اندیشـه‌یِ زمانه نیز باید بگویـم گرایش به «تولیدِ انبـوه» از وزن و اعتبارِ این صفحه بسـی کاسـت.

مخلوق Creature , Aug 22, 2008

....

آقایِ جامیِ عزیز!

یـادم آمـد. حق با شـما بود. ایـن کامنت را نه بـرایِ این صفحه که بـرایِ صفحه‌یِ دیگری از زمانـه (مصاحبـه‌یِ نیک‌آهنـگ کوثـر بـا شـما به‌مناسـبتِ دوسـالگیِ رادیو) ثبـت کرده

بــودم. محتــوایِ کامنت تکراری اســت و چــاپِ دوباره‌اش تقصیرِ من اســت. بابتِ این حواسِ پریشان نیز متاسفم! چه‌بسا از آثارِ کهولتِ خاطر باشد.

مخلوق Creature , Aug 22, 2008

....

🔵 این سانسور و دیر کار کردن کامنت ها تون رو درست کنید تا بعد ...

یه شورشی , Aug 23, 2008

زمانه یک پدیده است

رضا امیررستمی

برگرفته از وبلاگ : بیداری

بیست و یک مرداد هشتا دوهفت

کاشفان فروتن زمانه

من رضا امیر رستمی را نمی‌شناسم. در واقع تا امشب نمی‌شناختم. نوشته او که در زیر می‌خوانید واقعا شوق انگیز است. او آنقدر خوب زمانه را می‌شناسد که انگار یکی از ما ست که در دفتر زمانه شب و روز نمی‌شناسیم و به پیشبرد کاری که بر عهده گرفته‌ایم مشغولیم: موفق ساختن یک کار گروهی ایرانی. بنا کردن رسانه‌ای مستقل که واقعا رسانه باشد نه حزب. واقعا بر عقل سلیم رسانه‌ای عمل کند نه بر اساس دستور و بخشنامه. جایی باشد که آزادی یک روزنامه‌نگار واقعی را داشته باشی. و کاری را بکنی که هیچ سیاستمداری نمی‌تواند. و هیچ روزنامه‌نگار سیاست‌زده‌ای هم نمی‌تواند. صدای مردم باشی و راه برای شنیدن صدای مردم باز کنی. من نوشته خوب او را در اینجا بازنشر می‌کنم و صمیمانه از او سپاس می‌گزارم. هر مخاطبی که زمانه را به همین خوبی بشناسد ما احساس می‌کنیم کارمان را درست انجام داده‌ایم و پیام مان منتقل شده است. از او دعوت می‌کنم هر وقت خواست برای رسانه خودش بنویسد. با این همه باید بگویم که با بعضی از گزاره‌هاش درباره رسانه‌های دیگر خارج از کشور موافق نیستم. دلیل بازنشرش در اینجا حرف‌هایی است که در باره زمانه نوشته است و نه حرف‌هایش درباره دیگر رسانه‌ها.

مهدی جامی

رادیـو زمانـه توانسـته کاری کند که هیچ رسـانه‌ای در خـارج از ایران نتوانسـته این کار را بکنـد. نـه اینکـه دیگـر رسـانه‌ها نتوانند، کـه نخواسـته‌اند، اما رادیـو زمانه از مـرزی رد شـده که هیچ رسـانه‌ای از ایران رد نشـده اسـت.

مطلق‌نگـری را می‌گذاریـم کنـار. اگـر ذره بیـن برداریـم از بهترین‌هـای ایـن دنیا هـم می‌تـوان هـزار و یک اشـکال و ایراد گرفـت. رادیـو زمانه، خوبی‌هایـی دارد و بدی‌هایـی. مثـل همـه چیز دیگـر. بـه دلیـل ایرادهایـش نمی‌تـوان خوبی‌هایش را نادیـده گرفـت و بـه دلیـل ویژگی‌هایـش نمی‌تـوان از آن ایـراد نگرفت.

شـاید عـده‌ای فکـر کننـد کار رسـانه‌ای خـارج از ایـران، راحـت اسـت. اینطور نیسـت. بـه هیـچ وجه. شـاید فکـر کنیـد در ایران سانسـور هسـت و در خـارج از ایران سانسـور نیسـت، اما اینطور نیسـت، همه جا سانسـور هسـت. نوع درگیری‌ها و فشـارها متفـاوت اسـت وگرنـه هـر دو سـختی‌های خودشـان را دارند.

بودجه، مشکل انگیزه و رقابت

مشـکل بزرگـی که رسـانه‌های خارج از کشـور با آن درگیر هسـتند، نبـود انگیزه و غیررقابتـی بـودن آن اسـت. بیش‌تـر رسـانه‌های خارج از ایـران، با بودجـه‌ای تامین می‌شـوند کـه بودجه‌دهنـدگان، انتظاراتـی دارنـد. صـدای آمریـکا، ابزار دیپلماسـی عمومـی وزارت خارجـه آمریـکا اسـت و بودجـه آن از وزارت خارجـه آمریـکا می‌آیـد. رادیـو فـردا، بودجـه خـود را از کنگـره آمریـکا می‌گیـرد و اهدافـی هم که کنگـره می‌خواهـد را باید دنبال کنـد. دویچه وله هم همینطـور، بودجه دولت آلمان را می‌گیـرد و ابـزار تبلیـغ سیاسـت‌های آلمـان به جهانیان اسـت. رادیو فرانسـه هم همینطـور. بـه عبارتـی همان مشـکل رسـانه‌های ایـران را دارنـد. به زبان سـاده تر، دلیلـی بـرای رقابـت نمی‌بیننـد. بودجه آن‌هـا می‌آید، چه کارشـان خوب باشـد چه بـد. مثـل روزنامـه ایـران و یا همشـهری یا رسـالت یا کیهـان. همه از پـول نفت در می‌آینـد پـس مهم نیسـت بفروشـد یا نـه، آگهی بگیرد یـا نه، مخاطـب جذب کند یـا نه. می‌توانند هر کدام بهترین باشـند، اما چرا باشـند؟ بوروکراسـی خـود را دارند

و در دایـره بانـد و باند بازی اسـیر.

در خارج از کشـور هم همین گونه اسـت. رادیو فردا یا بی.بی.سـی فارسـی و یا دویچـه ولـه یـا صدای آمریکا، نیـازی برای رقابـت ندارند. خوب یـا بد، ضعیف یا قـوی، کار خـود را ادامـه می‌دهنـد. تغییراتـی که گاه و بیـگاه در این رسـانه‌ها دیده می‌شـود، ربطـی بـه دیدگاه شـنونده و بیننـده و خواننده نـدارد. بودجـه آن‌ها تامین می‌شـود و تغییـرات، نشـان از جنگ قـدرت درون ایـن مجموعه‌ها، و یا دسـت به دسـت شـدن مدیریت‌ها دارد.

رادیـو زمانـه هـم از این قاعده مستثنی نیسـت اما آن چـه رادیو زمانـه را متمایز می‌کند، توجه به سـاختار اسـت ضمن اینکه حوزه هم دارد. این کار سـختی اسـت کـه هیـچ کس در رسـانه‌های خارج از کشـور به آن دسـت نمی‌زند. برخـی آن‌ها یا سـاختار ندارنـد و مدیریـت فردگرایـی دارند، مثل رادیو فرانسـه، یا ایـن که اصولن بـاری بـه هـر جهت هسـتندماننـد دویچه ولـه و یـا اینکـه تابعـی از زیرمجموعه هسـتند ماننـد بی.بی.سـی فارسـی. این‌ها بـدون هیچ گونه سـاختار عمـل می‌کنند بـرای همیـن نـه انسـجام دارنـد، نه قادرنـد حـوزه‌ای را درسـت پوشـش دهند. نه اینکـه نخواهنـد، امـا برای این کار باید سـاختار داشـت امـا این رسـانه‌ها، ندارند.

حـوزه کاری داشـتن هـم کار راحتی اسـت، چیزی کـه اکثر رسـانه‌های خارج از کشـور در فقدان سـاختار، به آن روی آورده‌اند. اما حوزه را سـخت می‌شـود جمع کـرد. بـرای همیـن رسـانه‌های این چنینی، توهـم گـزارش از هر چیز در دنیـا را در کار دارنـد. بی.بی.سـی فارسـی این گونه اسـت و رادیو فـردا هم همچنین.

حالا رادیو زمانه کار سـخت را می‌کند، یعنی هر دوی این‌ها با هم . هم سـاختار دارد و مشـخصات برنامه‌سـازی‌اش دارای هویـت اسـت، هـم اینکـه برنامه‌سـازان صاحـب حوزه هسـتند و می‌توانند در آن کنـد و کاو کنند.

امـا آنچـه در ایـن میـان نقش اصلـی و اساسـی را برعهـده دارد، وبسـایت رادیو زمانـه اسـت کـه از همـه رقبای خود یک سـروگردن بالاتر اسـت. یعنـی همه چیز دارد در حالـی کـه ممکن اسـت بـه نظر بیاید هیچ چیز نـدارد. در نگاه اول سـخت

به نظر می‌آید چون همینطور باید آدم در صفحه پایین بـرود. به نظر می‌آید همینطـور زیـر هم چیده شـده اما اینطور نیست. شاید در نگاه اول دلنشـین نیاید، امـا ایـن قـدرت را دارد کـه بیننده را بـه خود عـادت دهد. کماکان اگـر صفحه را از عمـودی بـه افقـی تبدیل کند، بهترین کار را کـرده اما این نقـص را با لوگوهای خوب جبـران کرده است.

کم‌تـر کسـی را می‌شناسـم کـه این روزهـا پای رادیو باشـد و رادیوهـای خارجی گـوش کنـد و بیش‌تـر ارتباط افـرادی کـه می‌شناسـم یا بـا آن‌ها گفت‌وگو کـرده‌ام، از راه وبسـایت این رادیوها اسـت.

وبسـایت رادیو زمانه، خودمانی اسـت. از سـر فخر نیسـت و خشـک و رسـمی هم نیسـت. لینک وبلاگ دارد، یعنی روی زمین اسـت، مثل بی.بی.سـی فارسـی و یـا کپـی ناقص آن، رادیو فردا نیسـت کـه اصلن انگار تـوی این دنیا نیسـتند.

بنرهایی که دارد راحت هسـتند. آرام آرام رو می‌کند که در چنته‌اش چیست. ماننـد یـک میهمان ماخوذ به حیا است. می‌گوید این برنامه‌سازان هسـتند. این برنامه‌ها، این کارها را می‌کنیم. به قدرت انتخاب مراجعه کننده، احترام می‌گذارد.

رادیو زمانه از تمام امکانات رسـانه‌ای برای مخاطب خود اسـتفاده می‌کند. از پادکست گرفته تا برنامه‌های ضبط شده و تا گزارش‌های تصویری. نه ادعا دارد که سی ان ان اسـت، نه مدعی اسـت که آسوشیتد پرس اسـت. آن چند حوزه‌ای که می‌تواند پوشـش دهد را در دسـتور کار دارد. سـنگ گنده بر نمی‌دارد، ادعای واهی هم سـر نمی‌دهد. حوزه‌هایش را هم مشخص کرده و به همان راضی اسـت.

هسته اصلی پدیده

این‌هـا البتـه همـه بیش‌تر مشـخصات بیرونـی و ارتباطی بـود. آن چـه بیش‌تر زمانه را پدیـده می‌کنـد، خطـی اسـت کـه ایـن رسـانه در پیش گرفته اسـت. ایـن خط را هیـچ رسـانه‌ای خـارج از کشـور نـدارد هـر چنـد همـه لاف آن را می‌زننـد. زمانه رسـانه یک نسـل اسـت و ارتباطی کـه با نسـل دیگر دارد. جوان می‌اندیشـد و جوان

بـه نظـر می‌آیـد اما هیـچ ابایی ندارد کـه موضوع و یـا زبان خارج از محدوده سـنی خـود را بپذیـرد. بـه آن می‌پـردازد امـا آن را مال خـود می‌کند.

زمانه سـعی می‌کند پلی باشـد میان ایرانی خارج از کشـور، ایرانی درون کشـور، کارشـناس و نخبـه خـارج از کشـور و تحصیلکـرده درون ایران. از ایـن پل بهترین اسـتفاده را می‌کند. زمانه نه در پی تغییر رژیم اسـت، نه در پی گسـترش دموکراسـی شـعاری و نـه در پـی خودشـیفتگی و تفرعـن. کار خـودش را می‌کنـد. قاعدتا البته بـرای ایـن کار بهـای سـنگینی می‌پـردازد. به آن می‌پـردازم که چـرا، اما تـا حالا که خـوب توانسـته این خـط را حفظ کند.

زبـان زمانـه، زبـان سـاده اسـت. بهتریـن چیزی که یـک رسـانه می‌تواند داشـته باشـد. قلمبـه حـرف نمی‌زند. همه زندگی‌اش سیاسـت و خبر سیاسـی نیسـت اما اگـر بخواهـد سیاسـی کار کند، سـعی می‌کند یک گوشـه را بگیرد و آن را درسـت کار کنـد، ایـن یکی از بهتریـن خصوصیات زمانه اسـت.

زمانـه بـه بهتریـن شـکل و بهتـر از همـه رسـانه‌های خارج از کشـور کـه ادعای تمریـن دموکراسـی دارنـد، ایـن روش را بـه کار می‌گیـرد. تریبونـش آزاد اسـت، تریبـون شـما هم آزاد اسـت (شـمای خواننده یا شـنونده یـا بیننـده)، می‌توانید نظر خـود را انتقـال دهیـد، هـر چند انصـاف در آن کم رعایت می‌شـود، اما بـه هر حال می‌توانیـد ایـن نظـر را منتقـل کنید. شـاید خیلی‌ها، از جملـه خودم بـا دیدگاه‌های نـادر فکوهـی موافق نباشـم، اما خوب اسـت. بایـد او حرفش را بزنـد، من هم باید حرفـم را بزنم، بـدون دعوای چـارواداری.

دیگـر ایـن که هنر تحلیل و یا نظـر دادن و یا کامنتـری Commentary در زمانه بهتر از هـر رسـانه‌ای تمریـن می‌شـود چون دایـره آن بسـته و محدود نیسـت. کامنتری بایـد بیـان شـود تا اشـکالات آن دیـده شـود. نمی‌تـوان در ذهن تحلیل کـرد. حتی کسـی کـه در تاکسـی تحلیل خـود را می‌دهد، به سـرعت می‌توانـد از دید مخاطب و ایـرادات و اشـکالات آن بـا خبر شـود. و البته ایراد هم هسـت.

هـر کاری هـم خوبـی دارد و هم بدی. ایـراد دارد و اشـکال. زمانه هم نقص‌هایی

دارد. زبان‌ها بعضی وقت‌ها تفاوت ویرایشی سنگین دارند. بعضی لغات منسوخ را کماکان می‌بینیم که استفاده می‌شود.

تبادل نظر و آرا یا Interaction در زمانه هر چند هست، اما منصفانه نیست. باید ناقد و یا نظر دهنده هم بتواند با همان ویترینی که نظر را خوانده، نظر خود را بدهد که البته همه نظرات را نمی‌توان این گونه عرضه کرد اما اگر عرضه در خوری باشد، ناقد در خور هم در کار خواهد بود.

مرگ رسانه

مرگ هر رسانه زمانی است که انگیزه و اشتیاق از آن گرفته شود. رسانه‌ای که به یک دستگاه اداری، یک بانک و یا اداره پست تبدیل شود، دیگر رسانه نیست. رسانه ساعت کار ندارد، چون خلاقیت و کار سخت است که رسانه را پیش می‌برد و نه ساعت کاری و زمان حضور و برگه حضور و غیاب. یک تیم خوب و دوستانه است که رسانه را قوی می‌کند، نه امکانات و بودجه.

آنطور که من شنیده‌ام، زمانه مجموعه‌ای است کوچک، بدون هیچ گونه ریخت و پاش اشرافی و محملی دوستانه. این را می‌توان از دسترنج کار دقیقن حس کرد. یک بدبختی بزرگ رسانه‌های خارج از کشور، گرگ‌هایی است که از هر سو نشسته‌اند و چشم به بودجه و امکانات رسانه‌ها دوخته‌اند. فخرآور اولین کسی نیست که می‌خواهد صدای آمریکا را صاحب شود. از این نوع جنس همه جا هست. همه می‌خواهند با بهانه‌های واهی صاحب رسانه‌ها شوند. در خارج از ایران هم مانند درون ایران، گروه‌ها سخت لابی می‌کنند. این همه گروه سیاسی، این همه مخالف، چند تا رسانه و همه از هر راهی تلاش می‌کنند رسانه را زخمی کرده و خود صاحب آن شوند.

حتما زمانه هم متهم شده که از نظام جمهوری اسلامی طرفداری می‌کند، حتما زمانه هم زیر فشار است که چرا آنقدر که باید ضد انقلاب نیست، و حتما زمانه متهم شده که در تغییر رژیم گام درستی برنداشته و از این روست

که هنوز خط خود را دارد و امیدوارم به این منوال باقی بماند.

این‌ها آسیب‌های جدی کار رسانه‌های خارج از کشور است. مدیریت زمانه در این حوزه بی‌نظیر عمل کرده و توانسته در این کوران جنگ‌های لابییست‌ها، خط خود را نگه دارد.

زمانه توانسته به آن چیزی برسد که جامعه رسانه‌ای ایران نه حالا، که سال‌هاست به آن محتاج است. نمی‌خواهد دنیا را عوض کنید، همین اتاق کوچک خودتان را مرتب کنید. زمانه تریبون بی‌تریبون‌ها است، زبان جامعه بسته است، ارتباط نسل‌ها است. مهم نیست که کارش خوب است یا نه، مهم این است که دارد این کار را می‌کند. آن ایرادهایی که به زمانه می‌گیرند، چیزی است که به مرور درست می‌شود وگرنه، سنگ بنا خوب است و باز هم می‌گویم، زمانه یک پدیده است.

دست مریزاد.

مطلب بالا را به راهنمایی یکی از کامنت‌ها در پای مطلب قبلی ***(از رنگ گل روی زمانه تا رنج خار باغبان‌هاش)*** *یافتم که نویسنده وبلاگ هزاران نقطه گذاشته بود. از او سپاسگزارم. در وبلاگ او هم* ***مطلب کوتاهی درباره زمانه آمده است که می‌توانید اینجا بخوانید.***

درباره نظر رضا که باید به ناقدان فرصت بازتر و برابری داد باید بگویم که در برنامه داریم که به زودی صفحه‌ای برای بازنشر کامنت‌های خواندنی باز کنیم و طبعا نقدهای مخاطبان.

امیدوارم قبل از پاییز همراه با تحولات دیگر زمانه راه بیفتد. – م.ج.

http://zamaaneh.com/blog/08/2008/post_112.html

نظرهای خوانندگان

دقایقی پیش داشتم کامنت‌های مطلب قبلی را می‌خواندم از طریق کامنت نویسنده‌ی وبلاگ هزاران نقطه به وبلاگ‌شان سری زدم و از آنجا هم این نوشته‌ی آقای رضا امیر رستمی را خواندم.

پیش از این‌که این مطلب منتشر شود.

داشتم با خودم فکر می‌کردم که ای کاش نوشته‌ی وزین آقای امیر رستمی را در سایت زمانه می‌گذاشتید، نه برای این‌که مخاطبان بخوانند! دوست داشتم همه‌ی دست اندرکاران زمانه آن را بخوانند.

من به عنوان یکی از اعضاء کوچک زمانه باید بگویم:

با این‌که همیشه فکر می‌کردم کارهای زمانه خستگی نمی‌آورد الآن هم بر همین باور هستم اما نوشته‌ی این دوست نادیده باعث شد احساس کنم نیروی تازه‌ای گرفتم، شوق‌ام برای کار بیشتر شد ...حس‌ام بیان شدنی نیست! فقط همین اندازه بگویم که سخت به دل نشست و از این پس به عشق چنین مخاطبانی با روحیه‌ی بهتری سعی در بهتر ارائه دادن کارهام خواهم داشت.

از نویسنده‌ی وبلاگ هزاران نقطه تشکر می‌کنم هم بابت مطلبی که خودشان نوشته‌اند و هم بابت این‌که باعث شدند مطلب آقای رضا امیر رستمی را بخوانم.

از همین‌جا به آقای امیر رستمی درود می‌فرستم و بهترین‌ها را برای‌شان آرزو می‌کنم.

از شما هم بابت انتشار این مطلب ممنونم

با احترام و دوستی

مینو صابری , Aug 12, 2008

....

⃝ دوستان عزیز زمانه، آقای جامی

شرمنده کردید. به دیگر رسانه ها پرداختم تا گوهر زمانه بهتر دیده و شناخته شود و می
خواستم مستدل تر و مستندتر بنویسم اما واهمه کردم که طولانی شود و تخصصی و حوصله
سر بر. از خانم صابری هم سپاسگزارم ولی باور کنید برای من هر روز کار شما اشک شوق
می آورد. صمیمانه به همه شما تبریک می گویم و خسته نباشید. مخلص همه شما هستم.

رضا امیررستمی , Aug 12, 2008

....

⃝ بـا پـوزش بسـیار، راسـتش ایـن همـه اظهـار محبت هـای شـدید و چند جانبـه بیـن آقـای
رسـتمی و گرداننـدگان «زمانه» خیلـی بوی رفیـق بازی میدهـد.

شما برای توجیه خود نیاز به شاهد ندارید.

پیروز شاد , Aug 13, 2008

....

⃝ زمانـی کـه مـن به صدای امریکا گوش میکردم! احساسـی به من دسـت میـداد که اینها
بلندگویـی در دسـت دارن کـه فقط جلـوی دهان کسـی میگیرن کـه فقط بتوانـد حدّاقل
یـک فحـش بـه ج.ا.ا. بدهند. حـالا تفاوتـی نمیکنه که اون طرف اصلاً اهل سیاسـت باشـد
یـا نـه. رادیـو فـردا هم که داسـتان خـود را دارد. ولی همچنان مشـتری BBC هسـتم و ... .
خوشـحالم کـه بـا خوانـدن زمانه همچین حسـی به من دسـت نـداده. با وجود اینکه من
هـم اشـتباهاتی دیـدم و نقدهایی داشـتم به برخی نویسـندگان زمانه ولـی در نهایت به این
فکـر میکـردم کـه با تجربـه و کمی فضا کـه زمانه برایه نویسـندگان مشـتاق فراهم میکنه،
ایـن ایـرادات شـاید زمانی برطرف بشـن و یا کمتر بشـن. و مـا هم داریم یـاد میگیریم که
دسـت از ایـده آل گرایـی بکشـیم و کمـی فضا و فرصت بدیـم به همدیگه.

Aug 13, 2008 -- farjam

....

⃝ آقای امیررستمی

نوشـته‌ی شـما پر از ادعاهایی اسـت کـه برای هیچ‌کـدام از آن‌ها اسـتدلالی ارایه نمی‌دهید.

اگـر منظورتـان ایـن اسـت کـه «خـود ایـن عطـر مـی‌گویـد چـه بویـی دارد»، پـس بـه نوشـته‌ی شـما هـم نیـازی نمی‌بـود.

مانی ب , Aug 13, 2008

....

◉ مانی ب،

من با وبلاگ چهاردیواری شما آشنا هستم و مواضع شما را هم از نوشته هایتان می شناسم. شما خواننده بیطرف به نظر من نیستید و موضع دارید. از آن نوع که هر چه می گویم باید همان باشد وگرنه خوب نیست. اگر منصف بودید در همان وبلاگتان با شما وارد گفت و گو می شدم اما با مواضع از پیش تعیین شده نمی توان وارد بحث شد. شرایط گفت وگو اگر داشتید، در وبلاگ بیداری حاضر به گفت وگو با شما هستم.

و خطاب به پیروز شاد،

من افتخار دوستی با هیچ یک یک از بچه های زمانه را نداشته ام، کاش داشتم.

رضا امیررستمی, Aug 13, 2008

....

◉ بـه نظـر مـن بهتـر اسـت جـای ایـن حرفهـا زمانـه خیلـی رک و راسـت و بـا توجـه بـه اینکـه بودجـه اش را دولـت هلنـد تامیـن میکنـد بـه مـردم ایـران بگویـد کـه ملـزم بـه در نظـر گرفتـن چـه الزامـات و خـط قرمـز هائـی هسـت. ایـن خـط قرمـز هـا را دولـت هلنـد تعییـن میکنـد یا اتحادیـه اروپا؟

این که از بیخ زیر هر محدودیتی بزنید که در باور من یکی نمی گنجد.

میدانید که، ما ایرانی ها به آن که پول چیزی را میدهد خیلی حساس هستیم.

پیروز شاد, Aug 13, 2008

....

◉ آقای امیر رستمی

این که من خواننده ی بی طرف هستم یا باطرف نظر شماست. البته من اعتراف می‌کنم که نسبت به تبلیغات برای بمباران اتمی ایران بی طرف نیستم و به بی طرفی خود می‌بالم.

امـا :

یک آدم «باطرف» به شما می گوید:

«نوشته‌ی شما پر از ادعاهایی است که برای هیچ‌کدام از آن‌ها استدلالی ارایه نمی‌دهید».

نوشته ی شما جواب این حرف نیست.

برای شما روشن است یا باید روشن باشد که این جا پیامگیر یک رسانه ی عمومی است که مخاطبان زیادی دارد. شما از این موقعیتی که رادیوزمانه در اختیار شما گذاشته است «سؤ»استفاده کرده مرا شخصی غیرمنصف با نظرات از پیش تعیین شده معرفی می کنید. شما که متخصص رسانه هستید، به نظر شما این یک نوع «ترور» رسانه ای نیست؟

تـروری کـه رادیوزمانـه از طریـق آن یکـی از منقـدان خـود را کـهماننـد شـما «بـه به»گو نیسـت، از میـدان بـه در مـی کند؟

مانی ب, Aug 14, 2008

....

سؤال:

منتشر کردن کامنت ها چند روز وقت می گیرد؟

مانی ب, Aug 14, 2008

....

مانی ب،

از آن جـا کـه خودتـان تاکیـد دارید که «با طرف» هسـتید، پس قاعدتن گفت وگو با شـما بایـد ماننـد کوبیدن سـر به سـنگ باشـد کـه من بـرای سـر خـود ارزش و احتـرام زیادی قایـل هسـتم. بقیـه حـرف هایتان هم تاکیدی اسـت بر حرف من که شـما بیطرف نیسـتید و بـا ایـن دو تاکیـد دیگـر جایی برای گفت وگو نمـی ماند. اما اگر احیانـن کمی از موضع خـود پاییـن آمدیـد، کامنت اول من در همیـن مطلب را بخوانید. من توضیـح داده ام که به چـه دلایلـی، جرییات و مسـتندات را ذکر نکـردم. گفت وگو، زبان بـدون بغض می طلبد.

رضا امیررستمی, Aug 16, 2008

....

سلام،

مـن خـودم هـم خـارج از ایـران زندگـی می کنـم، هیچ دل خوشـی هـم از آقایـون داخل ایـران نـدارم. ولـی نمـی دونـم چـرا هـر وقت که به سـایت شـما سـر می زنم، احسـاس یک رسـانه سـر سـپرده بهم دسـت مـی ده. احسـاس آدم هایی که پـول می گیـرن، تا اون چیـزی رو کـه کارفرمـا می گه بنویسـن، چاپ کنن، تبلیغ کنـن، و به ایرونیا بگـن: ببین.... این درسـته.

راسـتش رو بخوایـد چیـزی کـه باعـث شـد ایـن کامنت رو بـذارم عکـس روزتـون بود، آوارگان گرجـی. آخ آخ بمـی ریـم همه واسـه ایـن آوارگان گرجی که روسـیه بد بدجنس خونـه هاشـون رو خراب کرده، اسـباب بـازی بچه هاشـون رو سـوزونده، ....

دوسـت داشـتم یه روز رو سـایت شـما عکـس اون پدر عراقـی که بچه دوسـاله مرده اش رو بـرای آخریـن بـا مـی بوسـید می دیدم. دوسـت داشـتم عکس شـلیک کردن سـرباز اسـرائیلی به زانوی اسـیر فلسـطینی رو می دیدم. دوسـت داشـتم عکس مجلس عروسـی رو کـه امریکایـی ها تو جنوب افغانسـتان بمبارون کردن مـی دیدم.... عروس خانـوم رو... تو لبـاس خون آلـود...

دنیا جای بی عدالتیه، ولی مطمئم رسانه ای مثل شما به عادلانه تر شدنش کمک نمی کنه.

نام, Aug 17, 2008

هی اخوی که عکس روز حالت رو گرفته!

یـه دیقـه چشـت رو بـاز کن ببین همین زمانـه که هزار تا هم اشـکال داره تو این دو سـال چنـد تـا عکس از فلسـطین و عراق گذاشـته اونجـا می دونی بـرادر؟ بی انصافی. دسـت خودتم نیسـت. دلت از جـای دیگه گرفته.

محمود مانیان, Aug 18, 2008

بـه -- نـام: خب مشـکل تـو اینه که یه روز عکـس روز زمانه رو دیـدی در مورد کلش قضـاوت مـی کنی. همه اون عکسـایی کـه می گی هم در زمانه کار شـده و در موردشـون

مطلب نوشته شده. خیلی بده آدم اینطور چشمش رو بر روی یه بخشی از کار ببنده و فقط بر اساس یه بخش دیگه قضاوت کنه. من از این تنوع مطلب های زمانه لذت می برم اتفاقا که هم از آوارگان عراقی می گه هم از پناهنده های گرجی و هم از افغان ها.

بدون نام , Aug 18, 2008

....

من نفهمیدم به کدام دلیل مثلاً بی‌بی‌سی ساختار ندارد و باز به کدام دلیل زمانه ساختار دارد؟

تعریفِ ساختار، ملاکِ ساختارداشتن و نداشتن، دلیلِ بی‌ساختاریِ بی‌بی‌سی و دلیلِ ساختارمندیِ زمانه از جمله مواردی ست که در همین یک ادعایِ نویسنده باید تک تک روشن می‌شد اما همگی به ابهام رها شده است.

مخلوق Creature , Aug 23, 2008

....

آقای رضا امیر رستمی: «آسوده منم که خر ندارم .. از قیمت جو خبر ندارم.» زمانی بود که برای خواندن بخش « اندیشه زمانه» به اینجا سر می زدم ولی بعد از هجرت دسته جمعی خیلی از نویسنده گان دارای ستون مهره و نخاع این بخش از « زمانه»خیلی کمتر به اینجا سر می زنم. امروز هم از ارشیو اقای مانی-ب به این نوشته شما پرتاب شدم. اولا: شما مانی را به « طرف دار» بودن متهم کرده اید که انگار « طرفدار» بودن یه نوع جرم جدیدی است که جنابعالی کشف اش کرده اید. من تا آنجائی که میدانم فقط سیب زمینی ها « بی طرف « اند والا در این کره خاکی هیچ بشری نیست که « بی طرف» باشد. حتی آن فیزیک دانی که می خواهد ماهیت نور را بفهمد باید « با طرف» باشد برای اینکه حتی نور بی زبان هم رمز ماهیت موجی و یا ذره ای خودش را برای فیزیک دان « باطرف» افشا می کند. یعنی اگر فیزیکدان از قبل پیش زمینه ای نداشته باشد نمی تواند در عین حال هم موجی و هم ذره ای بودن نور را در یابد. فیزیکدان فقط می تواند یا موجی بودن نور را --- تمایل و طرفداری و باورش به ماهیت موجی نور-- را درک کند ویا ذره ای بودن اش را. -- با پیش زمینه باور و

طرفداری از ماهیت ذره ای نور----- فردی که خودش را کاملا «بی طرف» می داند وقتی که از خانه اش بیرون می رود کله اش باید مانند یه بالون تو خالی باشد. ایا شما هم کله تان را تو خالی حس می کنید.؟

در ثانی: در همین نوشته شما هم به « طرفداری» از زمانه پرداخته اید که نشان میدهد که خود شما هم « با طرف» تشریف دارید. البته همین اشتباه را اقای جامی هم کرده اند که در سایت سیبستان مرا به» قضاوت» متهم کرده اند ----- که من با افتخار ارتکاب این جنایت را قبول می کنم----که در همان نوشته خود ایشان بار ها در باره مانی قضاوت کرده اند. البته من قول داده ام که در سایت اقای جامی پاسخی برایش به نویسم.

سهند , Aug 31, 2008

گفتگوی انتقادی درباره زمانه

سی و یک مرداد هشتاد و هفت

مانی ب که وبلاگ چهاردیواری را می‌نویسد آنطور که می‌گوید خواننده ثابت من و زمانه است. او که به صراحت (و البته کمی تا قسمتی تلخی) در لهجه شناخته می‌شود، در یادداشت تازه خود به **نقد مطلبی که من در سالگرد زمانه نوشتم**، پرداخته است.

او می‌گوید: «رادیو زمانه به «ما» مربوط است. رادیو زمانه به «ما» مربوط است، زیرا هدف آن تاثیر در روند سرنوشت «ما»ست، زیرا دولت هلند برای تاثیر در ذهنیت جامعه ایرانی در این کار سرمایه‌گذاری می‌کند. و این حق بی‌بروبرگرد ماست که نگران باشیم، دخالت و نقد کنیم، حتی اگر اینجا و آنجا زیاده سخت بگیریم و پایمان از جاده انصاف لیز بخورد.»

دوستانی مانند امین عنکبوت و سیبیل طلا هم از یادداشت مانی ب استقبال کرده‌اند و فکر می‌کنند من به عنوان مدیر زمانه باید به پرسش‌ها و ابهامات او پاسخ بدهم. پاسخ به مخاطبان حرف درستی است. همیشه هم همین کار را کرده‌ام. زمانه بیش‌ترین نقد و نظرها را درباره خودش منتشر کرده است.

این یادداشت کوتاه اما در پاسخ به مانی ب نیست. قصد ندارم وارد مجادلات دونفره با دوستان وبلاگ‌نویس بشوم. شاید در وبلاگ شخصی‌ام چند کلمه‌ای با مانی بگو مگو کنم ولی در اینجا به عنوان رسانه عمومی فکر می‌کنم روش‌هایی مناسب مخاطب عام دربایست است. به هر حال حق دانستن و حق پرسیدن و پاسخ طلبی حق عمومی است.

بنابرین من می‌خواهم از این فرصت استفاده کنم و از مانی ب و سیبیل طلا و امین و دوستان وبلاگ‌نویس دیگر که نقد و سوالی دارند و پاسخ‌های خود را از روش کار زمانه نگرفته‌اند و یا سوالی که دارند از روش کار پاسخ نمی‌گیرد و اطلاعات دیگری می‌خواهد، سوالات خود را پای همین یادداشت بگذارند تا پس از یک هفته در یادداشتی دیگر به آن‌ها پاسخ دهم.

برای اینکه یک بحث جدی و گفتگوی ثمربخشی داشته باشیم و درگیر چهره‌های مخفی نشویم که معمولا در این میدان‌ها وارد می‌شوند و بحث‌ها را از نتیجه‌بخشی دور می‌کنند، من تنها به وبلاگ‌نویسان پاسخ می‌دهم که به هر حال با داشتن وبلاگ و نوشتار خود تصویری از آن‌ها در وبلاگستان وجود دارد و دارای وجهه‌اند و مسئول نوشته‌های خود هستند.

البته اگر دوستان دیگری هم که وبلاگ ندارند مایل‌اند سوالی طرح کنند، لازم است نام و دست کم ایمیل واقعی بگذارند یا اگر نخواستند کامنت بگذارند، به ایمیل من بنویسند. من به تک‌تک آن‌ها پاسخ خواهم داد:

m.jami@radiozamaneh.com>

سوال اگر برای «دانستن» و «ابهام‌زدایی» باشد، حقی است که در زمانه کسی آن را نادیده نمی‌گیرد.

http://zamaaneh.com/blog/08/2008/post_113.html

ba salam, be nazare man Radio-Zamane besyar wazin wa por-mohtawa ast. besyar az khandane maghalate aan, goftegoohaye aan, daastanhaye aan, wa kholase hame chiz estefade mikonam wa lezat mibaram. daste shoma dard nakonad wa khaste na-bashid. payande bashid.

Aug 21, 2008 -- jasmin

....

سلام

شاه بیت غزل «نبینی باغبان چون گل بکارد»

این بود :

ایـن هفتـه اخیـر حتی فکـر می‌کردم اگر لازم شـد بـروم فیلم‌نامـه‌ای را که در دسـت دارم تمـام کنـم و بـرای فیلـم شـدن‌اش تهیه‌کننده پیدا کنـم و از عواید سـاخت آن بـرای زمانه خـرج کنم.

جـون هـر کـی دوس داریـد در حیـن تاریـخ سـاختن آقـای جاهد بـا تماشـاگران محترم شـوخی نفرمائید .

در ضمـن تمـام منـو هـای رادیـو زمانه را زیـر و رو کردم هیچ جا نامی از شـما نیسـت ....

از نـکات مثبـت رادیـو زمانه این حسـتجو راحـت و ایندکس خوب نویسـندگان و برنامه سـازان اسـت. از تواضـع زیـادی اسـت یـا غـرور بیش از حـد نمی دانـم . گرچـه که می گوینـد هر دو از یک ریشـه هسـت .

در آخر آرزو دارم خانم اقدمی اشتباهات مرا مورد بررسی قرار دهند که الحق بهتریت است .

دوست قدیمی , Aug 21, 2008

یک دیالوگ فرضی:

الف: بیگانه دل‌اش به حال ما نسوخته و انتظار بازگشت چندین برابر سرمایه‌ای که می‌گذارد را دارد. رسانه‌ای که بیگانه به راه می‌اندازد هم از چنین قضیه‌ای مستثنا نیست. آن کس که در بازی‌ای شرکت می‌کند که پیشاپیش برای ما حکم باخت دارد یا درست نمی‌فهمد یا اصلاً از ما نیست: او هم بیگانه است و همراه با منافع بیگانه.

ب: بازی رسانه‌های خارجی با گرداننده و مخاطب فارسی‌زبان، لزوماً بازی برد و باخت نیست که سرمایه‌گذار خارجی با درایت و حیله‌گری ببرد و باخت ناگزیر نصیب گردانندگانِ فارسی‌زبان رسانه و مخاطبان آن بشود که فریب خورده‌اند. می‌تواند بازی با برد هر دو طرف باشد.

اگر مثلاً هنوز می‌شود فرد ایرانی با استفاده از پل و راهی که مهندسان آلمانی در ایران ساخته‌اند یا چاه نفتی که زمین‌شناسان انگلیسی یافته‌اند یا ذوب آهنی که روس‌ها راه انداخته‌اند و تجهیزات نظامی که امریکایی‌ها به ایران فروخته‌اند بهتر و سربلندتر و امن‌تر زندگی کند، چرا باید از رسانه‌ای که با سرمایه‌ی هلندی راه افتاده نگران بود؟ مهم این است که فکر و مدیریت ایرانی بتواند از این منابع درست بهره بگیرد. اگر جایی در جهان توسعه‌ای رخ داده با مدیریت درست همه‌ی منابع از جمله و به خصوص منابع خارجی بوده‌است.

الف: نخست این که رسانه با ذوب آهن فرق می‌کند. دوم این که ایرانی نمی‌تواند. به هر حال نمی‌گذارند مدیریت در دست ایرانی بیفتد. یا این که بالاخره آن مدیر را هم اداره می‌کنند. طرفِ ضعیف و پیمان‌کار ما می‌شویم و کارفرما و طرفِ قوی آن‌ها. چطور می‌شود چنین منبعی را به نفع ایرانی مدیریت کرد؟

ب: این احتمالاً از عوارض یک جور عدم اعتماد به نفس تاریخی است، یک جور حس که ما خیلی ضعیف‌تر از آنایم که بتوانیم منبعی که خارجی در اختیارمان می‌گذارد به نفع خودمان اداره کنیم؛ و آن خارجی حتماً ما را بازی خواهد داد. البته برعکس‌اش هم هست که گمان می‌کنند جمهوری اسلامی آن خارجی‌ها را هم بازی می‌دهد!

فکر کنم دیدگاه من از میان «الف» و «ب» مشخص باشد - چون لابد هر چه‌قدر سعی کنم نمی‌توانم دیدگاه مخالف‌ام را به قوت دیدگاه خودم توجیه کنم!
این جور حس بدون چاره بودن در مقابل آن کس که بیگانه به حساب‌اش می‌آوریم، و تن ندادن به هم‌کاری با او حتی در کاری که حساب دو دو تا چارتا فایده‌اش را برای ما روشن می‌کند، و متهم کردن کسی که این کار را می‌کند به مزدوری آن بیگانه، شیوه‌ای نیست که به نظر من سازنده باشد. ولی خب به هر حال چنین روحیه‌ای هست و قوی هم هست و آن‌چه شما در نوشته‌ی سالگرد خار راه و باد هرز نامیده‌اید، قسمت مهمی از آن از همین روحیات ناشی می‌شود.
با این حال نیت‌خوانی هم به نظرم درست نیست: چگونه تنها به سوآلی پاسخ می‌دهید که برای «دانستن» و «ابهام‌زدایی» (با همین تأکید) باشد؟ نیت دانستن را از کجا خواهید دانست؟ و اصولاً اگر روشی هم برای سنجش نیت باشد، به‌کار گرفتن‌اش به کجا می‌انجامد، به جز به آن‌جا که مشابه‌اش در جمهوری اسلامی انجامیده است؟ که مثلاً می‌گویند بله رهبر پاسخ‌گوست اما نه به هر بی‌سروپایی؟ یا مثلاً می‌گویند آزادی بیان هست اما آزادی توطئه نیست، و نهایتاً در هر بیان مخالفی نیت توطئه می‌بینند یا جهالتی را که باعث افتادن در دام فریب توطئه‌گران شده؟ و باور کنید که واقعاً و با دلایل متقنی که از دستگاه نیت‌سنج‌شان برمی‌آید توطئه‌ها را در ضمیر ناخودآگاهِ شما خواهند یافت. فقط یک بار سر صحبت‌شان بنشینید.
آن بازی‌ای که نباید واردش شد این است. بازی نیت‌سنجی و تقسیم مخاطب به خوش‌نیت و بدنیت. معاند و مخالف و موافق.
به نظرم در مقام پاسخ‌گویی هر پرسشی را، حتی از نوع پرسش تأکیدی، باید حس‌زدایی و نیت‌زدایی کرد و با زبانی خنثا و خالی از عشق و نفرت پاسخ گفت.
و به نظرم باید شهروند مسئول را، که همان شهروند سائل و پرسنده است، با پاسخ دادن قدر شناخت.
حتی دموکراسی هم فقط وقتی شکل ایده‌آلی از حکومت است که بر پایه‌ی شهروندان مسئول و نگران ساخته شده باشد.
مانی ب با حساسیت‌هایش و زبانی که شما تلخ می‌یابید به نظرم نمونه‌ی کم‌یابی از

شـهروند مسـئول اسـت. کسـی که نگران بمباران اتمی ایران اسـت و بسـیاری از تحولات و رفتارهـا را بـا متـر نزدیکـی آن‌هـا به جنـگ و جنگ‌طلبانِ علیـه ایران می‌سـنجد، نگران زبـان مشـوش آدم‌هـای بزرگ اسـت، و البته بیش‌تر از آن نگران خاصیت بت‌سـاز ماسـت کـه آدم‌هـا را بیـش از انـدازه‌ی تحمـل بـزرگ می‌کنـد، و خـب البته کـه زبـان‌اش در بیان ایـن نگرانـی صریـح و گزنـده اسـت. با این حـال می‌توان دید که شـاید بیـش از یک روز وقـت گذاشـته تـا نقـد مؤثری –و به نظـرم با سـعی در کم‌تر کردن هر چـه بیش‌تر تلخی کلام– بـر نوشـته‌ی شـما بنویسـد، کاری کـه بـه نظر نمی‌رسـد فایده‌ای شـخصی برایش داشـته جـز ایـن که فضـای گفت‌وگویـی را باز کنـد. این کم‌یاب اسـت.

شـاید برای دوسـتانی زمانـه به صمیمیت و خودمانـی بودن‌اش از رسـانه‌های دیگر متمایز بشـود؛ متشـکرم بسـیار زیـاد به خاطر ایـن که احسـاس می‌کنم آن‌چـه زمانه را بـرای من متفـاوت می‌کـرد و می‌کنـد در ایـن واکنش شـما به مانی متبلور اسـت.

بعضی سوآلات مانی مشخص‌اند و جواب‌شان برای همه جالب خواهد بود:

۱. آیـا دولـت هلنـد بـرای تمدیـد منابـع مالی زمانه شـرط خاصی را گذاشـته اسـت؟ اگر پاسـخ مثبت اسـت چه شـرایطی؟

۲. کمبودهای زمانه چیست؟

۳. چـه خـط قرمزهایـی در کار زمانه هسـت؟ خط قرمزها کدام‌شـان را گرداننـدگان زمانه تعییـن کرده‌اند و کدام‌شـان را حامیـان مالی؟

امین, Aug 21, 2008

....

◎ آقـای جامـی لطفـا بـه همان سـوالهایی که نامـی ب مطرح کـرده جواب بدهیـد . لازم اسـت کـه همـان ها از وبلاگ ایشـان اسـتخراج کنـم یا خودتـان زحمتش را می کشـید؟

مریم نبوی نژاد, Aug 22, 2008

◎ آقـای جامـی عزیـز، مـن هـم گمـان می‌کنـم جـواب دادن بـه سـوال‌های مانـی ب کامـلا لازمـه، خـود من دوسـت داشـتم در سـالگرد زمانه نوشـته‌های جدی‌تـری ببینم که

هدف‌گذاری‌های زمانه و معیارها و نحوه سنجششون را نشون بده. تا زمانی که شما هدف و معیارهای اندازه‌گیریتون را برای مخاطب تعریف نکرده باشید و به قضاوت او نگذاشته باشید مخاطب چطور می‌تونه قضاوت درستی از کار شما بکنه؟ آماری که در این جهت ارائه بشه نه تنها خسته کننده و رسمی نیست بلکه لازمه. اگر می‌بینید در خیلی گزارش‌ها آمار به هیچ دردی نمی‌خوره به این علته که آمار دهنده پشت یک سری عدد و رقم بی‌معنا و دهن‌پرکن مخفی میشه و معلوم نیست این آمار واقعا چی را نشون میده، که البته چنین آمار دادنی از زمانه دور باد.

و یکی دیگر از انتقادات مانی انتقاد من هم هست، به نظرم شما ناخودآگاه دارید مخاطبین را ارزش‌گذاری می‌کنید، کسانی که از زمانه تعریف می‌کنند در دسته فرهیخته‌گانی قرار می‌گیرند که قدر زحمت همکاران زمانه را می‌دونند و برعکس، این ارزش‌گذاری در نوشته‌های وبلاگ زمانه خیلی پررنگ مشخصه و چیز خطرناکیه. به گمان من زمانه اتفاق مثبتی بوده و این حرف‌ها همه برای بهتر شدنشه،

موفق باشید.

مردی زیر باران, Aug 22, 2008

براوو. خوشمان آمد!

Aug 22, 2008 -- QIL

ابتدا بگویم که از نظرِ من ارزشِ منتقدِ منفی‌گو ولو تندزبان بسی بیش‌تر از منتقدِ مثبت‌گو ولو چرب‌زبان است. به‌تعبیری نقشِ خرمگس را ایفا کردن و بر زخم‌ها و دمل‌هایِ یک سیستم نشستن گرچه اندکی درد دارد اما در نهایت به سودِ سیستم است. بنابراین گرچه پیش‌تر هم گفته‌ام که این سندرومِ جنگ‌ستیزیِ رادیکال سبب شده عینکِ مربوطه واقعیتِ بیرون از ذهنِ هم‌وطن‌هایِ بسیار متعهد و مسؤولِ ما را به کل آگرندیسمان کند و هر موضع و باوری را (گرچه از خاستگاهی یکسره دیگرگون برخاسته باشد) صرفاً از منظرِ دوری و نزدیکی به داستانِ حمله به ایران برآورد کند، اما

باز هم زنهار و هشدار را برتر از تشویق و همدلی می‌یابم.

بهرحال من تاملاتِ نویسنده‌یِ «چهاردیواری» نسبت به مفهومِ «خودمانی» و نیز نقدی که بر نوشته‌یِ شما نگاشته (و بسیار تلاش کرده تا از تلخ‌زبانی و گاه طعنه‌هایِ به‌کل بی‌ربط دوری کند) را از معدود نوشته‌هایِ ارزشمندِ او می‌دانم و در کل همین که سعی کرده به‌نحوی منطقی به تحلیلِ یادداشتِ شما بپردازد جایِ امیدواری و سپاس دارد!

اما مسئله برایِ من این‌طور قابلِ طرح است:

از سنجشِ محتوا و فرآورده‌هایِ زمانه بیشتر باید گفت تا اینکه چه فرآیند یا انگیزه‌هایی (از جمله چه دستوراتی از جانبِ تامین‌کننده‌گانِ مالیِ رادیو) به هویتی که اکنون با نامِ «رادیو زمانه» می‌شناسیم منجر شده است.

رادیو زمانه در نحوه‌یِ پوششِ اخبار و دیدگاه‌هایِ مرتبط با دین و اسلام، به‌روشنی در جانبِ اصلاح‌گرایانِ دینی قرار دارد و در ماجرایِ ویلدورس نیز این گرایش را می‌شد از نحوه‌یِ خبررسانی و نوعِ مصاحبه‌ها و مقالات دریافت. (در وادیِ سیاست و موضع نسبت به جمهوریِ اسلامی حقیقتاً هنوز نمی‌دانم زمانه را باید در کجایِ این طیف قرار دهم. شاید «بی‌مرزیِ سیاسی» همچنان برایِ این رادیو مناسب باشد.) ظاهراً این ویژگیِ زمانه باید به مذاقِ جنگ‌ستیزان خوش بیاید و دستِ‌کم می‌شد در کنارِ جستجویِ شواهدی دال بر درافتادنِ زمانه در دامِ جنگ‌طلبان، به موضعِ منتقدانه‌یِ رادیو در ماجرایِ فیلمِ نماینده‌یِ پارلمانِ هلند نیز اشاره کرد.

موضوع این است که صرفِ پشتیبانیِ مالیِ یک دولتِ خارجی از یک رادیویِ فارسی‌زبان لزوماً به‌معنایِ وابستگیِ رادیو به سیاست‌هایِ دولتِ بیگانه (اجنبیِ سابق) نیست. البته برایِ داوری در این باب خوب است، چنانکه دیگران نیز خواسته‌اند، درخواست‌هایِ هلند از زمانه در زمینه‌یِ نوعِ موضع‌گیری‌ها یا نحوه‌یِ پوششِ اخبار و غیره (اگر چنین درخواست‌هایی وجود دارند و اگر محذور و مانعی از انتشارِ آن‌ها برایِ مدیرِ زمانه وجود نداشته باشد) در اختیارِ خواننده‌گانِ رادیو قرار گیرد. پس از آن می‌توان قضاوت کرد که آیا این درخواست‌ها معقول و قابلِ دفاع بوده یا نه و آیا زمانه طابق النعل بالنعل (مو به مو) بر اساسِ این دستورالعمل‌ها عمل کرده یا نه و

در نهایت آیا می‌توان زمانه را یک رادیوی یکسره وابسته به سیاست‌های دولت هلند دانست یا خیر.

البته پیش از هر اظهار نظری در این باب سه نکته باید روشن شده باشد:

اول: سیاست‌های یک دولت بیگانه لزوماً تعارض مطلق با منافع ملی ایرانیان ندارد و این یعنی منافع ما و آن‌ها گاه با یکدیگر تلاقی کرده و هم‌پوشانی خواهند داشت.

دوم: در باب موجودیت زمانه، حتی اگر فرض بگیریم که تمامی برنامه‌های تولید شده نیز دیکته‌ی دولت هلند باشد (که البته می‌دانیم چنین چیزی بسیار بعید است)، باز هم زمانه از جهت نگاه به صرف فرآورده‌هایش رادیوی ارزشمندی ست گرچه به‌تمامه نماینده‌ی دیدگاه‌های دولت هلند باشد.

سوم: خیلی واضح است اما به جهت اپیدمی بودن سندروم مذکور باید باز تاکید کرد که اگر شخص، رادیو، حزب، رسانه یا نشریه‌ای حتی صریحاً به حمایت از اشغال ایران توسط آمریکا و ناتو پرداخت باز هم نمی‌توان گشاده‌دستانه القاب خائن، وطن‌فروش، مزدور، فریب‌خورده و غیره را نثار آن کرد. از میان آدم‌حسابی‌هایی که من می‌شناسم دست‌کم یک نفر (آرش نراقی) جسارت این را داشت که با نگاهی تحلیلی و صرفاً بر اساس استدلال از «مبانی اخلاقی حق دخالت بشردوستانه در یک کشور» سخن گوید. باز هم باید (به جهت شیوع همان سندروم) بگویم که سخن نویسنده‌ی آن مقاله کلیت چنین دخالتی را (تحت شرائطی) معقول و قابل دفاع می‌دانست اما از این حکم کلی نمی‌توان نتیجه گرفت که او موافق حمله به ایران است. او در کلیت موضوع بحث کرد و در وادی مصادیق هیچ حکمی نداد.

اما چند اشکال جزئی در کار وب‌سایت زمانه می‌بینیم:

۱. طراحی صفحات زمانه چندان چشم‌نواز نیست و حتی کمی چشم را حین خواندن اذیت می‌کند. خیلی روشن منظورم نوار باریکی ست که در وسط صفحه برای قرارگرفتن محتوای مطالب در نظر گرفته‌اید. بعید می‌دانم یک جمله‌ی متعارف (که نه بلند باشد نه کوتاه) را بتوان در یکی از خط‌های شما جای داد. این حالت سبب می‌شود چشم دائم در حال انتقال از خط‌های کوتاه شما به خط دیگر باشد و

خستگیِ زودرس در خواندنِ مطالبِ وب‌سایت را ایجاد کند. نمی‌دانم راهش چیست. شاید بهتر باشد دو نوارِ سمتِ چپ و راست را تنها به یک سمت منتقل کنید یا از عرضِ هر دو نوار (خصوصاً نوارِ سمتِ راست) بکاهید و یا به‌هرروی ترتیبی را پیش گیرید که بخشِ اصلیِ صفحه که متعلق به نوشته‌هایِ سایت است وسعت و عرضِ بیش‌تری پیدا کند.

۲. عکسی که برایِ خبرِ صفحه‌یِ اول در نظر گرفته‌اید می‌تواند بزرگ‌تر باشد و این چه‌بسا به اهمیتِ صفحه‌یِ اول و گیراییِ آن بیفزاید. در واقع اندازه‌یِ فعلیِ عکسِ خبرِ اولِ شما کوچک‌تر از حدِ معمول است.

۳. گرچه کامنت‌دانیِ زمانه از پر و پیمان ترین کامنت‌دانی‌هایِ رادیو - وب‌سایت‌ها است اما این امر بیش‌تر مسؤولیتِ زمانه را سنگین می‌کند تا سببِ فخرِ رادیو باشد. گمان می‌کنم اگر یک تیم قابلِ اعتماد و حتی‌الامکان غیروبلاگی (یعنی کسانی که چندان اهلِ رابطه با و شناخت از وبلاگ‌نویسان نباشند) را برایِ مدیریتِ کامنت‌هایِ صفحاتی که مسؤولِ مشخص ندارد (مثلِ صفحه‌یِ اندیشه) برگزینید، در نتیجه‌یِ کار تاثیرِ مطلوب‌تری خواهد داشت. در سانسورِ برخی کامنت‌ها ملاحظاتِ مشخصی دیده می‌شود. به‌عنوانِ نمونه یکبار «خلبانِ کور» (که تا آنجا که من فهمیده‌ام در انتقالِ لینک‌هایِ زمانه از بلاگ‌رولینگ به گوگل‌ریدر لینکش نیز از زمانه حذف گردیده است) در جریانِ بحثی در یکی از صفحاتِ زمانه کامنتی خطاب به من نوشته بود با این مضمون که «از مخلوق می‌خواهم به فلانی پاسخی ندهد چرا که این کار بی‌حرمتی به اندیشه است.» و این کامنت از زمره‌یِ کامنت‌هایی بود که اول چاپ شد اما در کمالِ تعجب پس از انتشار سانسور گردید. حسی که ما از این اتفاق داشتیم، اعتراضِ آقایِ فلانی یا آشناییِ سانسورکننده با آقایِ فلانی بود. به همین جهت اگر مدیریت‌کنندگانِ کامنت‌ها چندان آلوده‌یِ وبلاگستان نشده باشند در کار بی‌طرفانه‌تر برخورد خواهند کرد اما در کل متاسفانه زمینه‌یِ إعمالِ سلیقه در نحوه‌یِ انتشارِ کامنت‌ها (شاملِ چاپِ کامل، سانسور و یا عدمِ چاپ) وجود دارد.

٤. برنامه‌سازانی هستند که اسمِ‌شان در فهرست نیست و در کل این فهرست گویا

هـر روز درازتـر می‌شـود. در کل خـوب اسـت توضیـح دهید که چـه ملاکی وجـود دارد کـه یک برنامه‌سـاز صفحه‌یِ شـخصی در زمانه داشـته باشـد و برخی از کسـانی کـه برایِ زمانـه به‌طـورِ مرتـب برنامه تولیـد می‌کنند چنین صفحـه‌ای ندارند و تحتِ نـامِ صفحه‌ای عمومـی مطالبشـان چاپ می‌شـود (مانندِ منیـره برادران در صفحـه‌یِ «حقوقِ انسـانیِ ما») و دیگـر آنکـه تعـدد و تکثـرِ برنامه‌سـازان شـاید فی‌نفسـه نه خوب باشـد نه بـد اما وقتی حس شـود بدونِ نظم و ملاک هر زمان باید شـاهدِ افزایشِ فهرسـتِ برنامه‌سـازن و از آن بدتـر گاهی شـاهدِ یک صفحه‌یِ شـخصیِ دیگر باشـیم کمابیـش امتیازِ منفی بـرایِ رادیو در ذهـنِ مخاطـب ثبت می‌گردد. خصوصـاً که این ماجرایِ صفحه‌یِ شـخصی (صفحه‌ای کـه اساساً با نـامِ یک فرد مشـخص می‌شـود) را دسـتِ‌کم مـن در وب‌سـایت‌هایِ دیگر رادیوهـا ندیـده‌ام و گویـا زمانـه تنها رادیو – وبسـایتی باشـد که چنین کاری کرده اسـت.

آقایِ جامیِ عزیز!

ایـن کامنـت را گرچه با انگیزه نوشـتم اما افزون بـر آن، تلافیِ آن کامنتِ تکراری و اشـتباهِ مـن در آن مـورد نیز بود.

مخلوق Creature, Aug 23, 2008

....

◎ آقـای جامـی گرامـی! در ادامـه ی صحبـت هـای مخلـوق در ارتبـاط بـا کامنـت ها و برخـورد سـلیقه ای در درج یـا عـدم درج آنها، اضافه می کنم، این رفتار سـلیقه ای سـبب مـی شـود کسـانی مثل مـن دیگر یا برای زمانه ننویسـند یا کمتر بنویسـند، چـرا که امنیت روانـی آنهـا بـه هیچ وجـه تأمین نمی شـود. یک رسـانه ی جدی ارتباط فکـری و عاطفی بـا همـکاران برقـرار مـی کنـد، حداقل بـه بهانـه ی ادامـه ی کار. وقتی مـن مطلبی جدی بـرای زمانـه یـا هـر جای دیگـر می نویسـم، انتظار ندارم کسـی با یـک نام قلابـی بیاید و بـا حملـه بـه مثلـن زنانه گی مـن، به لـوث ایده های مـن بپـردازد. این همان اتفاقی سـت کـه در ایـران هـم مـی افتد و فحش هـای چارواداری جنسـی به زنان برخاسـته از فرهنگ جامعـه‌ی مردسـالار اسـت که شـکل محترمانـه تـرش را در کامنـت دانی هـای زمانه می بینیـم. فحش‌هایـی کـه هیچ هدفی جـز مرعوب کـردن زنان و بسـتگان آنهـا ندارد.

کامنـت هـای بی نام و نشـان، بـا واژه های اهانت آمیز و مغرضانه، تنهـا می تواند انگیزه ی نویسـنده در نوشـتن مطلـب جدیـد را کاهش دهد. نتیجه این می شـود که بخش اندیشـه ی زمانـه شـما تبدیل شـده به یک خانه ی متروکـه که در آن تنها حرف هـای تکراری می شـنویم. آشـوری دیگر نمی نویسـد، نیکفر هم خیلی کمتر. سـاده تر بگویم، در عرصه ی اندیشـه سـطح زمانه خیلی پایین آمده. وضع بخش پرسـه در متن هم بهتر از این نیسـت. شـما همـه را به همکاری دعـوت کردید، اما بـرای تداوم این همـکاری، ایجاد یک فضای سـالم برای تبادل نظر لازم اسـت. مسئول بخش کامنت ها باید یک آدم حرفه ای باشـد و نـه جوانـی که خودش هـم احتمالن از فلان کس یا مقاله خوشـش نمی آیـد. کامنت دانی زمانـه بـرای برخی نویسـندگان از جمله من تبدیل شـده به گود غـرض ورزی و ارعاب.
شـما بهتر از من می دانید که سـاختار قدرت در کامنت های بی نام و نشـان نقش بزرگی بـازی مـی کنـد. آدم نامریـی قـدرت خـارق العـاده ای دارد و مـی تواند حتا فـردی کاملن مسـلح را از هـر طـرف بخواهـد مـورد حمله قرار دهـد و البتـه ناجوانمردانه. کسـی که با نـام خـودش کامنـت می گـذارد در معـرض قضاوت اسـت، رودربایسـتی مانـع از آن می شـود آنچـه در کنـه وجـودش دارد را رو کنـد و پایبندی بـه اخلاقیات رایـج و هنجارهای اجتماعی هم مانعی برای او در نوشـتن هر آنچه به ذهنش می رسـد محسـوب می شـود. آرزوی نامریـی بـودن کـه در داسـتان هـا و فیلـم های زیادی شـاهد آن هسـتیم، ناشـی از همیـن میـل بـه قدرت و خلع سـلاح کـردن «حریف» اسـت که متأسـفانه زمانـه ای ها به آن توجـه ندارند.
بـه نظـر مـن کامنت های بی نام و نشـان نباید درج شـوند، چرا که در دنیـای اینترنت همه همدیگر را می شناسـند. وبلاگ شـهر چندان بزرگ نیسـت و مطمئنم بیشترین خوانندگان زمانـه یـا بلاگرهـا هسـتند و یا کسـانی که برای خودشـان سـایت دارند. در عمـل اما چیز دیگری شـاهدیم: اکثر کامنت های زمانه توسـط بی نام نشـان ها نوشـته می شـود.
شهلا شرف/ باور صاد, Aug 24, 2008
○ در ادامه‌ی موضوعِ کامنت‌هایِ زمانه:
۱. یـک هـدفِ دیگـر از پیشـنهادِ آن تیـمِ قابـلِ اعتمـاد، تا حدِ امـکان بی‌طـرف و (به قولِ

خانـومِ شـرف) حرفه‌ای این اسـت که روشـنِ شـدنِ تکلیفِ یـک کامنت بیـش از حد به درازا نکشـد. بـه یـاد دارم کـه زمانـی بـرایِ یکـی از نوشـتارهایِ نیکفر کامنتی گذاشـتم و حدودِ ده روز هیچ خبری نشـد. سـپس دانسـتم که هیچ کس سـراغِ کامنت‌دانیِ آن صفحه نرفتـه بـوده و انبوهـی کامنت در انتظارِ مدیریشـن مانده بوده اسـت.

۲. سـاعتِ انتشـارِ کامنت‌هـا (تـا آنجا که من دریافتـه‌ام) هیچ منطبق بـا زمانِ ارسـالِ آن‌ها توسـطِ کامنت‌نویـس نیسـت. به‌عنـوانِ نمونـه‌یِ دمِ دسـت اکنـون در همیـن صفحه نظر کنیـد! سـاعتِ ارسـالِ تمامـیِ کامنت‌هـا چهـار و چهـل و پنج دقیقـه‌یِ عصر اسـت. این گرچه شـاید از دیدِ کسـانی امرِ چندان مهمی نباشـد امـا از جهتِ دقت و اعتبـارِ کارِ رادیو نیاز به بازنگـری دارد.

۳. همانطـور کـه برخـی کامنت‌هـایِ قابـلِ چـاپ بی‌دلیل سانسـور می‌شـود، گاهـی دیده شـده کـه مسـؤولانِ مدیریـتِ کامنت‌هـا بی‌دقتـی کرده‌انـد و توهینِ مسـتقیم را به‌دسـتِ چـاپ سـپرده‌اند. نمونـه‌اش چـاپِ کامنتی از شـخصی به نـامِ علی پـایِ یادداشـتِ «چپِ جدیـد، چـپِ نابینـا» از نیمـا نامداری بـود که کامنت‌نویـس صریحاً بـه مـرادِ فرهادپور با بدتریـن تعبیـر دشـنام داده بـود و سـپس وقتـی مـن ایـن امـر را در همـان کامنت‌دانی به مسـؤولِ مدیریشـن تذکر دادم، بدونِ هیچگونه پاسـخ یا واکنشـی (حتی یک عذرخواهیِ سـاده یـا جملـه‌ای کـه نشـان از اهمیت‌قائل‌شـدنِ زمانـه بـرایِ حساسـیتِ خوانندگانـش باشـد) آن کامنـتِ توهین‌آمیـز را حـذف کـرد. (حالا اگر کسـی بـه سـراغِ آن صفحه برود می‌بینـد مـن سـخن از وجودِ کامنتـی توهین‌آمیز بـر زبان رانـده‌ام بدونِ آنکـه هیچ کامنتِ توهین‌آمیـزی در آن صفحه باشـد. می‌بینید؟ یک توضیحِ سـاده از جانـبِ زمانه پایِ کامنتِ تذکردهنـده می‌توانسـت افـزون بر اظهـارِ احتـرامِ زمانه برایِ مخاطـب، خواننـده را نیز از سـردرگمی و گمانه‌زنـی رهایی بخشـد.)

۴. خـوب اسـت یکبـار برایِ همیشـه مدیرِ زمانـه ملاک‌هـایِ رادیو برایِ بخشِ کامنت‌ها و سـاز و کارِ انتشـارِ نظـراتِ خوانندگان را به‌نحـوی دقیق‌تـر مـدون کـرده و بـه آگاهـیِ مخاطبـان برسـانند. گرچـه نیـک می‌دانم ایـن ملاک‌هـا (از جهتِ مفهومی) هـر چقدر هم دقیق باشـد باز نوبت به مصادیق که برسـد، دسـتِ مدیریتور برایِ إعمالِ سـلیقه باز اسـت

و ایـن مشـکلِ اخیـر راهـی جز همـان برگزیدنِ یک تیـمِ مـوردِ اعتماد، نسـبتاً بی‌طرف و مجـرب ندارد.
در پایـان به‌رسـمِ انصـاف بایـد ایـن را نیز گفت کـه در گسـتره‌یِ کاریِ یک رادیو، اشـتباه یـا سسـتی در امـرِ کامنت‌هایی بـه انبوهیِ زمانـه کمابیش طبیعـی و اجتناب‌ناپذیر اسـت. امـا همـه‌یِ سـخنِ من ایـن بود که کاری کنیـم تا (هم از جهـتِ اعتبارِ رادیـو و هم احترام بـرایِ مخاطبان) این اشـتباهات و سسـتی‌ها بـه حداقلِ ممکـن کاهش یابد.
مخلوق Creature, Aug 24, 2008

....

◎ آقـای جامـی گرامـی، کامنت نویسـی هسـتم بـی نـام و آوازه. هرگـز به نـام و بی نامی کسـی کاری نداشـته ام. بر عکس، آنچه گفته میشـود برایم اهمیت داشـته و نه نام و آوازه وگهـگاه مـدرک. بهمیـن دلیل خـود نیز با نام و یا نـام کامل کامنت نمی گذارم. زن هسـتم و در عیـن ابـراز نظـر بصـورت کامنت، مـورد چالش جنسـی قرارنگرفتـه ام(!؟). بنظرم به حساسـیت روانیِ شـخص بسـتگی دارد. باضافه دخالت جنسـیت در طنز را در غرب هم شـاهدم، چـه رسـد بـه وضعیت هجوِ جنسـیت در فرهنـگ و دین مـا. من از ایـن نظر نه میخواهـم و نـه امکانـش را میدهـم که رادیو زمانه به خشـکه مقدس تبدیل شـود. از اینکه امـکان کامنـت گـذاری را داده ایـد خوشـحالم و بنـا به مقتضیـات خود کامنـت میگذارم. نـه جادوگـری اسـت و نـه مخفی کاری. بی شـک حذف حـق کامنتگذاریِ بی نامـان و یا مسـتعار نامان عملی اسـت ضد دموکراتیک.
گیسو
بدون نام, Aug 24, 2008

....

◎ یکـی از ویژگی‌هـای دنیـای مجازی توانایـی داشـتن یـا جور کـردن هویـت مجازی اسـت بـه هـر دلیل که باشـد. پیش‌فرض خانمِ شـرف آن اسـت کـه همـه‌ی کامنت‌گزاران روزی-روزگاری چشم‌شـان در چشـم سـرکار علیـه خواهـد افتـاد و لابـد بـه دلیـل ایـن رویارویـی بایـد بـه خاطـر نظرشـان شرمنده‌شـان باشـند. هر اظهـار نظـر- با نام یـا بی‌نام

- نوعی برقراری رابطه است در این رابطه (اگر برقرار شود) بده بستان داده به وجود می‌آید در داده یا دانش هم قدرت وجود دارد.
پس به یک نظر می‌توان گفت قدرت‌زدایی از یک اظهار نظر یعنی حذف داده‌های مهم از یک نظر.
اگر اظهارنظرهای بی‌ادبانه را در نظر نیاوریم می‌توان از یک زد‌و‌خوردِ فکری انتظار برداشتِ دانش زیادی داشت. معلوم نیست چرا خانمِ شرف از این زدوخورد می‌پرهیزد. جامعه‌ی کوچک مجازی از توهم‌های ایشان است جامعه‌ی مجازی می‌تواند بسیار گسترده باشد معلوم نیست ایشان به چه استنادی بیشتر خوانندگان زمانه را از وبلاگ‌داران می‌داند؟
ننوشتن آشوری در بخش اندیشه چه ربطی به کامنت‌گزاران بی‌نام دارد؟ آشوری همت کند سایتِ خودش را زودزود نو کند. حضرت نیکفر هنگامی که در زمانه می‌نوشت به هیچ نظری پاسخ نمی‌داد (با نام یا بی‌نام). متروکه شدنِ (به زعم شهلا خانم) بخشِ اندیشه چیزی نیست که من بپذیرم. یکی از باارزش‌ترین نوشته‌های اندیشه — به پندار من — خطاهای روزمره نوشته‌ی خانم اقدمی است که باید زودتر از این‌ها نوشته می‌شد.
اگر از زنانگی‌ات احساس ناامنی می‌کنی می‌توانی در این فضا اصلاً به‌اش اشاره‌ای نکنی!
کاوه, Aug 24, 2008

....

بفرمایید! شاهد از غیب رسید!
خانم یا آقای کاوه سرکار علیه چیه؟ شما مرا می شناسی آخر که به من با کنایه سرکار علیه می گویی؟ چرا به دیگری به کسی که از اون شناخت نداری تو می گویی؟ کجا من در نوشته هایم از زنانه گی ام صحبت کرده ام؟
متأسفانه توانایی ذهنی شما پایین تر از آن است که بتوانید، آنچه من در مورد نامرئی بودن گفته ام را بفهمید.

می توانم همین کامنت بی نام نشـان را تحلیل کنم و خشـونت و حسـادتی را کـه در آن هسـت بیـرون بکشـم؛ ترجیـح مـی دهم ولـی ادامه ندهم مبادا مسـئله و موضوع پسـت به طـور کلی لوث شـود.

شهلا باورصاد, Aug 25, 2008

....

⊙ آقـای جامـی میشـود بگوئیـد «چهـره مخفـی» چگونه چهره ای اسـت؟ ایـن یعنی یک نـوع سمپاشـی و ایجـاد سانسـور فکـری. یعنی هر کسـی کـه ورای میل شـما حرف زد میشـود «چهـره مخفـی» که حتمـن هم سـری بر بالین دسـتگاه امنیتـی دارد.

جاب جامی، این راه دخول به یک بحث جدی نیست.

عجیب است که در هر کدام از ما یک سانسورچی و مستبد جا خوش کرده است.

بـه هـر زوی ایـن که «دیگران» پول میز شـما را حسـاب میکنند کمی آزارنده اسـت. گیرم که از نازنازان باشـند.

امید قوی, Aug 25, 2008

....

⊙ خواهـش میکنـم موضوع را به انحراف نکشـانیم. بعد از سـالها در غرب زیسـتن، کمی تمدن!

شکی در حسادت من به خانم شرف نیست.

گیسو

بدون نام, Aug 25, 2008

....

⊙ فکـر مـی کنم اگه مـا کار خودمـون رو انجـام بدیم ولی در صدد نباشـیم پـز «ببن من بهترینـم» بـه هـم بدیـم این جـور نقد هـا و این جـور دفاع هـا هیچ وقت پیـش نیاد.

ولـی در کل بـرای خـودم متاسـفم. متاسـفم کـه ایرانـی هر جا هـر کاری میکنـه احسـاس میکنـه کـه داره بـه دیگـران لطـف میکنـه. کار خوب کـردی عزیز جـان؟ دو حالـت داره: یـا وظیفـت بـوده... یـا علاقـه ات بـوده... ولـی در هیـچ یـک از ایـن دو حالـت مخاطب

مجبـور نیسـت «راضـی» باشـه و «تشـکر» کنه. شـما میتونـی از کسـایی که تشـکر کردن ممنـون باشـی، ولـی خـواه ناخواه یه عـده هم ناراضی هسـتن، خب هسـتن دیگـه... زور کـه نیسـت... حـالا چون شـما نیتـت خیر بوده کـه من مخاطـب رو نمیتونـی زور کنی که راضـی باشـم... آقـا یـالا از رادیـوی مـا راضی بـاش... د یـالا راضی بـاش...

و همین روحیه ی کاریه که منو از خودم متاسف میکنه.

روز خوش.

هادی, Aug 25, 2008

سؤال ها که طرح شده اند. منتظر چی هستید؟

مانی ب, Aug 26, 2008

آقـای جامـی گرامـی و دوسـتان رادیـو زمانـه، از زمانی که پزشـکزاد از ماهیـت چپولِ نقـد ناپذیـری و فرافکنـی مان پرده برداشـت تـا کنون، طی دهه های گذشـته پـرده را پاره پـاره کردیـم و اگر نه بخـود، لااقل بدنیا ماهیت مخفـی دغلکاریِ مـان را نمایاندیم. بارزتر از رژیمـی کـه برقـرار کردیـم، نمیشـد از زمین ناشـناخته ی زیر پـا پرواز کـرد و بی توجه بـه ماهیـت خویش و جسـتجویِ راهکار تغییر؛ جهان را به چالش کشـید. عجیب نیسـت انقلابیـون اسـلامی، بـه انگیـزه ی هلندیـان و در یکپارچه دیـدن احزاب هلنـدی و هوش هموطـن هلنـدی ظنیـن باشـد؟ نـه! ایرانی»برتریـن» و»گل سرسـبد» بایـد بنـام هوش هر حرکتـی را کـه در جهـت ذره ای شـناخت و بازبینـی صـورت گیرد به نحـوی درو کند، و کـدام حربـه ی خـودی بهتر از آنچه پزشـکزاد گفت؟ ایـن توهم ریشـه دارد و نباید بدون ارزیابـی بـه هیـچ دولـت و بخصـوص حزبی وصـل شـود. چگونه میتـوان از غیـر انتظار داشـت « اصـل بـر برائـت گـذارد»، امـا خـود از توطئه ی پنـاه دهنـده قبل از وقـوع جرم وحشـت داشـت؟

ایـن مائیـم کـه همـواره، یکی مـان اتهام جاسـوس اجنبـی میزنـد و در مقابـل، دیگری به وحشـت میافتـد و تحـرک را رهـا کرده و در صـدد اثبات پاکی خود برمیآیـد. هر دو طرف

مجذوب نجسی و پاکی ذاتی! یکی از عناصری که در فلجی و ویرانگری حکومت مان خوب می بینیم.
منظور، بی تفاوتی و عدم شفافیت در مقابل اتهام و یا انتقاد نیست، اما دفاع از خود هم با چاره ی جادویی «منزه طلبی» آش و کاسه ی همیشگی است.
عملکردِ شفاف زمانه و سویه ونقد اش تنها ملاک شناخت زمانه است و نه توهمِ توطئه و پنهانکاری، بی اعتماد به خود و وحشت از آلت دست شدن. همچنانکه در مورد هر رابطه ی میانفردی سوء ظن مخرب است.
ذهنِ سوء ظن زده و مخفی از خود و در نتیجه دیگران، در وحشت درونی اش چاره ای جز فرافکنی و دشمن زایی ندارد.
با سپاس از منظور کردن نظرات
گیسو
بدون نام, Aug 26, 2008

....

رسانه ها اگر بی طرف هم نباشند که نیستند دوست دارند ژست بی طرفی بگیرند. اگر عینی گرا نباشند که باز نیستند مدعی عینی گرایی هستند. اگر متوازن و بدون جهت گیری نباشند (که نیستند) باز هم ادعای آن را دارند. اما در این میان معمولاً رسانه ای برنده است که در این گونه تظاهر موفق تر باشد. آقای جامی مدعی است که رادیو زمانه رسانه ای است که بر شالوده وبلاگ های ایرانی بنا شده است. در گوگل خوان سمت راست سایت رادیو زمانه لیستی از وبلاگ های برگزیده ایرانی که به روز شده اند مشاهده می شود. اما باید پرسید که آیا این وبلاگ ها فضای عمومی وبلاگ های ایرانی را نمایندگی می کنند و یا عمدتا نماینده تفکر خاصی هستند؟ مطمئنم که آقای جامی تحقیق آکادامیک دانشگاه هاروارد را در باره فضای وبلاگ های ایرانی خوانده است (البته اگر این تحقیق آکادامیک در رادیو زمانه مورد توجه کافی قرار نگرفت جای تعجب نیست). یافته اصلی گزارش هاروارد بر این نکته تاکید می کند که فضای وبلاگ های ایرانی فضایی کاملا متکثر است و این تصور رایج را رد

می کند که اکثر وبلاگ نویسان، جوانانی دمکرات و منتقد رژیم ایران هستند. گزارش هاروارد وبلاگ های ایرانی را به چند دسته تقسیم می کند که دو دسته مهم آن اصلاح طلب/سکولار و مذهبی/محافظه کار است. اگر از سویی رادیو زمانه مدعی توازن و عدم بایاس است و از سوی دیگر مدعی است که شالوده خود را بر وبلاگ های فارسی نهاده است باید پرسید چرا اکثر وبلاگ هایی که معرفی و مطرح می شوند در طیف سکولار (و نیز تعداد معدودی اصلاح طلب) قرار می گیرند و وبلاگ های محافظه کار و مذهبی تقریبا هیچ سهمی ندارند؟ البته که دولت هلند پول خود را خرج تبلیغ وبلاگ های متعارض و منتقد مدرنیته غربی نخواهد کرد اما در این صورت بهتر است کمتر لاف نمایندگی وبلاگ های ایرانی را بزند. رسالت رادیو زمانه تبلیغ و اشاعه ارزش های مدرن غربی همچون فردگرایی، سکولاریسم، تقدس زدایی و ...است و البته گاه ابایی ندارد که آشکارا آنهارا داد زند. اگر در لیست گوگل خوان نمونه های متعارضی هم دیده می شود باید به حساب همان ژست بی طرفی گذاشت.

از این که بگذریم معمولا رسانه ها از دستور زبان خاصی استفاده می کنند که نمایانگر گفتمان حاکم بر آن رسانه هاست. برای مثال در طول اشغال افغانستان توسط شوروی سابق بی بی سی در تمامی خبرها و گزارش های خود برای توصیف افرادی که علیه اشغال استفاده می کردند از کلمه «مجاهدین» استفاده می کرد که دارای بار مثبت است.

بعید می دانم که تیم رادیو زمانه به آن سطح از حرفه ای گری رسیده باشد که دستورالعمل های مشخصی برای این موارد داشته باشد اما جالب اینجاست در خبر اول این رسانه در باره کشته شدن سربازان وظیفه ایرانی توسط گروه عبدالمالک ریگی در حالی که سایت بی بی سی از کلمه «سرباز» استفاده کرده بود رادیو زمانه از کشته شدن «پلیس» های گروگان خبر داده بود. آقای جامی حداقل از رادیو زمانه توقع این است که اگر کمتر از بی بی سی جانبدارانه عمل نمی کند لاقل کاسه از آش داغتر هم نشود.

Aug 26, 2008 -- sunluma

◉ آقای جامی سوال من این است که چرا اخیراً به دوست عزیز کم کارتان مهدی خلجی صفحه ی شخصی تعلق می گیرد و به افراد پرکارتر دیگری چون تاج دولتی

یـا مریـم محمـدی و دیگر همـکاران ایـن امتیاز تعلـق نمی گیـرد؟ چه ملاکهایـی در این زمینه وجـود دارد؟

-- Aug ، Saied ۲۷, ۲۰۰۸

Nazare man rabti be in bahs nadare albate. Man har rooz Googlereader zamaaneh ro negah mikonam. Dar bein weblog haye entekhab shod, tedade besiar ziadi hastan ke bedoone reayate haghe moallef ya nashere yek asar honari, ye matn ya hatta yek aks, eghdam be enteshare an dar weblogeshoon mikonand. In az nazare man dozdi hesab misheh va shoma ke dar europe zendegi mikonid manzoore mano kheili behtar az iraniane dakhele iran motevajjeh mishid. Man pishnahadam ine ke google readere zamaaneh ro edit konid va weblog hayi mesle :http://oldestfashion.blogspot.com/
ra ke hatta be khodeshoon zahmate link dadan be website hayi ke aksashoono azash vardashtan nemidan hazf beshan. belakhare yeki az ahdafe radio zamaaneh erteghaye farhangi hast va hamintor ke shoma ham midoonid haghe moallef dar iran bishtar tavassote khode mardoam va na dolat paymal misheh.

Aug 27, 2008 -- Pooya

جناب آقای جامی با سلام و عرض ادب

همین الآن متوجه شـدم که شـما فامیل عزیزتان را از دسـت داده اید. بدین وسـیله مراتب تسـلیت مـا را بپذیرید و مـا را در غم خود و خانواده ی محترم شـریک بدانید.

با تشکر اسعد سلامی و خانواده

اسعد سلامی, Oct 17, 2008

چه کسی خط قرمزهای زمانه را تعیین می‌کند؟

ده شهریور هشتاد و هفت

از من می‌پرسند خط قرمزهای زمانه چیست؟ جواب من ساده است. ما خط قرمز نداریم! می‌پرسند شرط و شروط‌های حامیان مالی زمانه چیست؟ بهسادگی باید بگوییم: هیچ. طور دیگری بگوییم: ما هیچ خط قرمزی از آن دست خط قرمزها که دوستان فکر می‌کنند نداریم. کسی به ما نمی‌گوید چه بنویسیم یا ننویسیم. اما خط قرمزی که ما برای خودمان داریم از دو ناحیه می‌آید: اصول حرفه‌ای و انتظار و پسند و ناپسندهای مخاطبان. بنابرین هیچ رابطه ای بین حمایت مالی کردن و خط قرمزها وجود ندارد. ما اگر خودمان هم پول زمانه را در می‌آوردیم و مثلا شرکتی داشتیم که عوایدش به زمانه می‌رسید خط قرمزهامان همین بود که الان هست چون اصول حرفه‌ای همه جایی است و انتظارات مخاطبان هم همیشه در نظرگرفتنی.

کمی توضیح بیش‌تر: خط قرمز ما ترور و گروگان‌گیری و آدم‌ربایی است و اتهام. در این موارد مراقبت مضاعف داریم و هیچ تعارفی هم با کسی نداریم. هیچ گروگان‌گیری برای ما محترم نیست و هیچ آدم‌ربایی برای ما موجه نیست.

اتهام نمی‌زنیم و در رعایت حقوق افراد سختگیر هستیم. افراد تا محاکمه نشده‌اند فقط متهم‌اند. به کسی هم اجازه نمی‌دهیم در برنامه‌های ما به کسی اتهام بزنند.

جز این خط قرمزی نداریم مگر آنچه مخاطبان بگذارند. در واقع خط قرمزها را مخاطبان برای ما تعیین می‌کنند. ما ناگزیریم در حد انتظارات مخاطبان حرکت کنیم و هر تابوی فرهنگی و فکری و اجتماعی و سیاسی را با احتیاط و سنجه کردن واکنش‌ها بشکنیم. گاهی هم ناچاریم عقب‌نشینی کنیم. چنانکه از پخش موسیقی‌های رپ موسوم به رپ فحاش خودداری کردیم چرا که عموم مخاطبان را آزرده می‌کرد. هنوز این نوع موسیقی رسانه‌ای نشده است. این تنها مثال از این دست نیست. اما مثال روشنی است از میزان تحمل مخاطبان در بازار رسانه‌ای فارسی.

اما حامیان مالی ما خط معینی را از ما نمی‌خواهند؟ بازهم باید بگویم نه! و توضیح دهم که رابطه به این صورت نیست که بگویند این پول و این هم خط مشی. بروید اجرا کنید. برعکس. ایده‌ای مطرح بوده است که مثلا رادیوی فارسی‌زبان در هلند راه‌اندازی شود. من برای این رادیو طرح معینی پیشنهاد کرده‌ام. آن طرح مورد توجه قرار گرفته است. رادیو زمانه محصول آن طرح است. بنابرین شرطی وجود ندارد. بلکه حامیان مالی از طرح زمانه در پیشنهاد من حمایت کرده‌اند. طبعا شرط آن‌ها این است که به طرح خود وفادار باشیم و آن را در گسترش طبیعی‌اش دنبال کنیم. به عبارتی دیگر، رادیو زمانه می‌توانست طور دیگری باشد اگر طراح و مدیر آن کسی دیگر بود و روش و همکاران و شبکه دیگری می‌داشت. محوریت کار ما البته اندیشه دموکراسی و دفاع از حقوق بشر است. اما این موضوع آنقدر وسیع و کلی است که طرح‌های مختلفی در آن قابل اجرا هستند. کافی است بنگریم که پروژه‌های حمایت شده از سوی پارلمان هلند چقدر با هم متفاوتند و طبعا هر یک از آن‌ها تابع فکر طراحان خود هستند و رنگ خاص خود را دارند. این هم البته باید خیلی طبیعی باشد. قرار نیست همه از روی دست هم کار کنیم. و گرنه مفهوم پلورالیسم چه می‌شود؟ اما این فکر که

همه ما مجریان طرح‌های یک اتاق فکر خاص هستیم کاملا باطل است. چنین مرکز فکری و فرماندهی وجود ندارد.

در سوی دیگر بحث شروط، که سویه مدیریت مالی باشد، یک شرط البته وجود دارد. بودجه ما صد درصد تامین نمی‌شود و باید بخشی از آن را از منابع مالی دیگر تامین کنیم. شرط حامیان مالی این است که راهی را برویم که مستقل شویم. زیرا قرار نیست برای سال‌ها از این حمایت برخوردار باشیم. همه دست‌اندرکاران پروژه‌ها در اروپا می‌دانند که عمر حمایت از یک پروژه بین دو تا پنج سال است. بخش عمده پروژه ها کوتاه‌مدت است. تنها پروژه های بسیار مهم یا بسیار موفق ممکن است مدت زمان بیش‌تری از حمایت برخوردار شوند ولی پایان کار یا استقلال مالی از حامیان اولیه است یا پایان پروژه به طور کلی.

بودجه زمانه در سال جاری از محل اعتباراتی که به سازمان پرس نو اختصاص داده می‌شود ٦٥ درصد بودجه مورد نیاز ما ست و در طول سال‌های ۲۰۰۹ و ۲۰۱۰ هر ساله ده درصد دیگر هم از آن کم می‌شود. بنابرین زمانه باید امسال ۳۵ درصد بودجه خود را از راه معرفی پروژه های کوچک‌تر به نهادهای مختلف هلندی و یا اروپایی تامین کند که این رقم در سال بعد به ٤٥ درصد و سپس به ٥٥ درصد بودجه می‌رسد. اهمیت یافتن منابع مالی برای من به عنوان مدیر زمانه از اینجاست. اگر سیاست فعالی در تولید درآمد یا جلب حمایت نداشته باشیم تنها راه ما کاهش مداوم تولید و تعرفه‌ها و بنابرین کوچک شدن و آب رفتن سازمان است. در ماه‌های اخیر تقریبا تمام وقت من به طراحی پروژه مصروف شده و بررسی راه‌های معرفی پروژه‌ها به منابع متناسب با موضوعات آن‌ها برای ترغیب آن‌ها به حمایت مالی. تاکنون چشم‌انداز سال جاری به نیمی از ۳۵ درصد مورد انتظار هم نمی‌رسد و تنها بودجه‌هایی در مقیاس کوچک

ممکـن اسـت جلب کنیم. از همیـن رو ناچاریم حجم تولید روزانـه را برای ماه‌های باقیمانـده از سـال کاهـش دهیم و همزمان بـر همکاری هـای داوطلبانه بیافراییم.

با این مقدمه می‌رسم به جواب به کامنت‌ها و پرسش‌های دوستان.

«تمام منوهای رادیو زمانه را زیر و رو کردم هیچ جا نامی از شما نیست .... از نکات مثبت رادیو زمانه این حستجوی راحت و ایندکس خوب نویسندگان و برنامه‌سازان است. از تواضع زیادی است یا غرور بیش از حد نمی‌دانم.» اگر منظور این «دوست قدیمی» یافتن نامی از من است باید بگویم من صفحه ندارم چون تولیدکننده نیستم! اما تمام تولیدکننده‌های ما هم نمی‌توانند صفحه داشته باشند. در شش ماه اول سال ۲۰۰۸ ما بیش از ۱۸۰ نویسنده مختلف داشته‌ایم و طبعا نمی‌شود برای هر یک صفحه شخصی ایجاد کرد. معمولا فهرست برنامه‌سازان ما به کسانی محدود می‌شود که برای رادیو برنامه می‌سازند و کم‌تر به نویسندگان سایت بر می‌گردد. نکته دیگر در حفظ تعادل بین صفحات موضوعی و صفحات افراد است. مثلا فرض کنید اگر همه افراد دارای صفحه خود باشند ما دیگر صفحه‌ای برای اندیشه و حقوق انسانی و خارج از سیاست و گزارش ویژه و مانند آن نخواهیم داشت. نکته دیگر به علاقه افراد به داشتن یا نداشتن صفحه بر می‌گردد. این هم موضوعی است که ما به آن احترام می‌گذاریم.

امین نویسنده وبلاگ عنکبوت هم کامنت بلندی دارد که نظرات اوست اما در بخش سوال‌هاش می پرسد: «نیت‌خوانی هم به نظرم درست نیست: چگونه تنها به سوالی پاسخ می‌دهید که برای «دانستن» و «ابهام‌زدایی» (با همین تاکید) باشد؟ نیت دانستن را از کجا خواهید دانست؟ و اصولا اگر روشی هم برای سنجش نیت باشد، به‌کار گرفتنش به کجا می‌انجامد، به جز به آنجا که مشابه‌اش در جمهوری اسلامی انجامیده است؟ که مثلا می گویند بله رهبر پاسخ‌گوست اما نه به هر بی‌سروپایی؟» من نوشتم که سوالی که برای دانستن باشد حق پرسنده است و باید پاسخ بگیرد. فرض من هم این است که پرسش‌ها برای پاسخ گرفتن است و به آن‌ها جواب می‌دهم. من نیت‌خوانی

نمی‌کنم و اصولا نیت‌دانی را در اختیار و استعداد بشر نمی‌دانم. اما بحث من بر سر روش است. کسی هست که می‌پرسد و جواب گرفت قانع می‌شود. کسی هم هست می‌پرسد تا انکار خود را نشان بدهد. هیچ پاسخی او را قانع نخواهد کرد. اما این به معنای طفره رفتن از پاسخ نیست. فرقش با جمهوری مقدس هم همین است. شما باید پاسخ را بدهید. اما سنخ‌شناسی پرسش ربطی به این ندارد. سنخ برخی سوال‌ها برای روشن شدن نیست برای گیر دادن است. باشد. ندیدن آن ندیدن واقعیت‌های نشانه‌شناختی است. اما باعث نمی‌شود پاسخگو نباشیم.

سوال‌های دیگر امین مربوط به شرط و شروط است و خط قرمزها که در مقدمه جواب داده ام. اما می‌پرسد: «کمبودهای زمانه چیست؟» باید بگویم خیلی چیزها! ما در همه بخش‌های کارمان کمبود داریم. نیاز به آموزش مداوم داریم. نیاز به مراقبت دائمی داریم. ساعت کارمان با وظایفی که برای خودمان تعیین کرده‌ایم جور نیست. وقت استراحت نداریم. بچه‌های زمانه بار بزرگی برداشته‌اند اما از نظر پشتیبانی در تنگنایند. امنیت سیاسی ندارند. هم در ایران و هم در هلند تحت فشارهای مختلف اجتماعی و سیاسی‌اند. یک حلقه ایرانی مصمم دور زمانه هنوز شکل نگرفته است که از حیات آن مراقبت و دفاع کند. زمانه هنوز آینده مطمئنی ندارد. با همه موفقیت‌هایش کسی برایش حاضر به سرمایه‌گذاری نشده است. ایرانی‌ها می‌گویند چرا از دولت و نهادهای هلندی پول می‌گیرید ولی یک نفر تا امروز به من نگفته است که آقا من حاضرم سالی این قدر به زمانه کمک کنم یا این راه را می‌شناسم اگر بروید درآمدزایی مناسب دارد. تعداد دوستانی به اندازه انگشتان یک دست محبت بسیار دارند و راه‌های مختلفی را جستجو کرده‌اند و می‌کنند و به من کمک می‌کنند. اما فراتر از آن کسی حال ما را نپرسیده است. لابد فکر می‌کنند زمانه خیلی پولدار است. واقعیت این است که زمانه پولی را که دارد بسیار خوب خرج می‌کند چنانکه به چشم می‌آید. اما همه این‌ها را پول انجام نمی‌دهد. آن‌ها که زمانه

را می‌سازند به زمانه اعتقاد دارند و سخت کار می‌کنند. زمانه برای آن‌ها فقط حرفه و شغل نیست. زندگی است.

مردی زیر باران نوشته است که «تا زمانی که شما هدف و معیارهای اندازه‌گیریتون را برای مخاطب تعریف نکرده باشید و به قضاوت او نگذاشته باشید مخاطب چطور می‌تونه قضاوت درستی از کار شما بکنه؟ آماری که در این جهت ارائه بشه نه تنها خسته کننده و رسمی نیست بلکه لازمه.» خب دوست من، من در همین وبلاگ زمانه به تفصیل در چهل پنجاه مقاله درباره زمانه و هدف‌هاش نوشته‌ام. آمار هم داده‌ام و باز هم می‌دهم. آمار دادن برای من سربلندی است. ولی بحث من همیشه کیفی است. وگرنه کدام مدیری است که ببیند از بودجه یک رادیو دارد یک مجموعه چندرسانه‌ای اداره می‌کند و خوشحال نباشد؟ ببیند ویزیتور سایتش در طول یک سال ۳ برابر شده است خوشحال نباشد؟ تعداد صفحات خوانده شده‌اش ۵ برابر شده باشد و خوشحال نباشد؟ زمانه اکنون در بهترین وضعیت از نظر محبوبیت و ایجاد بحث است. آمار تکنوراتی را که برای همه قابل دسترس است ببینید. زمانه در حالی ۳۴ هزار لینک خورده است که بی بی سی فارسی چیزی حدود ۱۸ هزار لینک دارد و رادیوفردا کم‌تر از ۱۰ هزار. من به همکارانم در بی بی سی و رادیو فردا احترام می‌گذارم ولی زمانه امروز بیش‌ترین لینک‌ها را برای اشتراک بین وبگردها و وب-نویسها می‌گیرد.

مخلوق عزیز کامنت بلندی نوشته است که نکته‌های بسیار خوبی در آن هست. اما من مایلم این نکته را روشن کنم که وقتی او می‌گوید: «رادیو زمانه در نحوه پوشش اخبار و دیدگاه‌های مرتبط با دین و اسلام، به‌روشنی در جانب اصلاح‌گرایان دینی قرار دارد» من آن را طور دیگری می‌بینم. زمانه در جانب هیچ جا و هیچ کجا نیست. ما رسانه‌ایم و طبعا می‌کوشیم به چیزهایی بپردازیم که تازگی دارد. ما بهراستی در جانب تازگی ایستاده‌ایم. اما محتوای آن را تعیین نکرده‌ایم. این تازه می‌تواند بازکشف امری کهنه باشد. هر چه تازه باشد ما به آن میل می‌کنیم. ما بیش از آنکه این طرف یا

آن طرف باشیم می‌کوشیم منصف باشیم. چه درباره فیلم فتنه ویلدرس چه در باره موقعیت اصلاح‌طلبان. قدر مسلم ما مبلغ هیچ کس و هیچ چیز نیستیم مگر دیدن همه کس و همه چیز در حد ممکن.

مخلوق از اهل منطق و فلسفه وبلاگستان است اما اینکه او هم تصور کارفرما و کارگزار از دولت هلند و زمانه دارد برای من عبرت آموز است: «درخواست‌های هلند از زمانه در زمینه نوعِ موضع‌گیری‌ها یا نحوه پوشش اخبار و غیره (اگر چنین درخواست‌هایی وجود دارند و اگر محذور و مانعی از انتشار آن‌ها برای مدیر زمانه وجود نداشته باشد) در اختیار خوانندگان رادیو قرار گیرد. پس از آن می‌توان قضاوت کرد که آیا این درخواست‌ها معقول و قابل دفاع بوده یا نه و آیا زمانه طابق النعل بالنعل (مو به مو) بر اساسِ این دستورالعمل‌ها عمل کرده یا نه و در نهایت آیا می‌توان زمانه را یک رادیوی یکسره وابسته به سیاست‌های دولت هلند دانست یا خیر.»

این نگاه حتما جایی در فرهنگ ما ریشه دارد که کاویدنش همین الان منظور من نیست. اینکه فکر می‌کنیم: نمی‌شود کسی پولی گذاشته باشد و شرط‌های خاص نگذاشته باشد. اما قدر مسلم رادیو زمانه وابسته به سیاست‌های دولت هلند نیست. سیاست در رادیو زمانه گروهی تعیین می‌شود. و مرکز آن عقل سلیم و شم روزنامه‌نگارانه حرفه است. متاسفانه رابطه دولت و ملت در ایران آنقدر آلوده است که ایرانیان فرهیخته هم تصوری از یک رابطه سالم شهروندی با دولت ندارند. در ایران کسی که پول دارد - آن هم پول بی‌دردسر نفت- همه کاره است و حق تعیین سرنوشت شما با اوست. اما در هلند پول داشتن داشتن همه چیز نیست. روابط تعریف شده است. دولت آقابالاسر ما یا کسی دیگر نیست. اما می‌دانم که در فضایی که دروغ و ریاکاری و آلودگی به انواع غرض‌ها میان بالادست و پایین دست میان دارا و ندار و میان دولت و ملت حاکم است درک رابطه از نوعی دیگر بسیار دشوار است. اما راست همین است که گفتم. بررسی کار و بار زمانه هم همین را نشان می‌دهد. ما تابع نیستیم. طراح سیاست

خــود هســتیم و آن را مداومـا صیقل می‌دهیم. نمی‌گویم اشـتباه نمی‌کنیم. می‌کنیم. امـا راهـی که می‌رویم خـود می‌رویم. مـا انعکاسـی از تجربه‌های ایرانـی و ایرانیان هسـتیم نه انعکاس سیاسـت هلند و هـر دولت دیگر.

سـخنم تمـام نیسـت. امـا درازگفتن هـم روا نیسـت. باز به پاسـخ هایـی که باید بدهـم بر می‌گـردم.

http://zamaaneh.com/blog/08/2008/post_115.html

چرا راجع به شورای ملی صلح نمی نویسید؟ نشست دوم آن برگزار شده است.

Aug 31, 2008 -- Roya

....

مهدی جامی عزیز

گرچـه بـه گـزارش های حسـین درخشـان اعتمـاد نمی کنـم، ولـی دوسـت دارم توضیح شـما را در مـورد ایـن که بـا وزارت ارشـاد و صفار هرندی جلسـه ای در سـفری به ایران داشـتید را بشـنوم. در صورتی که قبلا نوشـته ایدهم سپاسـگذارم خواهم شـد که لینکش را بـرای من ارسـال کنید.

Aug 1, 2008 , سینا

● م.ج: *شما می دانید که بر گوینده است که دلیل و برهان و سند بیاورد. البته ان حرف از درخشان نیست اگر خطا نکنم و حرف کس دیگری است. اما منتظر می مانم ببینم غیر از ادعا هم شاهدی دارند؟ از نظر من سرتاپا دروغ و قصه بافی است. اما حتی فرض کنیم دیداری اتفاق افتاده باشد. این اتهام است؟*

....

○ نگاه تند و گذرایی داشتم به مطالب این ستون. شما هیچ خط قرمزی ندارید. هیچ خط قرمزی از آن دست ... ندارید و الخ. بسیار خوب. اما نویسندگی حرکت در کناره‌های خط قرمزهاست. ... رادیو زمانه، در همین چند سال، حرکت خوبی داشت. از نخبه‌گرایی آغازین کناره گرفت، اما به نظر می‌رسد کم کم دارد به عوام‌گرایی، به هیچی و پوچی، و بی‌مایگی نزدیک می‌شود. مصاحبه‌ها، حرفی برای گفتن ندارند. نویسندگان ثابت، با مطالب هر روزینه‌شان، به وادی بی‌مایگی افتاده‌اند. و اخیرا دیده می‌شود که بی‌مایگان بخش‌های سینمایی و ادبی را در دست گرفته‌اند. دست خود شماست که خط قرمزی داشته باشید یا نداشته باشید. رادیو زمانه را شما می‌چرخانید. اما ماندگاری زمانه دست شما نیست. من به عنوان یک خواننده‌ای که گاه گاه، مطالب این سایت خبری را خوانده‌ام، نظر خودم را می‌گویم. دچار «روزمره» گی شده‌اید. مطالب سردستی نوشته می‌شوند. فکری پشت نوشته‌ها نیست. با هم نگاهی مقاله و یادداشت تنظیم می‌شوند که خبر. حال آن که منطق خبر، پردازش، و منطق یادداشت، تولید فکر و ایده است. به این موضوع بیشتر بیندیشید.

فرنود فرهنگ , Aug 31, 2008

....

● م.ج: *من پاسخ خط قرمز داشتن را داده ام. بیمایگی فرضی ربطی به پاسخ من ندارد. اگر بخواهید در این باره هم که می گویید بحث خواهم کرد.*

....

○ گفته‌اید: « مثلا شرکتی داشتیم که عوایدش به زمانه می رسید خط قرمزهامان همین بود که الان هست چون اصول حرفه ای همه جایی است و انتظارات مخاطبان هم

همیشه در نظرگرفتنی.»

پس چطور است که به «تجربه»، رسانه‌هایی که انتفاعی هستند و علی‌الاصول تنها سلیقهء مخاطب (بخوانید «عوام») را در نظر می گیرند، معمولا از آنهایی که نیمه دولتی یا غیر انتفاعی هستند از نظر عمق و کیفیت کارشان بسیار در سطح پایینتری هستند؟ مثلا شبکه‌های عمدهء آمریکایی (cnn, abc, nbc) را مقایسه کنید با bbc.

شاید البته اینترنت با تلویزیون فرق داشته باشد (مثلا شاید بتوان گفت سلیقهء خوانندهء اینترنتی از بینندهء تلویزیونی بطور متوسط بهتر است). ولی به این علتی که بر شمردم، من با این حرفتان خیلی موافق نیستم و به نظرم همین بهتر است که از نظر مالی مستقل از تعداد مخاطب و آمار بازدید از سایت هستید. البته اینکه بدون داشتن نگرانی مالی (و در نتیجه قربانی کردن «سلیقهء» بهتر) تلاش کنید مخاطبتان بیشتر شود چیز خوبی هم هست.

یاشار , Aug 31, 2008

....

⊙ man rurast khanande matalebe shoma nistam shayad in sevom-inbar bashad ke ye negahy be saytetan endakhtam avalin bar ke safhetan ra baz kardam va nabavi va ...ra didam baram mosajal shod ke in sayt male az ma behtaranast man fekr mikonam tanha rahy ke baray ma mimanad inast kein saytha ra baykot konim yany matalebeshan ra nakhanim ke bedanand ke kesy vagtesh ra ba in mohumat talaf nemikonad akhe mane khanande che chizy mitavanam az behnud yad begiram daryuzegy dar mogabele godrat ra in sarvaranna fekre taze na ide taze hichy baray erae nadarand delam baray maliat dahande holandy misuzad puleshan kharje jomhury eslamy mishavad

Aug 31, 2008 -- nilofar

....

⊙ در طول تعطیلات تابستانی امسال، که متأسفانه چند ساعتی بیشتر از عمر آن باقی نمانده است، فرصتی بود که من هم مانند هزاران خوانندهء دیگر؛ همه روزه، چندین و چند بار به سایت شما سر بزنم و مطالب آن (و مخصوصاً اظهار نظرهای خوانندگان)

را بـا دقّـت و حوصلـه بخوانم. من هم کاملاً با شـما هم عقیده هسـتم کـه برخلاف خیلی از رسـانه هـای فارسـی زبـان متکی بـر بودجهء دولتی، شـما نه فقط خطّ قرمـز، بلکه هیچ خطّـی ندارید. نه فقط هیچ خطّی ندارید؛ بلکه هدف و خطّ مشـی و اسـلوب مُشَـخّصی را هم (که لازمهء هر رسـانهء مبتنی بر یک پروژهء مُشَـخّص - به قول شـما - می باشـد)، فاقد هسـتید. حتی یک ویراسـتار (ادیتور) هم ندارید که زبان نوشـته هایتان را یک دسـت بکنـد. مانند بخش فارسـی بی بی سـی (چون شـما اسـم برده اید، من هم اسـم مـی برم)، یا بخش فارسـی رادیو فرانسـه، بخش فارسـی رادیو اسـرائیل (با آن فصاحت و شـیوایی فارسـی نویسـی و فارسی گویی در خور تحسـین گردانندگان آن) و غیره.

در پارلمـان هلنـد هـم، مانند پارلمان تمامی کشـور های دموکراتیک غـرب، نمایندگانی از طیـف هـای مختلـف عقیدتـی وجـود دارند، که یکـی از وظایـف اصلی آن ها گذشـته از نظـارت بـر فعالیّـت و عملکرد دولـت، کنترل نحوهء هزینه شـدن بودجهء عمومی کشـور مـی باشـد. و اگـر توافقـی در پارلمـان جهـت تخصیـص بخشـی از بودجهء کشـور برای تأسـیس و ادارهء یـک رسـانهء خاص، حاصل می شـود، حتم بدانیـد که هدف بخصوصی در ورای آن نهفتـه اسـت: اعـم از سیاسـی و یـا اقتصـادی. در غیـر ایـن صـورت بـا بودن شـبکهء بین المللی رادیو هلند با آن فرسـتنده های پر قدرت در هیلورسـوم که شـبانه روز بـه چندیـن زبـان مختلف برنامه پخـش می کند، نیـازی به راه انـدازی «زمانـه» نبود، بلکه در جـدول برنامـه هـا، یـک و یا چند سـاعت هم برنامـه ای به زبان فارسـی می گنجاندند و در اختیـار شـما قرار مـی دادند.

البته تردیدی نیست که منظور از راه اندازی رادیو زمانه جز کمک به برقراری یک نظام دموکراتیک و دفاع از حقوق بشر در ایران، هدف خاص دیگری نمی تواند وجود داشته باشد. و برای رسیدن به این هدف، شما هم در مقابل نمایندگان پارلمان هلند و هم در برابر سایر افراد نیک اندیش و مدافع آزادی در جامعهء اروپا پاسخگو خواهید بود.

و اما در مورد پاسخی که به اظهار نظر آن خواننده (سینا نام) داده اید و در تکذیب ملاقاتتان با آن شخص کذا نوشته اید: «... از نظر من سر تا پا دروغ و قصه بافی است. اما حتی فرض کنیم دیداری اتفاق افتاده باشد. این اتهام است؟»، باید بگوییم «بله و صد بله» که اِتِّهام است. آن

بابا، نه روزنامه نگار است، نه نویسنده و نه اهل علم و تحقیق، بلکه جَلّاد مطبوعات و کتاب و کتاب نویس و اهل قلم است، پس ملاقات شما (که باید مدافع آزادی فکر و قلم باشید) با آن شخص، چه مناسبتی می تواند داشته باشد؟

پیوسته ایام عزت و اجلال مستدام باد

میرزا , Aug 31, 2008

....

بررسی کارنامه رادیو زمانه نشان از آن دارد که از برخی در داخل ایران(رانت قدرت) که این رانت ممکن است در داخل حاکمیت و نیروهای امنیتی باشد و یا خارج از آن ساپورت مالی می‌شود. چون رادیو زمانه (مخصوصا با مصاحبه‌هایش و یک سری افراد کلیشه‌ای و همیشگی بی طرف نیست. و بخاطر همان ساپورت مالی الزام دارد خط قرمز تامین کنندگان را رعایت کند.

محمد شوری /نویسنده‌ورزونامه‌نگار

محمد شوری , Aug 31, 2008

....

اگر کمی انصاف بخرج بدهیم و رادیو زمانه را در بستر زمانی و مکانیش در مقایسه ی با سایر رسانه های فارسی زبان دیگر ارزیابی کنیم، بی شک باید به این رسانه ی تازه تأسیس نمره ی خوبی داد. در مورد بهتر شدن کار این رسانه میتوان صفحه ها مطلب انتقادی نوشت و بعنوان مثال در مورد چگونگی موازنه ی میان «عوام گرایی»/«نخبه گرایی» کار این رسانه بحث کرد. ولی اساس این بحث ها باید بر این محور باشند که فرد اصل مثبت بودن بلند مدت کار چنینن رسانه ای را ملاک قرار دهد. اینکه این رادیو فقط منافع حمایت کنندگان مالی اش را دنبال می کند نوعی سفسطه بازیِ پرخاشگرایانه است که بیشتر در پی تخریب است تا نقدی سازنده. پاسخگویی گردانندگان این رسانه از نظر من نشان از درجه ی بالای خود-پژواکی و تلاش در جهت نگاه بافاصله و از زاویه های مختلف به خودِ مدیر این رسانه دارد.

بهروز علیخانی, Aug 31, 2008

○ من هم می‌خواهم اینجا، یک کامنت داشته باشم. من هم دلم می‌خواهد مانند بیشتر ایرانی‌ها، سیاه و سفید ببینم و محکوم کنم. من هم تمایل دارم با کامنتی که پای مطلب کسی می‌گذارم، سوادم را به رخ بکشم یا به بزرگی، ناسزا بگویم، قضاوت کنم، دانای کل باشم و به جای انتقاد، نقش بازجوها و مفتش‌ها را بازی کنم. آی، کسانی که مطلب من را می‌خوانید؛ من از ته دل دوست دارم دیده شوم. چون سوادی ندارم، هنری ندارم و کسی به مطالب من توجه نمی‌کند، خودم را به بزرگان متصل می‌کنم و به ناچار راه اخوی محترم حاتم طایی را می‌روم.

به نظرم بیشتر کامنت‌ها را می‌شود با این فرمول بررسی کرد.

من واقعاً از سعه‌ی صدر مدیر محترم رادیو زمانه تعجب می‌کنم که چگونه علیرغم کار و مشغله‌ی فراوان، یکی یکی به پرسش‌های مخاطبان و گاه بازجوها پاسخ می‌دهد. آقای جامی اگر فی‌المثل کامنت‌ها را ببندد چه اتفاقی می‌افتد؟ خب، چند روزی انتقاد می‌کنند و بعد همه چیز فراموش می‌شود. دیگر حتی مخلوق عزیز هم نمی‌تواند به ساعت انتشار کامنت‌ها اعتراض کند. ولی او نه تنها صورت مساله را پاک نمی‌کند بلکه جواب هم می‌دهد. حتی جواب فردی مانند آقای مانی - ب را هم می‌دهد (که من شخصاً بی‌ادبی او را لااقل بر عباس معروفی نمی‌بخشم).

جناب آقای جامی، اینها انتقاد نیست، ایراد است، آن هم از همان جنسی که اشاره کردم. هرچه بگویید، مطمئن باشید کسانی برای معرفی خودشان، یک چیزی از توی آن درمی‌آورند و فریاد یافتم یافتم سرمی‌دهد که آی مردم «زمانه» چنین است و چنان. اما من - به عنوان یک مخاطب که در ایران هستم و «زمانه»، رسانه‌ی محبوب من است - مایلم به دوستان یادآوری کنم که؛ محتوای هر رسانه، نشان‌گر خط مشی آن است. مگر اینکه ما با انسان‌های عجایب‌المخلوق و بی‌انداره زیرکی طرف باشیم که توانسته باشند طی دو سال، بیش از میلیون‌ها ایرانی را فریب دهند و به منافع آنها ضرر بزنند و هیچ‌کس هم نفهمد، البته به استثنای احتمالاً مانی ب.

آقای مانی عزیز؛ دو سال است که رادیو زمانه فعالیت می‌کند. شما از چهاردیورای خودتان خارج شوید و با تمام تلاش بروید و همه‌ی آرشیو زمانه را جستجو کنید،

اگـر مطلبـی پیـدا کردیـد کـه مخالف منافـع ایرانیان یـا ضد فرهنگ و یا هرچیـز دیگری بـود، تـازه آن زمان اسـت کـه می‌توانید با سـند و مـدرک، اعتراض‌تان را - آن هم بصورت محترمانـه و نـه قلدرمآبانه - بـا مدیر زمانه درمیان بگذارید.

پس اینکه مفتش‌وار، دائم در جسـتجوی کشـف این موضوعات باشـیم کـه «زمانـه» از کجا و چطـور پـول می‌گیـرد، چگونـه خـرج می‌کند، دفتـرش را چند خریده و مدیر این رسـانه بـا چه کسـانی حشـر و نشـر دارد و غیـره، فکر نمی‌کنم به نوبـه‌ی خود، اتهام باشـد و این مـوارد تنهـا در ارتبـاط با محتوای رسـانه اسـت کـه می‌توانـد معنی‌دار باشـد. بـرای مثال به سـهولت می‌تـوان بـا تحلیـل محتوای چنـد قسـمت از برنامه‌های [صـدای آمریکا، رادیو فـردا، رادیـو اسـراییل و ..] پـی به خط مشـی آنها بـرد.

بـه نظر من «زمانـه» بـه عنوان رسـانه‌ای بی‌ادعا، در گوشـه‌ای از این فضـای پهناور مجازی، توانسـته سرمشـق خوبـی برای یادگیری دموکراسـی، نزد ما ایرانیان باشـد؛ البته اگر بتوانیم از تفکـر اسـتبدادی حاکم بر ذهن‌مـان رهایی یابیم.

سروش, Sep 1, 2008

....

○ مهدی جامی عزیز

شـبهه دیگـر مـن در مـورد حمایت شـما از «شـورای همکاری ایرانی-آمریکایی» (یا چنیـن نامـی) بـا گذاشـتن تبلیغ وبسـایت آن اسـت. گرچـه ممکن اسـت در ظاهر نیت سیاسـی آن‌هـا بـه ضـرر منافـع ملی نباشـد، بـا ایـن حـال «...» مهره‌ی چندان سـالمی به نظـر نمی‌آیـد و «...» هم شـبهه‌ی بسـیاری در موردش وجـود دارد. سیاسـت زمانه در مـورد ایـن افـراد چیسـ‌ت و همـکاری بـا این‌هـا با چـه هدفی، چـه متـودی و چگونه تبییـن شـده اسـت؟

پـی نوشـت: شـخصا علاقـه‌ای بـه حملـه بـه اشـخاص نـدارم و ایـن گونه جـدل‌ها را معمـولا بـی نتیجـه می‌دانـم، ولی دوسـت دارم نظـر شـما را در مورد گـرد و خاک‌هایی کـه هسـتند و شـبهه‌ها بدانـم.

موضـوع دیگـر هـم ایـن اسـت کـه انتظـار نـدارم اسـتراتژی شـما در جواب یـک کامنت

کاملا بیان شـود، ولی دوسـت دارم به عنوان مخاطبی متعامل ایده ای از تاکتیک رسـانه ای شـما داشته باشم.

سینا, Sep 1, 2008

....

◉ سلام

جواب پرسش اول امین را فراموش کردید.

تأمین مالی یک پروژه همیشـه تحت یک نظـام کنترل‌کننده قـرار دارد. بودجـه‌ی پروژه‌ها هـم بـرای مـدت نامعلـوم مشخص نمی‌شـود، بلکه کسـانی کـه عهده‌دار انجام پـروژه شـده‌اند، مجبور هسـتند هرسـاله توفیق خود را در حرکت به سـوی هدف از پیش تعیین شـده، اسـتدلال و اثبات کنند، والا مدت پشـتیبانی مالی تمدید نمی‌شـود. دسـت‌اندرکاران ایـن پروژه‌هـا موظف هسـتند بـرای تمدیـد مـدت تأمیـن مالی از منبـع «مالیات‌ها»، با اسـتدلال و بـا ارایـه فاکت و سـند، ثابت کنند که حرکت پروژه به سـمت هدف تعریف شـده، در سـال گذشـته موفقیت‌آمیز بوده است.

طوری که از این نوشـته‌ی شـما پیداسـت، بودجـه‌ی پروژه رادیوزمانه تا سـال ۲۰۱۰ تأمین شـده اسـت. چـه اسـتدلال‌ها، فاکت‌هـا و اسـنادی موفقیت این پـروژه را بـه تأمین‌کنندگان بودجـه پـروژه رادیوزمانـه ثابت می‌کنـد. آیا جذب مخاطب/ و دو یا پنج‌برابرشـدن تعداد بازدیدکنندگان وبسـایت کافی است؟

مانی ب, Sep 1, 2008

....

◉ می نویسید: «امین نویسنده وبلاگ عنکبوت هم کامنت بلندی دارد که نظرات اوست».
این یعنی چه؟ کامنت همیشه «نظر» نویسنده‌ی کامنت است.

مانی ب, Sep 1, 2008

....

◉ یـک مطلبـی هـم در ٤دیـواری نوشـتم. لینکـش را این جـا می گـذارم و امیـدوارم که خلاف پرنسـیپ های پلورالیسـتی شـما نباشـد:

http://manib.blogfa.com/post-443.aspx

مانی ب, Sep 1, 2008

....

◯ آقـا مگـر میشـود کـه «شـما در هیـچ جـا و هیـچ کـدام نباشـید» بالاخره شـما یک رسـانه هسـتید. مگـر میشـود کـه نـه خطـی داشـته باشـید و نـه ربطـی؟ چـرا داریـد از آن سـوی بـام خودتـان را پـرت میکنید.

در ارتش میگویند استتار بیش از حد باعث کشف محل میشود.

همین.

شهاب, Sep 1, 2008

....

◯ جناب سروش:

حرف هـای شـما بـه کنـار. گوش هـا از ایـن حرفهایـی کـه می زنیـد پـر اسـت.

بـه خواننـدگان ایـن پیامگیـر نشـان بدهیـد کـه «بی ادبـی» مـن بـه عبـاس معروفی چـه بوده اسـت کـه آن را نمـی بخشـید؟

مانی ب, Sep 1, 2008

....

◯ من تنها قادر به استفاده از مطالب مکتوب و نوشته شده

در سـایت زمانـه هسـتم طریقـه آشـنایی مـن بـا زمانـه و روز آن لایـن هـم کیهـان چـاپ تهران بـود! چـون میدیـدم مـدام اسـامی ایـن سـایتها را مـی آورد و از آنهـا بـد گویی میکنـد و این مسـئله کنجـکاوی مـن را تحریـک کـرد تـا ببینـم ایـن سـایتها چیسـتند کـه انقـدر باعـث آزار کیهـان شـده انـد «عدو شـود سـبب خیـر اگر خـدا خواهد»اوایـل مـن هـم از ایـن کـه میدیدم سـایت جهـت دار نیسـت متعجب شـده بـودم

شـاید بـه خاطـر ایـن بـود کـه جهانـی اندیشـیدن و بـدون تعصب سیاسـی و فکـری بـه مسـائل نگریسـتن بـرای مـا ایرانیها دشـوار اسـت. مـی گوینـد اگـر دیـدی دشـمن پیـدا کـرده ای بدان در کارت موفـق بـوده ای. بـرای مـا کـه در ایران تحـت سانسـور خبـری هسـتیم

زمانه و بعضی از سایتهای دیگر فرصت مغتنمی هستند

تا پنجره سانسور را بگشاییم و با زمانه نفسی تازه کنیم بسیاری از مطالب زمانه جذاب

و خواندنیست و این به هیچ عنوان یک تعارف و کامپلیمنت نیست نگاهتان به مسائل

و وقایع انسانیست نه سیاسی

مثلا لحن گفتار و تشریح شما در مورد اعدامهای تابستان ٦٧

بیشتر تکیه بر ابعاد انسانی قضیه است و پرداختنتان به سوژه هایی که به قول شما برای

بسیاری از ایرانیان تابو است نشان از آزادمنشی و شجاعتتان در برخورد با دگماتیسم

موجود در جامعه ایران دارد

پاینده باشید.

بدون نام, Sep 2, 2008

....

◎ در صورتی که قرار نیست به کامنت ها جوابی داده شود لااقل بگویید که بدانیم، دیگر این راه را تا این جا نیاییم ببینیم کامنت ما ظاهر شده ولی جوابی برایش وجود ندارد!

سینا, Sep 3, 2008

....

● م.ج: خواننده عزیز، زمانه رابطه خاصی با شورای همکاری ایرانی ـ آمریکایی ندارد اما من شخصا با شما موافق نیستم که مدیران شورا یا کسانی مانند آقای امیراحمدی را بتوان با انگ زدن نادیده گرفت و کوچک شمرد و کارشان را مغرضانه یا بیهوده انگاشت. در ظرف جامعه آمریکا کار کسانی مانند آقایان امیر احمدی و پارسی بسیار ارزشمند است و من تا به حال چیزی از آنها ندیده و نشنیده ام که اعتقاد مرا به ارزش کار آنها متزلزل کند.

....

◎ چندی پیش استاد روزنامه نگاری دانشگاهی از تجربیات تدریس به روزنامه نگاران چینی سخن می گفت. این استاد که از روزنامه نگاران روزنامه دولتی استرالیایی است تعریف می کرد سخت ترین قسمت کار در چین این بود که روزنامه نگاران چینی

نمـی فهمیدنـد چطـور روزنامه ء مورد نظـر اسـترالیایی از دولت پول میگیرد امـا از دولت انتقـاد مـی کند و روزنامه مسـتقل و ازادی اسـت. این مفهوم برای ایرانیها با شـرایط تقریبا یکسـان حکومتی غیر قابل فهم اسـت.

مژده, Sep 3, 2008

....

آقـای جامـی مـن نمـی دانم که قسـم را باود کنـم یا دم خـروس را ؟ این شـروطی که شـما مبنـای کار قـرار دادیـد از نظـر مـن کامـلا درسـت و منطقی اسـت و بنده باشـما در ایـن مـورد هـم نظـرم اما جامـی عزیز وقتی کـه در مورد یک نفر با سـند و مـدرک حرف میزنیـم چرا سانسـور می کنید؟
خـوب اینجـا یک مشـکل پیش میـاد و آدم فکـر می کنه که جامـی میخواهد امـا اطرافیان نمـی گذارنـد؟ البتـه بـی مـورد هـم نیسـت چـون آدمهائـی کـه در اطراف شـما هسـتند سـابقه درخشـانی در زمینه حقوق بشـر و دمکراسـی نداشـتند (نه اینکه نمی دانسـتند). آخـر چگونـه مـی تـوان آدمـی را کـه تا دیـروز خواهـان اعـدام فـوری و بلادرنـگ آقای امیرانتظام بوده را در زمانه تحمل کرد؟ کسـانی که خود سـالها مخالفینشان را « گروهکهای امریکائـی» و یـا « تربچـه پـوک « «ضدانقلاب « « وابسـته « و ....می نامیدند امـروزه در رایو زمانـه نفـوذ کـرده و همـان واژه هـا را فقط به رژیم منتسـب می کند و خودشـان جاخالی مـی دهنـد؟...... آیـا گفتن ایـن موضوعات توهین بحسـاب مـی آید ؟ .
با تشکر .

آشنا, Sep 4, 2008

....

م.ج: *آشـنای عزیز من که سـند و مدرکی در حرفهای شـما ندیدم. اگر داشـتید برای مـن بفرسـتید. ولـی اگـر فرضـا هـم کسـی روزگاری عقایـد دیگری داشـته حـق تغییر برایـش محفـوظ اسـت. برای شـما هـم. اگر غیـر این باشـد فرقی با جمهوری اسـلامی باقـی نمـی ماند: شـما همیشـه متهم ایـد چـون روزی روزگاری از شـما حرفی شـنیده شـده یـا کاری سـر زده که بـه مذاق مـا خوش نیامده اسـت.*

با توجـه به متـن اعلانات؛ کتاب هانـا آرنت با ترجمه سـعید مقدم را نیافتـم. آگر قرار بـود در آینـده ان را منتشـر کنید حداقل متذکر می شـدید کـه «بـه زودی....» و اگر هم متن آمـاده اسـت پس چـرا در لینک کتابخانه به چشـم نمی‌آید.

Sep 5, 2008 -- alitahery

....

ایـن اعـلان کتاب اسـت که بـزودی زمانه انتشـار آن را شـروع خواهد کـرد. احتمالا در همین سـپتامبر. زمانه

....

خانم (یا آقای) مژده گرامی،

اگر در سـخنان شـما کمی بیشـتر موشـکافی کنیم در خواهیم یافت که (دسـت کم از نظر شـما) رادیـو زمانـه از دولت ایران پـول می گیرد:

«... روزنامـه نـگاران چینـی نمی فهمیدند چطور روزنامـه ء مورد نظر اسـترالیایی از دولت پـول میگیـرد اما از دولـت انتقاد می کند و روزنامه مسـتقل و ازادی اسـت.»

از آن گذشـته، ایـن رادیـو زمانـه (یـا آن روزنامـه ی اسـترالیائی و مانند آنها) نیسـت که از دولـت ایـران (یـا هـر دولت دیگری) انتقـاد می کند بلکـه گروهی از نویسـندگان و برنامه سـازان آن هسـتند کـه ایـن کار را می کنند.

اصـولاً کار یـک رسـانه دمکراتیـک و بـی طرف (دسـت کم از نـوع غربـی آن) هم چیزی بـه جـز ایـن نیسـت. (جملـه معـروف «نظـرات ابـراز شـده از طـرف شـرکت کننـدگان، مصاحبه شـوندگان، آگهی دهندگان و برنامه سـازان این رسـانه لزوماً نشـان دهنده نظرات گردانندگان، مدیـران یـا کارکنـان این رسـانه نیسـت!» از همین روی اسـت که در بیشـتر رسـانه هـای دمکراتیـک غربـی یـا ماننـد آن مورد اسـتفاده قـرار می گیـرد و هسـتند البته کسـانی کـه انتقاداتـی بـه همین مـورد ویژه ی اشـاره شـده دارند.)

ایـن کـه آیـا دولت ایران (یـا هر دولت دیگری) خرج رسـانه هـای آزاد را بدهد تـا آزادانه از دولـت و سـایرین انتقـاد کننـد هـم چیـز تازه ای نیسـت هر چنـد تفاوتهایـی در روش کارکـرد آنهـا وجـود دارد. (در مـورد دولتهـای کشـورهای دمکراتیک که به ایـن انتقادها و

گزارشهای مردمی نیاز دارند تا کار و خدمات خود را بهبود بخشیده و بهتر ارائه دهند و تا حد امکان از خطاها جلوگیری کنند. موضوع بیشتر به خاطر سازندگی است. در مورد کشورهایی با سامانه های حکومتی و اداری خود سر و انحصارگرا یا تمامیت خواه همچون چین یا ایران، موضوع بیشتر به خاطر شناسایی مخالفین و احیاناً تحت تعقیب قرار دادن و نابود کردن آنها در آینده است تا سازندگی.)

به هر صورت، کمتر موردی در حتی رسانه های دمکراتیک غربی به چشم می خورد که سردبیر رسانه «مجبور» به پاسخ گویی مستقیم به مخاطبین خود باشد مگر واقعاً مورد خاصی وجود داشته باشد. سردبیر رسانه ها معمولاً تنها به یک سرمقاله یا سخن سردبیر در هر شماره بسنده دارند و بیشتر به همان ویرایش نبشته های دیگران و کارهای اینچنینی می پردازند هر چند باید پذیرفت که موقعیت رسانه ای همچون رادیو زمانه (که از اینترنت پخش می شود) با سایر رسانه ها تفاوتهای عمده ای دارد. فرد گرامی دیگری (آقا یا خانم سروش) نیز پس از بررسی خیلی خوب و بی طرفانه ای که از کارکرد رادیو زمانه یا سایرین کرده اند، اشاره ای هم داشته اند به کاربرد خوب زبان پارسی در بعضی از رسانه ها و نبود یا کمبود آن (فرضاً به دلیل نبودن ویراستاری یکدست) در رادیو زمانه که من هم تا حدی با آن موافقت دارم اما همین سبک موجود زمانه را بیشتر می پسندم چون به من این فرصت را می دهد تا با سبک نویسندگی، استدلال و حرف زدن افرادی که برای زمانه کاری انجام می دهند یا متنی می فرستند از نزدیک و «بدون واسطه» آشنا شوم.

حرف دیگر آنکه، اگر در اینجا صحبت از «فارسی درست» است، خود آن دوست محترم که از رادیو زمانه به خاطر فارسی ضعیف یا نادرست یا هر چیز دیگر انتقاد کرده اند (و باید یادآوری کنم که فارسی خودشان از نظر من فارسی کاملاً خوبی هم هست!) اما یک اشکال عمده در کارشان وجود دارد (که در کار بسیاری از فارسی زبانان حتی فرهیخته و با سواد بالا نیز دیده میشود) و آن استفاده از فعل جعلی «می باشد» است.

اگر در دستور زبان فارسی کلاسیک اندکی ژرف تر بنگریم درخواهیم یافت که مصدری به نام «باشیدن» اصلاً و ابداً وجود خارجی ندارد که فعل مضارع «می باشد»

از آن استخراج شود!
این که این فعل جعلی کجا و کی وارد این زبان تکه پاره و نابسامان شد از دانش اندک من به دور است اما احتمالاً از نثر الکن و نا به هنجار اداری و بوروکراتیک ایران (که ریشه ای دست کم سه هزار ساله در زبانهای آرامیک دارد) وارد ادبیات رسانه ای و حتی هنری ایران شده است.
به هر حال از این نمونه ها متاسفانه در زبان شیرین پارسی زیاد است و تنها راه شاید این باشد که به عنوان «غلط مصطلح» آنها را بپذیریم و زیاد خود را با سخن گفتن درباره ی آنها نیازاریم. با سپاس

Sep 5, 2008 -- bnob

....

مسؤول محترم رادیو زمانه،من یک بهائی هستم که سایت شما را گهگاهی می بینم. چون دراینجا صحبت از کم وکیف ومقاصد زمانه شد، یادم آمد حضرت بهاءالله از روزنامه به عنوان «آینۀ حقیقت » یادکرده اند. یعنی روزنامه ورسانه ها باید آینهء حقیقت باشند. آنچه حقیقت است بنویسند و بگویند. ملاک محبوبیت یک رسانه وازجمله زمانه به نظرم همین است که پس ازمدتی مردم ببینند واقعاً به دنبال حقایق بوده است. اگرچنین نباشد دست ها رو می شود وشرمندگی نزد افکارعمومی حتمی است. با آرزوی توفیق برای شما وهمهء ایرانیان عزیزی که دستی دررسانه ها دارند وبرای سربلندی ایران می کوشند تا جهانیان بدانند فرزندان ایران اهل حقیقت اند ومایل اند درخانوادهء بزرگ انسانی دراین کرهء خاکی قدمی درراه صلح وصفا وهمکاری بردارند ورسم دروغ وریا واختلاف وجدایی ها را براندازند. امیدوارم دررساندن حقایق، خدا وخلق خدا کمکتان کنند. با تشکراززحماتی که می کشید

نوید, Sep 6, 2008

....

در پاسخ به bnob

بخش مربوط به اظهار های خوانندگان، نامه به سردبیر، و به قول قدیمی تر ها،

«احتجاجـات»، و بـه قول هـم میهنان ینگ دنیایی «کامنت ها»؛ از پر خواننده ترین قسـمت هـای یک نشـریه (از هر رقم) بوده و هسـت. درج و انتشـار اظهار نظر هـا و موضوع های مطرح شـده تَوَسُّـط خوانندگان و شـنوندگان ؛ امـری تازه و ابتکاری و منحصـر به «زمانه» نیسـت. از همیـن رو مـن هم هر بار به هر رسـانه ای که سـر مـی زنم، اوّل به سـراغ اظهار نظـر هـای ابراز شـده تَوَسُّـط خوانندگان مـی روم. در برخـی موارد، به نظریـه های جالب و پـر مغـزی مـی تـوان برخورد و گاهـی نیز اظهار نظـر هایی مـی خوانی کـه دود از نهاد آدمـی بلنـد مـی کنـد. مانند اظهـار نظری کـه در بالا و بـا امضای **bnob** درج شـده اسـت.

این دوسـت محترم در بارهء یادداشـت ارسـالی من، اظهار نظری کرده و می نویسـد: «اگر در دسـتور زبـان فارسـی کلاسـیک اندکی ژرف تـر بنگریم در خواهیم یافـت که مصدری بـه نـام «باشـیدن» اصـلاً و ابـداً وجـود خارجی نـدارد کـه فعل مضـارع «می باشـد» از آن اسـتخراج شـود!». چـون مـن در جایی از نوشـتهء خود، فعل «می باشـد» را بـه کار برده ام. جـل الخالق!، دوسـت عزیـز، من از این بیم دارم که کسـی مطلب شـما را بخواند و حرف شـما را بـاور کنـد کـه به راسـتی و بـه قول شـما «مصدری به نـام «باشـیدن» اصـلاً و ابداً وجـود خارجـی ندارد که فعل مضارع «می باشـد» از آن اسـتخراج شـود!». چـرا گز نکرده پـاره مـی فرماییـد؟! لازم بـه ژرف نگـری نیسـت، بلکـه فقـط مثال هـای زیـر بخوانید تا بدانیـد کـه مصدر باشـیدن در زبان فارسـی وجود داشـته اسـت و یاخیر!.

شـادروان محمّد جواد مشـکور، در کتاب دسـتور نامه شـاهدی در مورد مصدر «باشـیدن» از تاریـخ سیسـتان (کـه از قدیمـی تریـن متـن های منثور زبان فارسـی اسـت) نقـل کرده اسـت، بـه ایـن شـرح: «... و بـه هیچ جای مردم نباشـد به نـان و نمک، و فراخ معیشـت و عـادت کریم ایشـان، خـود این بود و بودسـت و همین باشـد.»

مرحـوم محمّـد معیـن در توضیـح «باشـیدن» می نویسـد: «از این مصـدر فقط مضـارع ... (درسـت بر خلاف گفتهء شـما)، امر ... و اسـم مصدر ... اسـتعمال می شـود. «میباشـد» به جـای «هسـت» متداول اسـت» . بـه نقـل از فرهنگ معین.

و ایـن هـم شـاهدی دیگـر: «آنگاه سـلطان اشـارت کرد کـه این مـرد را به خانـهء خود گسـیل کننـد کـه مـن بعـد باشـیدن او در اینجا مصلحت نیسـت» (دولتشـاه) بـه نقل از

لغتنامه دهخدا.

در ضمن، در فرهنگ بزرگ سخن، تألیف استاد گرانقدرم حسن انوری نیز شرحی در بارهء «باشیدن» می توانید ملاحظه کنید.

البته این گونه سایت ها، جای پرداختن به این گونه مباحث «ملانقطی» نیست بلکه باید مراقب بود که کسانی با قر و غربیل و با نوشتن جُمله هایی مثل « آیتم جدید دیگری که به دیسکو اضافه شده و ...»، بیش از این به زبان فارسی (که زبان بیش از ۱۵۰ میلیون نفر در دنیاست)، گند نزنند.

فعلاً خدا حافظ و می روم در بارهء مطلبی از آقای جامی در این «سکشن»، و خیلی «ریلکس» و با «ابجکتیوتی» و به طور «ایمپارشیل»، «کامنت» بکنم.

میرزا, Sep 6, 2008

....

مهدی جامی عزیز

باز بودن شما و زمانه در برخورد با آدم ها قابل ستایش است، اما آیا زمانه نباید در برخورد با نیروهای متفاوت و مخالف مواظبت بیشتری به خرج بدهد؟

آیا زمانه با وارد کردن خود به بازی های سیاسی، به سمت این که هویت خود را از دست بدهد پیش نمی رود؟

نوشته های اخیر اکبر گنجی به وضوح Stereotype می کنند و کسی پاسخگو نیست.

آیا زمانه خود را پاسخگوی نوشته هایی که در آن درج می شود نمی داند؟

سینا, Sep 6, 2008

....

معنی سکوت شما به عنوان بنیان گذار را نمی فهمم. همه دارند روش ژورنالیستی اکبر گنجی را نقد می کنند، سری به کامنت های پای مطلب بیاندازید. مخاطب زمانه این قدر آگاه است که این روش ها را درک کند وقتی خود «مریم اقدمی» آن ها را نقد می کند. ایشان که پاسخگو نیست، شما هم تنها این ها را منتشر می کنید تنها به خاطر این که زمانه باید صداهای مختلف را منتشر کند؟

مهدی جامی عزیز
شاید وضعیت شما با آقای گنجی طوری نباشد که از ایشان بخواهید به نظرات دیگران پاسخگو باشند، اما آیا زمانه به صرف این که رسانه ای شده، بهتر نیست هویت «وبلاگ وار» خود را تا حدی حفظ کرده و آن را از دست ندهد؟ آیا قضایایی که اشاره کرده ام (تبلیغ برای شورای ایرانی-آمریکایی و انتشار آرای جنجالی گنجی) هویت زمانه را عوض نمی کنند؟ آیا تغییر این هویت منفی نیست؟
در نهایت، از شما خواهش می کنم که جواب سوالاتم را بدهید. گرچه می دانم، این که سکوت کنید کار راحتی است.
سینا, Sep 7, 2008

....

◎ دوستان گرامی «سروش» و «میرزا»،
با پوزش از هر دوی شما، چون یکی را به جای دیگری گرفتم! امیدوارم که مرا ببخشید .
با میرزای گرامی نیز همرای هستم که بخش «نظرها»ی (خوانندگان) هر رسانه ای از جذابترین و حتی مهمترین آنها است و همچون شما من هم این بخش را در هر رسانه ای (به ویژه از نوع نوشتاری آن) حتماً وارسی (یا به فارسی غلط اما مصطلح آن، «چِک») می کنم، درست به همان برهانهایی که شما آورده اید.
مانند شما، من هم از بحثهای ملانقطی گریزانم اما به گمان من گاهی به آنها نیاز هست به ویژه اگر موضوع مورد بحث دچار سردرگمی یا «مغلطه» و مانند آن شود و امیدوارم دودی که به خاطر خواندن نظر من از «نهاد» نازنین شما به هوا برخاسته خدای ناخواسته درونش را از ماده ی پر ارزش خاکستری آن خالی نکرده باشد.
مراجعی که شما برای اثبات وجود مصدر جعلی «باشیدن» ارائه می دهید (و تکرار می کنم: مصدر «جعلی» که ا ین هم بدان مفهوم نیست که این مصدر مورد استفاده نیست چرا که خیلی زیادی هم هست منتهی اصالتاً به زبان پارسی تعلق ندارد و از جای دیگر وارد این زبان «متَجاوز و متِجاوز» شده) همگی مراجعی هستند مستند

اما نه چندان مستدل چرا که در موارد داستانی و تاریخی که آورده اید، بیشترشان از متونی هستند که به روش ادبی متداول زمان خود نگاشته شده اند و نگارنده های آنها برای ابراز مقصود خود از هر نوع واژه یا فعل رایج دوران خود حتماً در آنها استفاده کرده اند که همچنان، صرف به کار گیری زیاد و «غلط مصطلح» بودن بسیاری از این «کلمات» یا افعال، اصلاً دلیلی بر «اصالت» و پارسی بودن آنها نیست. کار بدی هم نیست: به هر حال، زبان دست آخر یک ابزار است برای ایجاد ارتباط بین افراد و دست کم در کاربرد روزمره و «بازاری یا اداری» آن نیاز چندانی به مو را از ماست کشیدن نیست. (این هم یادمان نرود که در اغلب آنگونه متون قدیمی که بیشترشان را ادیبان درباری یا همتایانشان «تهیه» می کردند معمولاً و به دلایلی بدیهی، سعی در استفاده از «الفاظ و لغات» خاص و بعضاً ناملموس در کنار واژگان دیگر می شده است و بیشتر این افراد به دلیل اتصالشان به مراجع قدرت بوده است که به عنوان «مرجع» ادبی در تاریخ ثبت شده اند نه به خاطر ارزش واقعی یا حقیقی آثارشان. البته این سخن آخر من هم نه فقط چیزی از ارزش تاریخی این آثار کم نمی کند که به درستی متوجه ارزش بالای این آثار از جنبه ی آشنا کردن ما با فرهنگ ادبی و مسایل تاریخی و اجتماعی دوره های خاص نگارندگان آنها می شویم.)

اگر به صرف مصرفی بودن هر کلمه ای بخواهیم آن را اصیل و بومی زبانی که در آن راه یافته اند بدانیم، پس باید بسیاری از واژه های فرانسوی و انگلیسی و آلمانی و روسی و غیره را که به واسطه ی استعمال بی رویه در زبان فارسی (و نه پارسی) تقریباً به حالت طبیعی (naturalized) درآمده اند جزئی جدا ناشدنی از این زبان بدانیم (همچون بسیاری از لغات عربی که بیش از ۱۵ قرن است چنین وضعیتی را در زبان ما یافته اند. در مورد واژگان پارسی راه یافته به زبانهای دیگر منجمله عربی هم که وضع البته به همین منوال است! جالب آنکه بسیاری از ادبای کلاسیک ایرانی، برای معادلسازی کلمات فنی وارداتی و «فرنگی» از زبان عربی کمک می گیرند و فرضاً برای electricity از لغت ظاهراً عربی «برق» استفاده می کنند که کار چندان بدی هم نیست چرا که ارتباط دو زبان پارسی و عربی بسیار قدیمی تر از ارتباط هر دوی این زبانها با

«گویشـهای جدیـد» زبانهـای اروپایی اسـت. امـا اگر بدانید کـه عربها از چـه واژه ای برای «طبیعـی کـردن» همـان لغت یاد شـده ی اروپایی می کنند، احتمالاً دود بیشـتری از نهادتان بـر خواهـد خاسـت! آنهـا از واژه ی بسـیار زیبا، کهن و دوسـت داشـتنی «کهربـا» به جای الکتریسـته یـا برق بهـره جویی می فرمایند! بحمدالـه و ربّ العالمین، مرحبا، احسـنت! اما اگـر جرأت داریم، این را به اسـاتید، ببخشـید، اوسـتایان کلاسـیک و بعضـاً متعصب زبان فارسـی بگوییـم که حتی امروزه هم بعضیشـان هنـوز اصرار در بـه کارگیری کلمات عربی در برابـر سـازی لغـات وارداتـی بـه جای بهره جویـی از واژگان زیب ا و درسـت پارسـی دارنـد ... بگذریم.)

از دیگـر مـوارد مشـابه با فعل جعلی «می باشـم» کلمـه ی ترکیبی احمقانه و «کلیشـه ای» و قـراردادی «اینجانـب» اسـت که اگر در بیشـتر نامـه نگاریهای رسـمی و ادرای ایران (چه دولتـی و چـه در بخـش خصوصی) جای ضمیر سـاده و مفـرد «من» را نگیـرد (حتی پس از گذشـت نزدیـک به سـی سـال کـه از پایه گزاری نهـادی بزرگ بـرای از بین بـردن این بلاهتهـا در ایـران مـی گـذرد!) کار شـخص مراجـع در میـان پیـچ و خمهـای مسـخره ی دفتربـازی و کاغذبـازی اداری ایـران نه فقط گیر خواهد کرد که حتی ممکن اسـت عواقب ناراحـت کننـده ای (همچون متهم شـدن بـه خودپرسـتی، غربزدگی، از خـود بیگانگی، یا حتی بیسـوادی) نیز داشـته باشـد! (مشـابه این امر هنوز در بعضی از کشـورهای پیشـرفته ی غربـی نیز مشـاهده می شـود، بخصـوص در آمریکا ...)

در آخر، از مرجع ارزشـمند دکتر معین مثال آورده اید که بسـیار جالب اسـت اما خواهش مـی کنـم دوباره به آن مرجع مراجعه فرمائید تا ببینند که ایشـان (همچون بیشـتر اوسـتایان فرهیختـه و گرامـی در بیشـتر زبانهای دنیا) دارند در آن بخـش از اینکه چگونه یک واژه ی وارداتـی در زبـان فارسـی روزمره مورد اسـتفاده قرار می گیرد سـخن مـی گویند، نه اینکه چگونـه «باید» مورد اسـتفاده قرار گیرد!

ایـن کار همگی اسـتادان پیشـرفته و دانشـمند و غیر متعصـب زبان در همه ی کشـورهای دنیا اسـت (و از نظر من هم کار درسـتی اسـت) که اگر نشـد واژه ای اصیل (اما نه «نبش قبـر» شـده) بـرای کلمـات وارداتـی بیابند پس «غلـط مصطلح» را به رسـمیت شـناخته و

نهایتاً بـه نوعـی و بـا تمهیدات خـاص دسـتوری آن کلمـه ی وارداتـی را «طبیعـی» زبان موجـود کننـد، کـه به واقع این همان کاری اسـت که عـوام و خلق الله در همـه جا به طور غریـزی و ذاتـی از دیربـاز کرده و می کنند و اسـتادان تیزهوش تنها با دنبالـه روی از آنان و بـا رعایـت احتیاطات لازمه، سـعی می کننـد با به سـامان کردن این حرکـت خودبخودی، بـه زبـان «قواعـد و دسـتور» بدهند و اگر شـد، جلـوی «هرج و مـرج زبانـی» را هم تا حد امـکان بگیرنـد تـا زبانهای موجـود و زنده، به قول معـروف پویایی و زنده-گی خـود را از دسـت نـداده و به سرنوشـت زبانهـای مرده یـا نیمه مرده همچـون لاتین، سانسـکریت یا اوسـتایی وماننـد آنها در نیایند.

اگـر هـم شـما (چون خـود من) نگـران این باقیمانـده ی نه چندان پر جمعیتی هسـتید که هنـوز بـه ایـن زبان باسـتانی و حقاً زیبا و پر ارزش سـخن گفته و (بیایید بـا هم دعا کنیم!) تقریبـاً در حفـظ آن کوشـا نیـز هسـتند، پـس لطفاً به گویشـهای دیگـر پارسـی هم دقت بفرماییـد کـه تـا چـه حد مـورد تاخـت و تاز (اگـر نه تجـاوز) زبانهـای دیگر قـرار گرفته انـد. بـه عنوان مثال، حـرف تعریف the رایج در زبان انگلیسـی به صورت «دِ» در پارسـی افغانـی نیز اسـتفاده می شـود هر چند که در فارسـی ایران کاربردی نـدارد (مگر در بعضی از گویشـهای محلـی دور افتـاده.) در نـگاه اول ایـن ممکن اسـت تا حدی نگـران کننده و ناراحـت کننـده به نظر رسـد اما بـا اندکی نـگاه ژرف تـر در خواهیم یافت تعـداد واژگان (و حتـی بعضـی از قواعد دسـتوری) نزدیک، هم-ریشـه یا حتی در بعضـی از موارد کاملاً همصـدا، در زبانهـای ایرانـی و اروپایی و هندی (و حتی در بعضی مـوارد ژاپنی و چینی و مغولـی و آفریقایـی و سـواحیلی و ...!) آنچنان زیاد اسـت کـه به کار گیری ایـن واژه های بـه اصطـلاح «بیگانـه» را در زبـان مـا یا آنها تا حد زیادی توجیه کرده و شـاید حتی بشـود آن را تشـویق نیـز کـرد! (البته به شـرطی کـه ارتباط افراد با زبان مادری و باسـتانی شـان به طـور مطلق قطع نشـود و به آن «گند» زده نشـود!)

بـه همیـن دلیـل اسـت کـه پـس از run کـردن (ران-دَن، بـه راه انداختـن، حرکـت دادن) دسـتگاه رایانـه (کامپیوتر) و بـار (load) کردن برنامه ی مرورگر (browser) و وارد شـدن (entering) بـه تارنمـای (website) رادیو زمانه و خواندن نظرهایی چون آنِ شـما یا من

(that of yours or mine) مـی تـوان اندکـی تـا قسـمتی امیـدوار بود که هنـوز این زبان خوشـبختانه زنـده و حتـی پویـا اسـت وگرنه من و شـما یا سـایرین از اینگونه سـخنهای عجیبـه و غریبه در اینجا نمـی راندیم!

با سپاس،

Sep 7, 2008 -- bnob

....

◯ آقای جامی

ثعجـب میکنم از شـما کـه کامنت آقای «شـهاب» را که به زیرکی بی طرفی و نا وابسـتگی شـما را به زیر سئوال برده اسـت بی جواب گذاشتید.

خواسـتار کمـی دقت از جانب شـما هستم.شـاید هم اقامـت طولانی در فرنگ شـما را از درک ظرائـف زبان فارسـی دور کرده اسـت.

امیر پرویز هوشیار, Sep 7, 2008

....

● م.ج: *من نگران این دست مطالب نیستم. نگران ام که چرا کسی مثل شما هم باید با نام شهاب کامنت بگذارد و هم با نام دیگری بحث ان را به میان بکشد. اگر علاقه مندید چنین رفتاری داشته باشید دست کم مراقب باشید آی پی هاتان یکی نشود.*

....

◯ «خـط قرمـز مـا ترور و گروگان گیری و آدم ربایی اسـت و اتهـام. در این موارد مراقبت مضاعـف داریـم و هیـچ تعارفی هم با کسـی نداریم.» ولـی یک نموره با جنـدالله و ریگی تعـارف داریـم به اونها که می رسـیم می شـوند گروه مسـلح سـنی مذهب بلوچ پیشـوند و پسـوند تروریست یوخدی.

Sep 7, 2008 -- rezar

....

● م.ج: *گـروه جنـدالله و هـر گروهـی که دسـت بـه تـرور و آدم ربایی و قتـل گروگان بزند بـی هیچ تردیدی تروریسـت است.*

○ درود بر شما !

بـا آشنائـی مختصـری بـا شـیوه کار اروپائـی هـا و ارزشـی کـه آنـان به آزادی بیـان مـی دهنـد مـی تـوان یقیـن داشـت کـه آنـان، و در ایـن مـورد ویـژه آن دسـتگاه های دولتـی کـه هزینه رادیـو زمانـه را مـی پردازنـد خطـوط قرمـزی بجـز رعایـت آزادی بیـان بـرای رادیـو تعیین نمـی کننـد.

گمان من این اسـت کـه گرداننـدگان رادیـو زمانه احتمالاً خودشـان بـرای خودشـان مقـداری خطـوط قرمـز معیـن کـرده انـد. بـرای نمونه از محرومیت دانشـجویان ایرانـی از تحصیـل در برخـی رشـته هـای دانشـگاهی در هلنـد اخبار و تفسـیرهای چندانـی در رادیو زمانه نمی تـوان یافـت. از ایـن گذشـته بـه نظـر مـی رسـد کـه گرداننـدگان رادیـو تـلاش بـر ایـن دارند کـه مشـی رادیـو را در قبـال دولتمـردان ایـران تا انـدازه ای ملایـم نشـان دهنـد. شـاید گونه ای تقلیـد از شـیوه بـی بـی سـی که هـدف آن تسـهیل کار گـزارش دهـی از ایـران باشـد. امـا به بـاور مـن زننـده تریـن چیزی کـه در رادیـو زمانه منتشـر شـده مطلبـی بـود کـه در آن از پیامبر اسـلام به عنـوان فـردی امیـن و درسـتکار یـاد شـده بـود. بیـاد داشـته باشـیم که پیامبر اسـلام قوانیـن ویـژه ای بـرای خـود وضـع کـرد و بـا جنـگ و خونریـزی دیـن خـود را گسـترش داد.

ه. ه، Sep 7, 2008

....

○ با سلام

شـما اخبـار فعـالان قومـی ایـران را بـه انـدازه فعـالان مرکـز گزارش نمـی کنید. آیا این ناشـی از اصـول حرفـه ای شماسـت یـا مـورد پسـند مخاطبـان شـما نیسـت؟ مـن چندیـن بار هم بـه خاطـر ایـن تبعیـض کامنت گذاشـتم ولـی شـما آنهـا را سانسـور کردیـن. من نمـی دانم تفـاوت دانشـجوی مرکـز بـا دانشـجوی سـنندجی یـا تبریـزی در اعتراض بـه سیاسـتهای غیر انسـانی حکومت چیسـت؟

علی , Sep 7, 2008

....

● م.ج: در بـاره کامنتهـا مـا سیاسـت خـاص خـود را داریـم کـه بـزودی از آنهـا به طور

روشن با مخاطبان سخن خواهیم گفت و نظرخواهی می کنیم. اما در باره اخبار فعالان قومی اگر خبرهای مستند و قابل اعتماد برسد حتما به آن توجه خواهد شد. مشکل در این است که بتوانیم سندیت خبر را از تخیل و اغراق جدا کنیم. ما در زمانه معتقدیم که ایران فقط تهران نیست اما برای محقق کردن شعار خود به همکاری دوستان قابل اعتماد نیاز داریم.

....

○ زمانه خط قرمزی ندارد : فعلا نقد اکبر گنجی (توسط زمانه) خط قرمز، نه؟

سینا, Sep 8, 2008

....

● م.ج: زمانه نقد نمی نویسد بلکه افراد و همکاران اند که می نویسند. تا به حال هم اگر نقدی از گنجی به دست مان رسیده منتشر کرده ایم.

....

○ چندی قبل مطلبی از مسعود نقره کار در سایت شما ظاهر شد که فقط چند دقیقه روی سایت شما ماند و بعد غیبش کردید. علت چه بود تا آنجا که من یادم هست از خط قرمز هایی که به آن ها اشاره کردید در آن مطلب خبری نبود , چرا مطلب را مثل برق غیبش کردید؟

پ-- شیوا, Sep 9, 2008

....

● م.ج: در بانک داده های زمانه چنین چیزی پیدا نکردم. اطلاعات بیشتری لازم است. مثلا تاریخ و عنوان و احتمالا صفحه ای که موضوع را در آنجا دیده اید. ولی اگر چنین اتفاقی افتاده باشد می تواند عمدتا به دلیل محدودیتهای کپی رایت باشد که البته موارد آن بسیار معدود است. دلیل سیاسی برای آن نمی توانم متصور شوم.

....

○ آقای جامی مقاله آقای نقره کار در باره سنگسار سمیه بود و عنوان آن بنیادگرایی و آن سوی چهره انسان بود و تاریخ هم می باید فوریه یا مارچ باشد مقاله را من چند

روز بعد در سایت گویا نیوز دیدم . چشـم انتظار جواب شـما هستم.

شیوا, Sep 9, 2008

....

● م.ج: مـن آن را در گویـا هـم پیـدا نکـردم. لطفـا لینـک مطلـب را بـرای مـن بفرسـتید. امـا در بـاره سـمیه زمانـه چندین مطلـب و خبـر کار کرده است و دلیلـی نداشـته مطلبی از آقـای نقـره کار منتشـر نشـود گرچه بـه یـاد نمـی اورم ایشـان اصولا مطلبـی بـرای ما فرسـتاده باشـند.

....

○ باسـلام مجـددو تشـکر از شـما, مقالـه را در آرشـیو آقـای نقـره کار در اخبـار روز پیدا کـردم و ایـن هـم لینـک آن:

http://www.akhbar-rooz.com/article.jsp?essayId=14176

شیوا, Sep 10, 2008

....

○ «ایـن نـگاه حتمـا جایـی در فرهنـگ ما ریشـه دارد که کاویـدن اش همین الان منظور من نیسـت. اینکـه فکر می کنیم: نمـی شـود کسـی پولـی گذاشـته باشـد و شـرط هـای خاص نگذاشـته باشـد.»

حقیقتـاً حقیـر, با این فرهنـگ از ریشـه خـراب اش, بـس شـائق شـد کـه از فرهنـگ آن قومی سـر در آورد کـه بـرای رضـای خـدا پـول خرج می کننـد. اگر قـدری بیشـتر توضیـح می دادی شـاید بـه حل فلسـفی مسـئله ی پیچیده ی اخلاقـی altruism هم کمکـی می کرد.

من, Sep 10, 2008

زندگی در زمانه بــادها و بیــدها

معصومه ناصری

شش آبان هشتاد و هفت

ایمیلی که ساعت سه و بیست و شش دقیقه بامداد گرفته‌ام حکایت از آن دارد که نشانی دیگری از نشانی‌های زمانه در ایران فیلتر شده است و باید فکر تازه‌ای برای مخاطبان ایران‌نشینمان بکنیم. در دو سال و اندی که از عمر زمانه می‌گذرد، مدام از یک در بیرونمان انداخته‌اند و ما از پنجره دیگری به سراغ مخاطبانمان رفته‌ایم. مدام تلاش کرده‌اند متوقفمان کنند و ما بی‌وقفه حرکت کرده‌ایم.

دو سال پیش در آیین گشایش رادیــو زمانه گفتم که تــا امــروز در روزنامه‌های مختلفــی کار کــرده‌ام کــه توقیف شــده‌اند؛ امــا دموکراســی کهنسال اروپایــی این اطمینان را می‌دهــد کــه رادیــو زمانه، دســت‌کم توقیف نمی‌شــود؛ امــا نمی‌دانم چه اتفاق دیگــری ممکن اســت بیافتد.

آن روزهــا، فکر کــردن بــه زمانــه‌ای چنیــن کــه هســت، شــوخی بــود. مــا به ســبک و ســیاق چریکی از وسط کوره راه‌هــا خودمان را به «زمانه»ای رساندیم کــه امــروز می‌بینید. البتــه ایــن کار را بــه رایگان نکرده‌ایــم و منتی هــم بــر ســر کســی نداریــم. هــر چنــد تعــدادی از کســانی کــه کارهایشان را می‌بینید و می‌خوانیــد، بی‌مــزد و منت بــرای زمانه کار کرده‌انــد.

تا پیش از اینکه در رادیو زمانه خودم را سر کار بگذارم، تلخ‌ترین تجربه روزنامه‌نگاری را توقیف شدن می‌دانستم؛ اما به برکت زندگی و کار در فضای دموکراتیک فهمیدم تلخ‌تر از توقیف هم می‌تواند باشد.

همان روزهای اول، کسانی گفتند که شما تحت تاثیر ایدئولوژی جمهوری اسلامی هستید. باید چند سالی اینجا بمانید و زهر ایدئولوژی از جانتان بیرون برود تا بتوانید مثل یک روزنامه‌نگار واقعی نگاهی راستین و خالی از خدشه به جهان داشته باشید.

ما گمان می‌کردیم که بر همین «کسان» هم چنین روزگاری گذشته است و در پیچ و خم رودخانه مهاجرت، روحشان دموکراسی را درک کرده است و امیدوار بودیم این آب از سر ما هم بگذرد و روزگاری، صاف و بی‌خدشه شویم.

بعضی‌ها به ما چند نفر که از ایران آمده بودیم به عنوان سربازهایی نگاه می‌کردند که از خط مقدم جبهه به شهر فرا خوانده شده‌اند و معترض بودند که ما به این‌ها در خط مقدم جبهه، در ایران، احتیاج داریم. بعضی‌ها امیدوار بودند با افتتاح رادیو زمانه، بر سهمیه روزانه «فحش» به جمهوری اسلامی افزوده شود. بعضی‌ها هنوز از اینکه ما فحش نمی‌دهیم، دلخورند.

از شما چه پنهان، وقتی در محدوده مرز پرگهر زندگی می‌کردیم، دنیای ملول و محدودی داشتیم! خودمان بودیم و محافظه‌کارها و اصلاح‌طلب‌ها. یک تعداد کم‌شمار رادیکال دو طرفه هم آن وسط‌ها رژه می‌رفتند که چندان خاطر خطیر ما را نمی‌آزردند. حالا که زده‌ایم بیرون می‌بینیم چه دود و دمی در فضای فعالیت سیاسی برپاست. دود و دمی که وقتی در ایران بودیم، به چشممان نمی‌آمد.

حالا فکر می‌کنم رقصیدن به ساز سیاست، تلخ‌ترین تجربه روزنامه‌نگاری باید باشد. اجباری که در زمانه سعی کردیم به آن تن ندهیم و این، آسان نبود.

خیلی‌ها از زمانه تعریف می‌کنند. کسانی هم هستند که نقد می‌کنند و کسانی هم زیر یک خم زمانه را گرفته‌اند؛ به قصد کله‌پا کردن آن. تعداد کم‌شمار آن‌هایی که چشم دیدن زمانه را ندارند، به ما این اطمینان را می‌دهد که اکثریت

مطبوعـی از مخاطبان رسانه‌های فارسی‌زبان بـه زمانه اعتمـاد کرده‌اند.

ایـن اعتمـاد فقـط بـه اتکای کار سـخت امـا دلپذیـر در ایـن مـدت ایجاد نشده اسـت. مـا می‌دانیـم کـه کسـانی هسـتند کـه بـه دقـت مراقـب رفتـار رسـانه‌ای مـا هسـتند. کسـانی کـه بـه درسـتی، زمانـه را زمانـه خودشـان می‌داننـد هـر وقـت کـه وقتـش باشـد، از انـذار و تبشـیر دریـغ نمی‌کننـد.

هیـچ چیـز بـه انـدازه یـک نقـد نفس‌گیـر بـرای مـا جـذاب نیسـت. نقـدی چنیـن مـا را وا مـی‌دارد بـه فکـر کـردن، بـه تامل، بـه تفکر و بـه بازبینی خودمـان و چهره‌مـان در آیینـه نوشـته‌های دیگـران. گیـرم کـه کمـی رو تـرش کنیم.

مـن از آن دسـته نیسـتم کـه نقـد را بـه سـازنده و غیر سـازنده تقسـیم کنم. نقـد، وقتی از جانـب دیگـران می‌رسـد نقـد اسـت، اگـر مـا از جملـه «یتدبرون و یتفکرون» باشـیم و بـه فکـر بازبینـی کارمـان بیافتیـم، آن وقـت ایـن نقـد، متصف می‌شـود بـه صفت «سـازنده» وگرنـه، حـرف و نقـل در عالـم بسـیار اسـت و ایـن هـم یکـی می‌شـود از آن هـزاران کـه انـگار گوینـده‌اش را مـادر نزاده اسـت.

مـا در زمانـه، خودمـان را از معصومین نمی‌دانیم، دلبسـته زمانه‌ایـم و متعصب بـه آن نـه. بـرای همیـن همیشـه بـرای نقدهـا و نقل‌هـا، در حالت آماده باشـیم. اما سـبک و سـیاق‌مان مسیح‌وار هـم نیسـت کـه وقتـی از سـر بی‌انصافی، کسـی صورتمان را بـه سـیلی سـپرد، رخ بچرخانیم کـه بفرماییـد گونه چپمان را هـم بنوازید.

کـم و کاستی‌هایمـان را اگر بخواهیـد بشـمرم، البتـه انگشـت کـم مـی‌آورم؛ اما رسـانه‌ای کـه اشـتباه می‌کنـد و از اشـتباهش می‌آمـوزد می‌توانـد امیدوار باشـد کـه کاستی‌هایش هـم، کم‌عـدد شـوند. چنان‌کـه مـا چنیـن شـده‌ایم.

کسـانی هسـتند کـه برایمـان می‌نویسـند اینجا خطا کرده‌ایـد و آنجا کـج رفته‌اید و آنجـا بـه خاکـی زده‌ایـد و مـا هـر بـار برگشـته‌ایم و رفتارمـان را مـرور کرده‌ایم و خودمـان را بـاز، به‌سـازی کرده‌ایم. و حاصـل همه این تذکرها و ایـن مرورها و این رفـت و آمدهـا، زمانه‌ای اسـت کـه هسـت.

همین‌کـه در روزهـای تلـخ، از جوانـب مختلـف هـم پیغام‌هـای یاری می‌رسـد و

هم بادهای سخت می‌وزد جای امیدواری است که صاحب زمانه بی‌خاصیتی نیستیم. اگر کسی تبری یا لگدی می‌زند، دست‌هایی هم در کارند که زمانه را برقرار می‌خواهند و همین خوب است. خواستن خوب است چرا که به یک جو همت، توانستن از دل آن درمی‌آید.

این روزها که می‌گذرد هر روز، وقتمان به بودن و نبودن زمانه و چگونه بودن و چگونه نبودنش می‌گذرد. از این پیچ که گذشتیم شاید بنویسم که گذشتن از آن، چه سخت بوده است اما عجالتا برقراریم؛ بر همان قرار پیشین.

به سختی از وسط فیلترها می‌گذریم تا به چشم شما بیاییم، به چشم شما خوش بیاییم. بادا که پاییزهای بهتری را با هم در باغ‌های زمانه قدم بزنیم.

http://zamaaneh.com/blog/10/2008/post_122.html

خسته نباشید

پاینده باشید و پربار

بدون نام , Oct 27, 2008

....

این متن هیچ نمی گوید!

مریم , Oct 27, 2008

○ خانـم ناصـری مـن دوبـار این متن رو خوندم نتونسـتم بفهمم حرف حسـاب شـما تو ایـن متـن چیـه. امـا با توجـه به پیامدهـای اخیر در حـول و حـوش رادیو زمانـه تنها نکته جالـب بـرای مـن جایگزین شـدن نام شـما با نـام مهدی جامـی در سـرمقالات زمانه بود. آیا خبری شـده ؟

Oct 27, 2008 -- shahin naseri

....

○ انگار یک چیزی توی مایه‌های کودتای فرهنگی رخ داده!

«مهدی جامی» بیا و این نوشته را برای ما ترجمه کن...

Oct 27, 2008 , ح.ش

....

○ چـرا اینقدر در لفافه سـخن می گویید؟ لطفاً شـفافتر بنویسـید که تجربـه ی آوانگاردی زمانـه بـا چـه مشـکلاتی مواجه شـده اسـت. رمانتیـک را کنـار بگزارید. حرف حسـابتان چیسـت؟ با خوانندگانتان صادق باشـید.

Oct 27, 2008 -- Saied

....

○ بعد از یادداشت جناب جامی، این یکی خیلی معنی دار بود.

بوی خوشی نمی شنوم سرکار خانم ناصری.

کاظمینی-انتاریو، کانادا

Oct 27, 2008 , کاظمینی

....

○ اتفاقـا خیلـی هـم متـن صادقانه و خوبی بـود. چه همه مشـتاق اخبار پشـت پرده‌ان! چـی‌کار داریـن برنامه‌هایـی کـه دوسـت دارین گـوش کنین اونایـی که دوسـت ندارید نقـد. حـالا کودتـا بشـه یا نشـه یا خبری بشـه یا نشـه بـه کامنت‌گـذار یه‌لاقبای سـایت زمانـه چی می‌رسـه؟!

Oct 28, 2008 -- QIL

شاهین عزیز

نـام مـن جایگزیـن نـام آقـای جامی نشـده اسـت. پیشـتر هـم چندیـن بـار مـن در وبلاگ
زمانـه نوشـته ام. سـری بـه آرشـیو بزنـی مـی بینـی کـه غیـر از مهـدی جامـی و مـن دیگران
هم نوشـته انـد. شـما هم اگـر در حوزه رسـانه و زمانه حرفـی بـرای انتشـار در وبلاگ زمانه
داشـته باشـید بـا رعایـت قواعـد سـایت در ایـن بخـش، منتشـرش مـی کنیم.
معصومه ناصری , Oct 28, 2008

....

مـی نویسـید: «مـا گمان مـی‌کردیم کـه بـر همیـن «کسـان» هـم چنین روزگاری گذشـته اسـت
و در پیـچ و خـم رودخانـه مهاجـرت، روحشـان دموکراسـی را درک کـرده اسـت و امیـدوار
بودیـم ایـن آب از سـر مـا هـم بگـذرد و روزگاری، صـاف و بی‌خدشـه شـویم».
– ایـن «کسـان» کـی هسـتند؟
– روح چگونـه دمکراسـی را در «پیـچ و خـم رودخانـه مهاجـرت» درک مـی کند؟
– امیدوارید چـه آبـی از سـر شـما بگذرد؟
خانـم، تـوی دبیرسـتان هـم دیگـر از ایـن انشـاها نمـی نویسـند.
مانی ب, Oct 28, 2008

....

● مانـی عزیـز بـه همـه ایـن سـوال هـا در همان متـن جـواب داده ام. مـی خواهـی اسـم
ببرم؟ ایـن کار ایـن یادداشـت نیسـت. بـه علاوه در وبلاگ زمانه همیشـه بـرای انشـاهایی
بـه همیـن بـدی جـا هسـت. کاش تـو هـم بـه نیـت ایـن سـتون انشـایی بـه همیـن بدی
بنویسـی. معصومه ناصری

....

باشـد کـه چنیـن باشـد کـه مـی گوییـد و از ایـن هـم بهتر.
برقـرار و پرتـوان باشـید.
محمد میرزاخانی , Oct 28, 2008

....

اما واقعن بی معنی و مبهمه.

یه شورشی, Oct 28, 2008

....

از شما چه پنهان، وقتی در محدوده مرز پرگهر زندگی می‌کردیم، دنیای ملول و محدودی داشتیم! خودمان بودیم و محافظه‌کارها و اصلاح‌طلب......
حالا که زده‌ایم بیرون می‌بینیم چه دود و دمی در فضای فعالیت سیاسی برپاست. دود و دمی که وقتی در ایران بودیم، به چشممان نمی‌آمد...........

***

این قسمت از متن رو به عنوان ورودی در صفحه اصلی زمانه گذاشتید و متاسفانه باید با اطمینان عرض کنم به حتم بسیاری رو همچون من دچار این سوتفاهم میکنه که موضوع نوشتارتون درباره تفاوت ها و تقابل‌های این سو و آن سوی آب ها هست و تعریف و توصیف کودکانه دنیای شیرین اروپایی و آزادی و ...
و البته بعد از خوانش متن مشخصه که این جان مطلب نیست و اصل ربطی هم دربین نیست . فکر میکنم در دعوت مخاطب به خواندن متن با انتخاب این قسمت از مقاله دچار اشتباه شدید و طبیعی ترین واکنش هر خواننده بعد از خوانش کل متن اینه که به عمد دچار اشتباه شده و با یک حقه ژورنالیستی یقه گیر شده تا متنی رو با موضوعی متفاوت از دریچه ای دیگر بخونه . و طبیعی تر اینکه بعد همه این اتفاق اصل و نفس مقاله دیگر واجد جدیت شناسایی نخواهد شد در حالیکه میتونست چنین باشد .

امید صیادی, Oct 28, 2008

....

فضای فرهنگی مهاجرت متأسفانه به سیاست الوده است. اگر در ایران رژیم سعی می کند فرهنگ را سیاسی کند، اینجا هم اهالی اپوزیسیون این تلاش را می کنند. حالا کجاشو دیدین؟ کاری کنند که اگه پا برهنه به ایران برنگردید خودتون هم از جنس همینها بشید خانم ناصری عزیز!

مهری, Oct 28, 2008

سلام. من زمانه رو دوست دارم . بارها به مطالبی برخوردم که کاملا برایم جدید بود. خیلی چیزها یاد گرفتم.تنها سایت معتبر و وزین فارسی برای من همین زمانه است. اینها رو گفتم تا فکر نکنید می خوام سیلی بزنم. اما متن معصومه رو اصلا دوست نداشتم یاد انشاهای راهنمایی افتادم «قلم در دست می گیرم و عقاب فکرم را در اسمان خیال به پرواز در میاورم ....» همیشه کلمات قلمبه استفاده کردن اون هم وقتی فقط برای به رخ کشیدن توانایی نویسنده باشه ، به زیبایی متن اضافه نمی کنه. مرحوم ممیز می گفت: طرح گرافیکی خوب اول از همه باید کاملا معلوم و مشخص باشه ، بعد هرچی خواستی پیچ و واپیچش بده. نه اینکه اصلا نفهمی یعنی چی. این متن هم مثل خیلی از ارمهای امروزی بود زحمت زیاد برای پیچ دادن ولی غیر قابل فهم. این بود متن بعد التحریر این حقیر به دست انگاشتِ بانو ناصری

مژده, Oct 29, 2008

....

مسئله این است که شما از خواننده ای که علاقه مند به فهم نوشته شماست، توقع دارید که عالم به علم تعبیر و تفسیر باشد. روح چگونه دمکراسی را در «پیچ و خم رودخانه مهاجرت» درک می کند؟

من البته به شعر هم علاقه مند هستم. اما شما مثل این که هنوز تصمیم خود را بین شاعری و روزنامه نگاری نگرفته اید.

منظور شما از این حرفها چیست؟

مانی ب, Oct 29, 2008

....

من هم با مانی ب و جمله پرسشی آخرین کامنت وی موافقم.

واقعا منظور شما از این حرفها چیست؟

کمی واضح تر صحبت کنید. در ضمن آیا فکر می کنید که خود درک درستی از دموکراسی داشته و یا دارید؟ یا اصولا آن را کسب کرده اید.

یه شورشی, Oct 29, 2008

خانــوم ناصــری مــن واقعــا نفهمیدم قــراره مدیر رادیــو زمانه عوض بشــه یــا زمانه تعطیل بشــه یــا محافظه کار تر بشــه؟

لطفا جواب این سه تا سوال را بدهید.

بدون نام, Oct 29, 2008

....

دوست عزیز چه کسی گفته که زمانه قرار است تعطیل شود؟

هادی, Oct 29, 2008

....

(چنــد تعــدادی از کســانی کــه کارهایشــان را می‌بینیــد و می‌خوانید، بی مــزد و منت برای زمانــه کار کرده‌انــد). ازیــن بــی منــت هــا کارهایشــان را دیــده ایــم یکســری ترجمــه هاو مقالات از دوســتان /

(نقــدی چنیــن مــا را وا مــی‌دارد بــه فکر کردن، بــه تأمل، به تفکــر و به بازبینــی خودمان و چهره‌مــان در آیینــه نوشــته‌های دیگــران. گیــرم که کمی رو تــرش کنیم.

مــن از آن دســته نیســتم کــه نقــد را به ســازنده و غیر ســازنده تقســیم کنــم. نقــد، وقتی از جانــب دیگــران می‌رســد نقد اســت،) عجب جملــه ای !!!!!) اگــر ما از جملــه «یتدبرون و یتفکــرون» باشــیم و بــه فکر بازبینــی کارمان بیفتیــم، آن وقت این نقد، متصف می‌شــود به صفــت «ســازنده» وگرنــه، حــرف و نقــل در عالم بســیار اســت و این هم یکی می‌شــود از آن هــزاران کــه انــگار گوینــده‌اش را مادر نزاده اســت.)

فکــر کــردن وا میــدارد؟ تانســانی که نقــد را موتور فکری خــود می کند اصلــن فکر کردن را نمی فهمد

اگر ما از جمله «یتدبرون و یتفکرون» باشیم و..

چرا خارجکی صحبت میکنید! به یک زبان بنویسید تا ما هم بفهمیم.

(بــه فکــر بازبینــی کارمان بیفتیــم، آن وقت این نقد، متصف می‌شــود به صفت «ســازنده»)

از کــی معنــی ان ســخن الاهی این اســت یا این هــم از کاربرد های قرانســت؟

(وگرنــه، حــرف و نقــل در عالــم بســیار اســت و ایــن هم یکــی می‌شــود از آن هــزاران که

انـگار گوینـده‌اش را مـادر نـزاده اسـت.) هپروت ... شـراب عرفانی نوشـیده ایـد یا چنین شـعر میگویید؟

ما در زمانه، خودمان را از معصومین نمی‌دانیم، دلبسته زمانه‌ایم و متعصب به آن نه.

معصوم؟ اینجا چه معنی دارد اصلن؟

(برای همین همیشه برای نقدها و نقل‌ها، در حالت آماده‌باش‌ایم.) البته نقد های ملکوتی.

(اما سـبک و سـیاق‌مان مسـیح‌وار هم نیسـت که وقتی از سـر بی‌انصافی، کسـی صورتمان را بـه سـیلی سـپرد، رخ بچرخانیـم کـه بفرمایید گونـه چپمان را هـم بنوازیـد.) خب احر محمـدی هسـتید. مگر از سـر انصاف هم سـیلی میزنند؟

چقـدر هـم شـاعرانه نوازیـدن . رخ چرخاندن . ننوشـتید موهایتـان هم درین میـان در هوا بـه گـردش در می‌آیند!

(کم و کاسـتی‌هایمان را اگر بخواهید بشـمرم، البته انگشـت کم می‌آورم؛ اما رسـانه‌ای که اشـتباه می‌کنـد و از اشـتباهش می‌آمـوزد می‌توانـد امیـدوار باشـد کـه کاسـتی‌هایش هم، کم‌عـدد شـوند. چنان‌کـه مـا چنیـن شـده‌ایم.) مگـر همه کاسـتی هایتـان را میدانیـد که از تعـداد کمتـر ان بـا خبرید؟ کاسـتی هـای غیر قـال رفع هم شـماردید؟

(همین‌کـه در روزهـای تلـخ، از جوانـب مختلـف هـم پیغام‌هـای یـاری می‌رسـد و هـم بادهای سـخت می‌وزد جای امیدواری اسـت که صاحب زمانه بی‌خاصیتی نیسـتیم.) روز هـای شـیرین چطـور بـود. باد های سـخت چه ربطـی به با خاصیتـی زمانـه و صاحب ان بودن دارد؟

علیرضا, Oct 29, 2008

....

معصومه ناصری عزیز

از خیلی ها شـنیده بودیم که آنهایی که سالهاسـت از ایران رفتند و ژسـت دموکراسـی اون ور رو مـی گیرنـد و سـر حـرف هـم که باز می شـه می گن ...شـما بچه هایی کـه از ایران می یید تقصیری ندارید حکونت با شـما ال کرده اسـت و بل ..وقتی پای عمل می رسـد و تصمیـم گیـری مـی بینـی که انها نـه تنها بدتـر و بدتر از یـک رادیکال تنـدرو و کیهانی

شـدند بلکـه خرفت هم هسـتند ...اصلا مغزشـان یک نیمکـره داره ..اون هـم برای فحش
دادن سـاخته شـده و حـذف دیگـران ..اما چه می شـه کرد که ویترین شـون رو خوشـگل
چیدنـد ...هی بی خیال آبجی

بهار, Oct 31, 2008

....

مـن نمـی دانـم واقعـا اسـتفاده از کلمـات عربـی بـه این شـدت مفیـد اسـت. والا من که
روزنامـه نـگارم برایـم صقیـل اسـت .بـه هر حـال کمی آشـکارو مفهـوم تر بنویسـید بد
نیست !

Oct 31, 2008 -- sepideee

به مناسبت دومین سالـــگرد پخش رسمی زمانه

نظرسنجی سوم زمانه

بیست ویک شهریورهشتادوهفت

بحـث از نظرسنجی تـازه زمانه نزدیک به دو ماه پیش شـروع شـد. از همـان آغاز قرار بر این شـد که از دوسـتانی خارج از تیم زمانه برای طراحی و رایزنی اسـتفاده کنیم تا جانب اسـتقلال کار محفوظ باشـد و از یک‌جانبه‌نگری احتمالی دور بماند.

آرش کمانگیر طبعا اولین گزینه بود زیرا که مدت‌هاست یک‌تنه به کارهای آماری و ارزیابی در وبلاگستان می‌پردازد. نیک‌آهنگ کوثر که در آن زمان برای دوره‌ای کوتاه در آمستردام بود، ارتباط را برقرار کرد. آرش پس از یک نشست اولیه تله کنفرانسی پیشنهاد ما را پذیرفت ولی از یک دوست دیگر هم یاد کرد که «او بهتر از من در این کار وارد است.» قرار شد با او صحبت کند و نتیجه را به ما بگوید.

تجربه جمعی در طراحی سوالات

بـه زودی نشسـت‌های سـه چهـار نفـره زمانه با حضـور آرش و دوسـت دوم که می‌خواهـد نامـش محفـوظ باشـد، شـروع شـد. نخسـت نیازهـای ما مطرح شـد و آن‌هـا گـوش کردنـد و بعد آن‌هـا بـا متغیرهـای برآمـده از نیازهـای مـا بـرای

نظرسنجی بازگشتند و بعد از چند جلسه طرح اولیه پرسش‌ها آغاز شد.

حجم زیاد پرسش‌ها ناچار ما را به گزینش واداشت و سرانجام با توجه به نیاز اصلی زمانه برای سنجش میزان تمایل مخاطبان برای مشارکت این موضوع محوریت یافت و سوال‌ها در همین زمینه دچار بسط و قبض شد تا شکل نیمه‌نهایی یافت.

از اینجا به بعد مجموعه سوال‌ها برای تیم سردبیران زمانه فرستاده شد تا نظر دهند. تجربه کار با آرش و تیم دونفره او و تیم سردبیری زمانه و رفت و برگشت ایمیل‌ها و نقد و بررسی‌ها بسیار جالب و آموزنده بود و من شخصا از آن بسیار آموختم.

حاصل کار بی آنکه ادعای کمال داشته باشم، حاصل یک تجربه جمعی خلاق و پرگفتگو است. این برای من لذت بخش است. کاری تیمی و هدفمند و بی‌تنش که همه در آن به ارتقای نتیجه و صیقل دادن جملات و عبارات و معنادار کردن گزینه‌ها می‌اندیشند.

از همه آن‌ها صمیمانه سپاس‌گزارم؛ بخصوص از آرش و دوستش که میزان زیادی از وقت خود را داوطلبانه به این پروژه اختصاص داده‌اند و کار تحلیل نتایج را هم پس از این بر عهده خواهند داشت.

مشارکت بی‌مرز

هدف از نظرسنجی سوم زمانه شناخت بهتر از میزان تمایل مخاطبان ما برای مشارکت در زمانه است. مساله مشارکت، مساله اصلی زمانه از روز اول بوده است. این مشارکت از نگر تئوریک مرزی ندارد؛ گرچه از نگر عملی، تدارکاتی و مالی ناچار محدودتر از آن شده است که در نظر داشته‌ایم.

با این همه، زمانه موفق شده بالاترین سطح مشارکت مخاطب را در بازار رسانه‌های فارسی زبان به دست آورد و اکنون برنامه داریم که اگر میزان تمایل به مشارکت قابل توجه باشد، مشارکت را به صورت فعال‌تری در آوریم.

چنانکه در سوالات نظرسنجی خواهید دید این فعالیت در سطوح مختلفی تعریف شده و حتی مشارکت در سیاست‌گذاری زمانه را نیز در بر می‌گیرد. اگر میزان تمایل کافی باشد، مراحل بعدی برای عملیاتی کردن سطوح مشارکت طرح‌ریزی و نهایی خواهد شد و از کسانی که علاقه‌مند باشند، در طراحی و مدیریت کار دعوت به همکاری خواهیم کرد.

از مشارکت در تولید تا مشارکت در خط مشی

زمانه رسانه‌ای است که مخاطبانش آن را می‌سازند و اگر آنان آماده باشند باید بتوانند در ساختن زمانه مشارکت متفاوت و فعال‌تری داشته باشند. یعنی نه تنها در تولید که محور اصلی مشارکت تا امروز بوده است که در حمایت و طراحی و مدیریت جمعی آن. این یکی از مهم‌ترین مسائل در حفظ استقلال زمانه و ارتقای سطح دموکراتیک آن است. نفس مشارکت در تولید رسانه‌ای از سوی گروه‌های مختلف اجتماعی البته از عوامل مهم حفظ تعادل در زمانه بوده است و برخورداری از نوعی همه‌جانبه‌نگری. اما من علاقه‌مندم ببینم چه مقدار از این مشارکت قابل ترجمه به مدیریت و شبکه‌سازی است. یا به بیان دیگر: فرا رفتن از پذیرش مسئولیت فردی به پذیرش مسئولیتی متوجه به جمع و نهاد.

حتی اگر رای مخاطبان به مشارکت مثبت باشد، راهی که قرار است پیموده شود البته هموار نخواهد بود اما بخشی تازه از تجربه ضروری ما ایرانیان در مسیر دموکراسی است. تفاهم بر سر اینکه راه را باید هموار کرد و آمادگی برای این تجربه نامکشوف خود قرار گرفتن و قرار داشتن در مسیر است.

برای ورود به صفحه اصلی نظرسنجی زمانه کلیک کنید

پس نوشت: درباره ادامه پاسخ به مخاطبان زمانه موضوع را پس از این یادداشت که به مناسبت انتشار نظرسنجی زمانه است پی می‌گیرم و عمدتا به بحث اصول کار زمانه در ویرایش کامنت‌ها می‌پردازم و برای نمونه آیین‌نامه یکی از معتبرترین روزنامه‌های غربی را برای داوری و ارزیابی مخاطبان منتشر خواهم کرد. کمبود ادبیات مربوط به شیوه‌نامه‌های انتشار در وب یکی از مسائل مهم در آشفتگی در مباحث مربوط به این موضوع و گرمی بازار اتهام درباره سانسورگری است. می‌کوشیم ضمن بحث و چالش با مخاطبان منتقد ببینیم دیگر رسانه‌های اروپایی با موضوع مدیریت کامنت‌ها چگونه برخورد می‌کنند و زمانه نسبت به آن‌ها در کجا قرار دارد. سپس با مشارکت مخاطبان به تفاهمی درباره موضوع خواهیم رسید.

مرتبط:

در باره نظرسنجی های پیشین زمانه

بیانیه مطبوعاتی زمانه در ۱۱ سپتامبر ۲۰۰۶ به مناسبت آغاز پخش رسمی

بیانیه مطبوعاتی زمانه در اولین سالگرد پخش رسمی، ۱۱ سپتامبر ۲۰۰۷

http://zamaaneh.com/blog/09/2008/post_116.html

نظـرهای‌خـوانندگـان

● همـه چـی خـوب و پسندیده. امـا آیا بهتر نیست برای کسانی که برای زمانه مطلب ارسـال مـی کننـد، همـان هایـی کـه شـما از آن هـا میخواهیـد مشـارکت کنند، یادداشت

کوتاهـی بنویسـید و چرایـی نشـر نیافتـن آن مطلـب را توضیـح دهید. سـکوت در مقابل ارسـال کننـده ی مطلب، همان مشـارکت کننده ی زمانـه، را بزرگترین توهیـن به خواننده هـای تـان، همـان مشـارکت کننده، تعبیر مـی کنم. نمونه نمـی آورم. به چـه دردی خواهد خـورد نمونـه. مهم آن اسـت کـه در آینده چـه خواهیدکرد.

پایدار باشید.

بی‌نام , Sep 11, 2008

....

○ بابـا دو سـاعت بـا دقت نظرسـنجی رو پر کردیـم آخرش این کد تکمیلـی به ایمیلمون نیومـد. ۲ بـار هم پر کردیم. مشـکل از منه یا از شـما؟

یه بنده خدا , Sep 11, 2008

....

● م.ج: *اگـر ایمیـل شـما همیـن اسـت که یادداشـت کرده ایـد ظرف ۲۴ سـاعت آینده با شـما تمـاس خواهیـم گرفت.*

....

○ سـلام آقـای جامـی. می خواسـتم بدانـم آیا رادیـو زمانه را میشـود از طریق ماهـواره و رادیـو دیـد و یا شـنید ؟ اگـر اینطوره لطفـاً آدرس آن را بدهید .مرسـی

پرستو , Sep 12, 2008

....

● م.ج: حتمـا مـی شـود. *لطفـا ایـن صفحه را ببینیـد مشـخصات را پیدا می کنیـد البته بـرای شـنیدن ۲۴ سـاعته از راه ماهواره:*

http://www.radiozamaaneh.com/about/1657.html

....

○ سلام

با تبریک دوساله شدن شما امیدست پایدار و موفق تر باشید.

ما همه میدانیم که حافظه تاریخی ما ایرانیان بزرگترین مشکل ماست و در حال حاضر بیش از

۷۰ درصد جمعیت ما کمتر از ۳۰ سال دارند و از تاریخ معاصر و گذشته خبر ندارند. پیشنهاد میکنم هر روز در چند بخش کوتاه چکیده های تاریخ ایران و تاریخ اسلام برای شنوندگان تهیه و پخش شود. مسلم خود با تفکر بیشتر دلایل متقن برای درخواست بنده پیدا خواهید کرد. لازم نیست ایمیل بنده را هم در میان نظرات درج نمایید. با تشکر

Sep 12, 2008 -- pirouz

....

رادیو زمانه یک رادیو بی طرف نیست بلکه رادیویی در خدمت خط آشتی ملی با جمهوری اسلامی است.

Sep 12, 2008 -- X

....

نظر سنجی به نسبت کامل بود ، فقط یک ایراد داشت ، آن هم این که تنها امکان نظر دادن درباره برنامه سازان وجود داشت ، در حالیکه شاید بخشی از اعتبار زمانه به خاطر مقالات قرار گرفته در سایت هست ، مثلا مقالات آقای آشوری ، یا ناصر غیاثی یا کیومرث مسعودی ، یا حتی خانم اقدمی ، که متاسفانه جایی نبود تا ما نظر بدهیم راجع ایشان . به خصوص که من معتقدم این که آقای آشوری مثلا مقالاتشان را ابتدا به زمانه می دهند بسیار باعث اعتبار زمانه می شود. واقعا آشوری و مسعودی و غیاثی بیشتر اعتبار برای زمانه می آورند یا سهند صاحب دیوانی و اینها ؟

Sep 12, 2008 ,سینا

....

آقای جامی چرا کامنت ها باز نمی شه

Sep 12, 2008 -- parasto

....

م.ج: اگر بنویسید از کجا و چه شهری به اینترنت وصل می شود شاید کمک کند

....

24 saat shod 48 saat khabari az emaile kode takmili nashod kheyli bahalin.

یه بنده خدا, Sep 12, 2008

....

۲٤ ساعت شد ٤٨ ساعت اما خبری از ایمیل کد تکمیلی نشد. ما از خیر مشارکت گذشتیم. موفق باشید

یه بنده خدا, Sep 12, 2008

....

با سلام البته شما امکانات و ملاحضات و ممیزات خوتان را دارید. ولی حتما متوجه افت خوانندگانتان در این چند ماه اخیر شده اید. همه ی اینها از آنجا می آید که بخش مهمی از دانشجویان و به خاطر سانسورها و تردهاو رد کردن های مطالب که همانا ـ گاهی از سر ترس ـ و گاهی هم از سر دوری از ایران است، سایت شما را حتا باز هم نمی کنند! و من به شخصه از این بابت ناخرسندم. شما از تنفر گسترده مردم ایران و خصوصا جوانان و فرهیختگان از اسلام و روحانیت و این دستگاه تشیع و این « امام زمان بازی» آگاهی ندارید بنا بر این آنچه در این راستا بدستتان می رسد را به میل خود یا سانسور می کنید و یا اصولا منتشر نمی کنید. شما که در غرب زندگی می کنید حتما بهتر از من خوانده، دیده و می دانید که غرب برای رسیدن به این آزادی که در آن اینک زندگی می کند پاشنه ی در کلیسا و کنیسه را کند و گاهی سوزاند و در آن از بر مزبله، گوسفند و خر قاطر بست تا آخوند و ملا و آیت الله و مداح و مذهب مدار و مذهب محور و شریعتمدار و کشیش را سر جای خودش بنشاند. وقتی آنها سر جای خودشان رفتند دوباره در همان جایگاه خودشان و نه جایگاه دیگران صاحب احترام شدند. آری هممیهنان غرب نشین در ایران امروز اسلام و خصوصا روحانیت شیعه از تنفری بیمانند رنج می برد و این رنج او را خواهد کشت. شما به جای اینکه این مسئله را به فال نیک بگیرید آنرا کتمان می کنید. برای همین هم از یکی دو ما پیش میلهای فراوانی بین دانشجویان و حتما خانواده هاشان و دوستان غیر دانشگاهیشان رد

و بدل شده مبنی بر این که اصولا سایت شما را حتا باز هم نکنند. و من خطر می کنم و این مسئله را به عرض شما می رسانم. که گاهی نظرات و مقولات و مقالات ارزنده ای را پیش نهاده اید. پیروز باشید و آزاد.

از تهران, Sep 13, 2008

....

● *شمارنده‌های سایت زمانه از قبیل گوگل آنالیتیک نظر شما درباره افت خوانندگان را تایید نمی‌کنند. در ضمن کامنت شما هم برای اطلاع دوستانی مانند شما که اعتراض می کنند منتشر شد صرفا برای اینکه مخاطبان بدانند چرا این دست کامنتها منتشر نمی شوند. هر نوع کامنتی که حاوی نفرت پراکنی باشد بر اساس قواعد رسانه های اروپایی حذف خواهد شد. زمانه*

....

○ آقا اگه نمیتونین یه نظر سنجی ساده راه اندازی کنین جمش کنین خوب مگه مجبورین؟

به جای ۲۴ ساعت هم ۷۲ ساعت صب کردیم خبری از کد تکمیلی نشد. ضمنا با ایمیل قبلیم نتونستم کامنت بذارم. بلوک کردینش؟

یه بنده خدا, Sep 13, 2008

....

● *م.ج: دوست عزیز نام و ایمیل و آی پی شما هیچکدام بلوکه نشده است. بخش فنی برای شما نوشته است که ممکن است ایمیل تکمیلی به بخش اسپم ایمیل شما رفته باشد چون این تنها موردی است که در این زمینه کسی شکایت کرده است. لطفا ایمیل های اسپم شده تان را هم نگاه کنید.*

....

○ الان با فیلتر شکن تونستم کامنت ها را ببینم ۲ روزه که کامنت ها باز نمیشه حتی با فیلتر شکن هم باز نمیشد . از تهران وصل می شم .

Sep 14, 2008 -- parasto

○ در نظر سنجی شرکت کردم و بعد از ۲ یا ۳ دقیقه کد هم از طریق میل آمد انها که به مشکل برمیخورند و بلافاصله که آقا اگه نمیتوانید نظر سنجی برگذار کنید خب نکنید باید مشکل را در خودشان پیگیری بکنند یا لااقل یک کامنت یک خطی اینجا بگذارند و کمک و راهنمائی بخواهند اگر به شما گفتند اقا به ما چی مشکل خودت هست بعد بیان دادو بیداد کنید این جه رفتاری هست که شما دارید زمانه به شما بدهکار که نیست.

Sep 17, 2008 -- kia

....

○ فقط صفحه ی اصلی زمانه باز میشه و دیگر صفحه ها را نمیشه باز کرد فکر کنم فیلتر شده اید . الان هم با فیلتر شکن این صفحه را تونستم باز کنم . از تهران

بدون نام , Sep 18, 2008

....

○ آقای جامی دست تان درد نکند. کاربس شایسته ی برای فارسی زبانان سراسردنیا انجام می‌دهید.

مگر امکان این است تا صفحه ی را برای خوانندگان افغانستانی تان نیز در نظر بگیرید، منظورم اینکه مثل سایت بی بی سی و .. دیگران بخشی برای افغانستان را باز کنید. (قابل یاد آوریست که این مساله را جمعی از روزنامه نگاران افغان با همکاران بخش افغانستان شما قبلاً مطرح کرده ایم).

افغان , Sep 19, 2008

....

● م.ج: *من خوشحال می شوم چنین بخشی ایجاد کنیم ولی امکانات بودجه ای زمانه اجازه نمی دهد ولی اگر بتوان برای ایجاد آن پشتیبان مالی به دست آورد از نظر اصولی قابل ایجاد و گسترش است.*

....

be kia aziz

○ دوست گرامی

بنده دست کم ٤ بار نظر سنجی رو پر کردم و به مدت بار اول ٢٤ ساعت و بار دوم ٧٢ ساعت منتظر ایمیل تکمیلی شدم و حتی در اسپم هم به قول بش فنی زمانه، رفتم اما خبری نشد. گفتم شاید مشکل از منه اما حداقل ٤-٥ نفر از دوستامو که این مشکلو داشتن میتونم معرفی کنم . اینه مشکل برگزاری نظر سنجی- ما که گذشتیم از خیر مشارکت- شما هم به اعصابت مسلط باش.

یه بنده خدا , Sep 20, 2008

....

آقای جامی محترم، با اینکه از مقررات شما مطلع هستم و همواره به آن پایبند بوده ام، دیروز نیمی از پیامم بنام توهین آمیز بودن به مترجم حذف شده. بهتر از اینجا مکانی برای طرح این مطلب نیافتم. پیام ام حاویِ اصرار بر « رعایت حقوق انسانی»، بعنوان پیش شرط نویسندگی در سایت زمانه بوده. انتظار رسیدگی شما بر مبنای حقوق برابر و یا جواب قانع کننده دارم.

امضاء : مخالف داغ ابدی

بدون نام, Sep 20, 2008

....

با عرض سلام. باید به عرض برسانم من حد اقل ٦ بار اقدام به پر کردن نظر سنجی شما کردم ولی هربار اعلام کرد که منتظر ارسال کد به ایمیلتان برای به مانید ولی هرگز کدی به ایمیل من ارسال نشده. خواستم به شما اطلاع دهم تا در صورت امکان این مشکل نظر سنجیتون رو حل بفرمایید. موفق باشید.

Sep 20, 2008 -- hessam

....

کاربر عزیز، *از مشکل پیش آمده متاسفیم. اما بنا به تجربیات گذشته با احتمال بسیار بالایی گمان می کنیم که این میل در پوشه اسپم میل های شما باشد و البته این مساله در سرویس میل یاهو طبیعی است لطفا آن پوشه را چک کنید و اگر به هیچ وجه چیزی نیافتید با ما تماس بگیرید. زمانه*

سلام.

من توی نظر سنجی شرکت کردم اما اصلاً هیچ جا از من خواسته نشده بود که آدرس ایمیل وارد کنم.حدس می زنم علتش این باشه که مادرم از همین کامپیوتر فرم نظر سنجی رو پر کرده(شاید هم قیافه ام آشنا بوده زمانه خودش شناخته من کی ام!) حالا با این حساب تکلیف لپ تاپ من چی میشه؟!

فرزند برومند مینو صابری

صدف فراهانی , Sep 21, 2008

....

سایت زمانه یکی از پربارترین سایت های فارسی ست

بدون نام , Sep 22, 2008

....

یک رسانه باید مسیر تبلیغاتی مشخصی داشته باشد. اگر این مسیر را ندارید بد به حالتان. ایرانی ها با مطلب نویسی زیاد آشنا نیستند و آن ها هم که آشنایی کمی دارند با شما کاری ندارند. موفق باشید.

اکبر ثارم , Sep 22, 2008

....

آقای جامی مدیریت محترم رادیو زمانه، از بی اعتنایی شما به پیام ام (که لابد بدلیل بی اهمیت بودن) اصلا توهین آمیز نیست متشکرم. لابد مرزهای انسانی دیگری وجود دارد که به مخاطب طرفدارِ معیارهای شناخته شده آن مربوط نیست. عجب روزگاریست!!!

لطف سرکار زیاد

مخالف داغ لعنت ابدی - فدای جان های آزاد

بدون نام , Sep 22, 2008

....

م.ج: *من کامنت منتشرنشده ای از شما ندیدم. می توانید دوباره کامنت تان را بگذارید.*

◯ آقــای جامـی محتـرم، اگر شــما جای مـن بودید از ابراز بـی اطلاعـی از پیــام دو روز قبل
(کـه هنـوز در همیـن بالا دیده میشـود) و چرایـی ارسـال آن تعجب نمیکردیـد؟ ولی من
دیگـر با آن مشـکلی ندارم.

مرحمت شما زیاد

مخالف داغ...

بدون نام , Sep 24, 2008

وقتی چرخ روزنامه‌های ایرانی نمی‌چرخد

معصومه ناصری

سه مهرهشتاد وهفت

در روزهایـی کـه تهران بـودم، دو بار انتخابات انجمن صنفی روزنامه‌نگاران ایران برگـزار شـد و در ایـن دو بـار فرصت پیـدا کـردم بـا ۶۰۰ – ۵۰۰ نفر از همکاران روزنامه‌نگار سـلام و علیک کنم و بـا ۴۰ – ۳۰ نفرشـان خـوش و بش کنم و با ۲۰ – ۱۰ نفرشـان بنشـینم و گـپ بزنم و وقـت بگذرانم.

دوستان روزنامه‌نگاری کـه مـن دیدم، حقـوق چند ماهشـان را طلبکار بودند. بعضی‌شـان حتی یـک بخش از حقوق یـک ماهشان را گرفته بودند؛ مثـلا ۱۰ روز از خـرداد و حسـاب و کتـاب حق و حقوقشان از دستشان در رفته بود.

از روزی کـه اصلاح‌طلبـان در ایـران از اسـب افتادنـد، خودآگاهـی صنفـی روزنامه‌نگاران بیش‌تر شـده اسـت و بیش‌تـر از قبـل بـه مشـکلات صنفی‌شـان حسـاس شـده‌اند؛ امـا ایـن بـه آن معنا نیسـت کـه لزوما وضعشـان هم همـراه این خودآگاهـی خوب‌تـر شـده اسـت.

مسـاله‌ای کـه ایـن روزها هنوز دارم دنبالش می‌کنم، وضعیت صنفی روزنامه‌نگاران اسـت. بهخصوص روزنامه‌نگارانی کـه در روزنامه‌هـای موسـوم به اصلاح‌طلب کار می‌کننـد. در حـال حاضـر روزنامه‌هـای اعتمـاد ملـی، اعتمـاد، کارگـزاران و سـرمایه

روزنامه‌هـای شـاخصی هسـتند کـه در جنـاح اصلاح‌طلب منتشـر می‌شـوند. امـا روزنامه‌نگارانـی کـه در ایـن روزنامـه‌ها قلـم می‌زننـد، نمی‌تواننـد مشـکلات صنفی خودشـان را گزارش کنند.

بعضـی از روزنامه‌نگارانـی کـه بـا آن‌هـا گفتگـو کـردم سـعی می‌کردنـد منصف باشـند و می‌گفتنـد وزارت ارشـاد بـه ادارات و سـازمان‌های وابسـته به دولت توصیه کـرده بـه ایـن روزنامه‌هـا آگهـی ندهنـد و میـزان آگهـی ایـن روزنامه‌ها کـم شـده و بنابرایـن چرخشـان نمی‌چرخـد کـه بخواهند حـق و حقوق مـا را هم بدهند.

دبیـر انجمـن صنفـی روزنامـه‌نـگاران ایـران هـم در عیـن اطلاع از مشـکلات همکارانـش و در حالـی کـه خودش هـم درد مشـترک همانـندی را تحمل می‌کند از همکارانـش می‌خواهـد سـرمایه‌گذاران روزنامه‌هـای اصلاح‌طلب را سـرمایه‌داران زالـو صفتـی ندانـنـد و بـه مشـکلات آن‌هـا هـم توجه کنند.

‫✳✳✳‬

امـا کسـانی کـه لای ایـن چـرخ نچرخنده! خرد می‌شـوند، روزنامه‌نگارانـی هسـتند کـه می‌خواهنـد «روزنامه‌نـگار» بمانند.

می‌خواهنـد روزنامه‌نگار بمانند چون شـغل دیگـری بلد نیسـتند یا گرفتن شـغل دیگری را دون شـان و پرسـتیژ خودشـان می‌داننـد.

تحقیقـات من هـم نشـان می‌دهد کـه ماجرای ابلاغیه وزارت ارشـاد حقیقت دارد. بـا مدیـر روابـط عمومی یکـی از سـازمان‌های دولتـی حـرف می‌زدم و در این مورد پـرس و جـو کـردم و او هـم ایـن نکتـه را تاییـد کرد.

وزارت ارشـاد در دسـتورالعملی بـه سـازمان‌ها و نهادهـای وابسـته بـه دولت از آن‌هـا خواسـته اسـت آگهی‌هـای خودشـان را در روزنامه‌هـای دولتی و عمومی منتشـر کنند.

ایـن دسـتورالعمل چیـزی بیـش از یک توصیه‌نامه اسـت چرا که سـازمان‌هایی که ایـن دسـتورالعمل را نادیده بگیرند مواخذه می‌شـوند.

در ایران ساز و کار آگهی‌های دولتی به این صورت است که سازمان‌های دولتی آگهی‌دهنده برای بهره‌مند شدن از تخفیف در آگهی‌های دولتی و طبق یک روال معمول، آگهی‌هایشان را به «اداره تمرکز آگهی‌های دولتی» وزارت ارشاد می‌فرستند و آن‌ها چند روزنامه را برای انتشار این آگهی توصیه می‌کنند.

از آگهی‌های دولتی که بگذریم، می‌ماند آگهی‌های تبلیغاتی خصوصی که شواهد حاکی از آن است که مشاوران تبلیغاتی شرکت‌های خصوصی بزرگی که آگهی‌های زیادی هم دارند، تایید کرده‌اند که به آن‌ها توصیه شده بهتر است به این روزنامه‌ها آگهی ندهند. آن‌ها هم که به قول دوست روزنامه‌نگاری دستشان زیر ساطور دولت است به این توصیه عمل می‌کنند؛ چون هوس دردسر نکرده‌اند.

برخی دوستان روزنامه‌نگار از امنیت نسبی شغلی در روزنامه‌های دولتی و حکومتی صحبت می‌کردند. به گفته آن‌ها روزنامه‌نگاران کیهان، اطلاعات، ایران، همشهری، جام جم و ... به دلیل وابستگی به منابع مالی حکومتی، مشکلی در تامین مالی روزنامه‌نگارانشان ندارند و کارشان «با آگهی» یا «بی آگهی» می‌چرخد.

در همین روزها اما خبرهای جسته و گریخته‌ای از اخراج جمعی از روزنامه‌نگاران روزنامه دولتی ایران به گوش رسید. روزنامه دولتی ایران از آغاز به کار دولت جدید چون کشتی بی‌لنگر گاهی کج می‌شود و گاهی مج می‌شود! اما همچنان بر سر پاست.

تغییر مکرر مدیران و سردبیران و جابه‌جایی گسترده اعضای تحریریه و بی‌ثباتی کاری، مشکل این بخش از روزنامه‌نگاران ایرانی است.

یکی از کسانی که شایعه اخراجش منتشر شده بود به من گفت که این شایعه صحت ندارد و ماجرا در حد یک جابه‌جایی گروه کاری، محدود مانده است.

جلال برزگر که ۱۵ سال است برای روزنامه ایران قلم می‌زند می‌گفت در دوران سید محمد خاتمی هم وضع روزنامه‌نگاران تعریفی نداشته است.

در این میان اما **کسانی هستند که به وضع موجود رضایت نمی‌دهند** و لازم نمی‌بینند برای مراعات حال و روز صاحبان سرمایه از حق و حقوق خودشان بگذرند.

نیلوفر محبعلی که پیش از این در روزنامه اعتماد ملی کار می‌کرد و حالا در روزنامه کارگزاران قلم می‌زند پس از اخراج از روزنامه اعتماد ملی به دادگاه کار شکایت کرده و توانسته برنده دادگاه باشد.

دیگرانی هم هستند که راه شکایت را در پیش نمی‌گیرند و خود را کنار می‌کشند. اخیرا چند نفر از روزنامه‌نگاران به دلیل آن چه مشکلات صنفی عنوان می‌کنند، از روزنامه سرمایه استعفا داده‌اند. اما استعفا راه مطلوب همه نیست.

یک بار که دوست روزنامه‌نگاری از شرایط سخت و بدی که کارفرما تحمیل کرده تعریف می‌کرد پرسیدم خب چرا استعفا نمی‌دهی؟ و او گفت فکر می‌کنی استعفای من، صاحب روزنامه را ناراحت می‌کند؟ ۱۰ نفر روزنامه‌نگار بی‌کار پشت در هستند که آماده‌اند روی صندلی من بنشینند.

نیازهای اولیه صنفی و حرفه‌ای، فرصت فکر کردن به روزنامه‌نگاری مستقل را در ایران فراهم نمی‌کند. آنچه از آن به عنوان روزنامه‌های مستقل نام برده می‌شود؛ روزنامه‌هایی هستند که متعلق به یکی از جناح‌های سیاسی هستند که در حال حاضر در قدرت نیستند؛ اما همیشه بخشی از حاکمیت بوده‌اند.

روزنامه اعتماد ملی به حزب اعتماد ملی و مهدی کروبی، رییس اسبق مجلس وابسته است، مدیر مسئول روزنامه اعتماد، الیاس حضرتی است که نماینده دوره ششم مجلس بوده و هم اکنون عضو شورای مرکزی حزب اعتماد ملی است. روزنامه کارگزاران متعلق به حزب کارگزاران سازندگی است و حسین عبده تبریزی مدیر مسئول روزنامه سرمایه نیز تا سال اول دولت محمود احمدی‌نژاد رییس سازمان بورس بوده است.

در این‌جا روزنامه مستقل یعنی روزنامه‌ای که عجالتا سهمی از قدرت حاکم نداشته باشد.

....

در همین رابطه بخوانید:

گفتگو با فریده غائب عضو سابق تحریریه روزنامه سرمایه

گفتگو با فرزانه روستائی دبیر گروه بین الملل روزنامه اعتماد

گفتگو با آرش حسن نیا دبیر گروه اقتصاد روزنامه کارگزاران

گفت و گو با بدرالسادات مفیدی دبیر انجمن صنفی روزنامه نگاران

http://zamaaneh.com/blog/09/2008/post_118.html

نظـــرهای خـــواننـدگـــان

◯ به نظر میرسد نکته مبهمی نباشد دیگر...هرچه هست همین است دیگر...

متاسفانه عرق بیجای سیاسی مانع انتقادات یا پیگیری های حقوقی شده است...

در حالی که به نظر بنده اگر روزنامه نگاری حرفه ای باشد دیگر این وابستگی ها را ندارد.

ای کاش کسی میشنوید

نویسه , Sep 28, 2008

الگویی برای مدیریت نظرها در وب

شیوه‌نامه گاردین در مدیریت کامنت‌ها

پانزده مهر هشتاد و هفت

بحث‌هایی که درباره سانسور در زمانه با شماری از مخاطبان داشته‌ایم در هفته‌های اخیر موضوعاتی را در مباحث درون‌سازمانی مطرح کرده است و به گزارش‌ها و پاسخ‌های جالبی رسیده است. مریم اقدمی مدتی را وقت گذاشت تا بر اساس مصاحبه با تیم همکاران گزارشی تهیه کند که چه نوع کامنت‌هایی در زمانه منتشر نمی‌شود یا حذف می‌شود. نتیجه‌اش یک گزارش نسبتا مفصل است که باید ویرایش نهایی شود و منتشر شود. شماری از دوستان هم به فکر تدوین اصولی که ما در کار خود رعایت می‌کنیم افتادند تا بتوان آن‌ها را به صورت مجموعه‌ای از قواعد در اختیار مخاطبان گذاشت و با بحث و نقد و نظرهایی که می‌رسد در ارتقای سواد رسانه‌ای و ابهام‌زدایی از مفاهیم سهمی گرفت. به‌تازگی هم چند خطی به عنوان راهنما به صدر بخش کامنت در هر صفحه اضافه شده است که به سهم خود بتواند بعضی از اعتراضات را برای عدم انتشار شماری از نظرها پیشاپیش جواب دهد. در این میان صنم دولتشاهی که یکی از سردبیران سایت زمانه است، توجه دوستان را به شیوه‌نامه مدیریت کامنت‌ها در روزنامه گاردین چاپ لندن جلب کرد و خود ترجمه آزادی از آن برای کمک به تهیه قواعد کار در زمانه فراهم آورد. من فکر کردم این شیوه‌نامه خوب است از طریق وبلاگ زمانه در دسترس عموم قرار گیرد تا پایه‌ای برای بحث‌های ضدسانسور فراهم کند. با توجه به درک ناهمسانی که از چارچوب‌های آزادی بیان و روش دموکراتیک در جامعه وبگردان فارسی‌زبان وجود دارد، خواندن قواعد یک روزنامه معتبر اروپایی می‌تواند به صورت عملی نشان دهد که چگونه باید از بیان آزاد دفاع کرد و رسانه‌ها تا کجا می‌توانند برای مدیریت نظرها و در جهت تقویت ایده مباحثه با دست باز عمل کنند. متن زیر ترجمه شیوه‌نامه گاردین است که با ویرایش ترجمه اولیه صنم و با اندک تلخیص فراهم آمده است.

مهدی جامی

متـن انگلیسـی گاردین با عنوان زیر (برای اعضای ثبت نـام کرده جامعه خوانندگان و نظردهندگان وبسـایت گاردین) منتشر شده است:

Community standards and participation guidelines

استانداردهای کامنت‌نویسی و اصل‌های راهنما برای مشارکت

سـایت مـا امکانات رو به رشـدی را بـرای خوانندگان خود فراهم می‌کنـد تا درباره مطالبی که در این سـایت منتشـر می‌شـود بحث و گفتگو کنند.

هـدفِ مـا ایـن اسـت کـه مطمئـن شـویم این فضـای گفت‌وگـو فضایی اسـت شـمول‌گرا و امن و وب‌سـایت مـا guardian.co.uk در دنیـای اینترنت مکانی باشـد که همیشـه بتوانید در آن بحث‌های سـرزنده و سـرگرم‌کننده و از همه بیش‌تر اندیشـمندانه پیدا کنید.

بـرای نظـر دادن در سـایت مـا، ۱۰ راهنمـا وجـود دارد کـه انتظـار داریـم همـه مخاطبـان در هنـگام ارائه نظرشـان در هر جایی در سـایت ما به آن‌ها پایبند باشـند:

۱- مـا از بحـث و نقـد و مخالفت اسـتقبال می‌کنیم، اما مهم‌ترین امـر برای اینکه سـایت مـا مکانی مناسـب و مشـوق بـرای شـرکت همـگان در بحث‌ها باشـد این اسـت کـه با اشـتیاق بـه موضوع مورد بحـث بپردازنـد و از موضوع خارج نشـوند. مـا مطلقـا مشـوق دشـنام‌گویی و سوءاسـتفاده‌ی بی‌فکرانـه از فضـای فراهم شـده برای بحث و گفتگو نیسـتیم. حمله شـخصی به دیگر نظردهندگان، یا نویسـندگان مطالـب هیـچ جایی در یک گفتگوی اندیشـمندانه نـدارد. به طریق اولـی، ما از نقد مطالبـی که انتشـار می‌دهیم اسـتقبال می‌کنیـم، اما ارائه مـدام تصویری نادرسـت از سـایتمان و نویسـندگان سـایتمان را تحمـل نخواهیم کـرد. به منظـور ایجاد فضای مفیـدی بـرای بحث و تبـادل نظر و یادگیـری، ما میان بحث‌های سـازنده و متمرکز و حمله‌هـای شـخصی و مغرضانـه تمایز قایل خواهیم شـد.

۲- خواهشـمندیم بـه عقایـد و نظـارت دیگران احتـرام بگذارید و بـه تاثیر آن‌ها

در هنگام نوشتن نظرهاتان توجه کنید. ما متوجه هستیم که خیلی وقت‌ها مردم درباره موضوعات مطرح‌شده در سایت احساساتی پرشور و قوی دارند، اما به هر حال نوشته‌هایی که توهین‌آمیز یا تهدیدآمیز باشند را حذف خواهیم کرد. ما این حق را برای خودمان محفوظ خواهیم داشت که گفت‌وگوهایی را که به حد جنگ و جدل‌هایی بر اساس تندروی‌های حزبی یا تعمیم‌های بی‌پایه فروکاسته می‌شوند، حذف کنیم و یا جهت این چنین بحث‌هایی را تغییر دهیم. ما نمی‌خواهیم مردم بحث درباره موضوعات مورد علاقه‌شان را متوقف کنند اما از کاربران می‌خواهیم که راهی پیدا کنند تا نظرهاشان را بدون اینکه تفرقه‌انداز، تهدیدگر یا زهرآگین باشند مطرح کنند.

۳- ما نژادپرستی، توهین و تبعیض جنسیتی (سکسیسم)، هوموفوبیا، و دیگر شکل‌های نفرت پراکنی را تحمل نمی‌کنیم (یا هر محتوای دیگری را که بشود چنین تعبیری از آن کرد). ما بین «نقد یک حکومت خاص، سازمان، جامعه، یا عقیده» و «حمله بر اساس نژاد، مذهب، جنسیت، یا گرایش جنسی افراد» تفاوت قائل هستیم.

٤- ما توجه داریم که مخاطبانی بین‌المللی داریم؛ اما از آنجایی که مطالب ما به زبان انگلیسی [در گاردین] منتشر می‌شوند، زبان بحث‌ها در این سایت هم باید انگلیسی باشد. به همین دلیل نظرهایی که به زبانی نوشته شوند که توسط اکثریت جمع قابل فهم نباشد حذف می‌شوند.

۵- ما هر مطلبی که ما را در خطر پیگرد قانونی قرار دهد را حذف می‌کنیم. مطالبی از قبیل اتهام زدن به دیگران و یا مطالبی که انتشار آن‌ها نقض‌کننده کپی‌رایت‌شان باشد. ما توجه داریم که شما ممکن است بخواهید از یک منبع بیرونی نقل قول کنید، اما خواهش می‌کنیم تلاش کنید تا از کپی-پیست گسترده مطالب دیگران خودداری کنید چرا که نه تنها روند بحث را کند می‌کند بلکه ممکن است ما را به دردسر کپی‌رایت هم بیندازد. مطمئنا به جای اینکه کل مقاله را کپی پیست کنید، خیلی بهتر است که یک خلاصه کوتاه از یک مقاله را بیاورید.

۶- ما هر مطلبی را که مشخصا تبلیغاتی باشد و یا به نظر اسپم بیاید حذف می‌کنیم. هدف ما این است که فضایی فراهم آوریم تا مردم با هم تبادل نظر کنند و به نهادها یا سازمان‌های تجاری که خودشان را به جای مردم عادی جا می‌زنند روی خوش نشان نمی‌دهیم. ما از نرم‌افزارهای ضد اسپم استفاده می‌کنیم اما همیشه همه اسپم‌ها را نمی‌توانیم پیدا کنیم و بعضی از آن‌ها برخلاف خواسته ما از زیر دستمان در می‌روند و منتشر می‌شوند.

۷- قبل از اینکه بر روی دکمه انتشار کلیک کنید فکر کنید. به خاطر داشته باشید که این جا یک مکان گفتگوی عمومی است و حرف‌های شما در این سایت بایگانی خواهد شد و برای هرکسی که پس از مدت‌های طولانی به آن صفحه سر بزند هم قابل دسترسی خواهد بود. حواستان باشد که وب حافظه‌ای درازمدت دارد.

۸- مرتبط با مطلب حرف بزنید. بیش‌تر نظرها در سایت ما مربوط به یک موضوع خاص در یک مطلب خاص در یک ستون خاص هستند. می‌دانیم که بعضی گفتگوها می‌توانند حوزه‌های زیادی را در بر گیرند اما به منظور حفظ تمرکز هر ستون بر روی موضوع مطلب ارائه شده در همان ستون، اگر نظر شما چیزی باشد که به مطلب اصلی مربوط نباشد حذف خواهد شد. همین روند در مورد سؤال‌های شما درباره نحوه مدیریت نظرها هم اعمال خواهد شد، یعنی اگر در بخش نظرها درباره روند مدیریت کامنت‌ها سوال کنید، این سوال حذف خواهد شد چرا که این سوال‌ها نباید در بخش نظرها مطرح شوند (چون نظر مربوط به آن پست نیستند.)

۹- این فضا متعلق به ماست اما گفت‌وگوهایی که به وجود می‌آید متعلق به همه است. ما می‌خواهیم که این فضا مکانی برای تبادل فکری و نظری باشد و از نظر دهندگان و مخاطبان انتظار داریم ما را از مشکلات بالقوه‌ای که ممکن است به وجود بیاید آگاه کرده و به ما کمک کنند بحث‌ها جذاب و اندیشمندانه باقی بمانند.

۱۰- و به خاطر بسپارید که متن همیشه رسانه و واسطه مناسبی برای مکالمه نیست. لحن صدا، کنایه، طنز و غیره اغلب از طریق کلمات ظاهر شده بر روی یک مانیتور درست فهمیده یا منتقل نمی‌شوند. آگاه باشید که ممکن است سخن شما درست فهمیده نشود، در نتیجه تلاش کنید تا جایی که می‌توانید واضح باشد که چه دارید می‌گویید و انتظار این را داشته باشید که شاید مردم سخن شما را متفاوت با آنچه شما قصد داشته‌اید، برداشت کنند. برای اینکه این فضا برای همه نظرها باز باشد، لطفا با حفظ لحنی معقول، حتی در شرایط نامعقول به ما کمک کنید!

خلاصه، اگر بالغانه رفتار کنید و برای دیگران احترام قایل باشید، مشکلی نخواهید داشت.

برای آن‌ها که وقتشان تنگ است و فرصت خواندن کل این اصول را ندارند، فشرده این‌ها عبارت‌اند از:

- از خود، آن اندیشمندی، حکمت و حس طنزی که می‌دانیم دارا هستید، نشان دهید. ناخوشایند رفتار نکنید.

- نسبت به کیفیت جمعی که در آن مشارکت می‌کنید، قبول مسئولیت کنید. کمک کنید که این فضا بهتر شود، و بهتر خواهد شد.

تیم مدیریت ما تلاش می‌کند محیطی سالم و مثبت را فراهم کند. بالاتر از هرچیزی، ما حق این را برای خودمان محفوظ می‌داریم که قدم‌های لازم را برای اجرای اقداماتی که امیدواریم به نفع کل مجموعه (نویسندگان و مخاطبان) باشد برداریم.

تعامل با کاربران و فعالیت‌های مجموعه

علاوه بر موارد ذکر شده بالا، مدیریت مجموعه از ۷ طریق عمده با افرادی که در بحث‌های سایت شرکت می‌کنند تعامل دارد:

۱. در عین اینکه تلاش می‌کنیم بر فعالیت‌هایی که در این مجموعه انجام می‌شود نظارت داشته باشیم و حواسمان به اتفاقاتی که می‌افتد باشد، همزمان به همکاری کاربران برای گزارش نظرهای آزاردهنده، خشونت‌آمیز یا توهین‌آمیزی که مشاهده می‌کنند تکیه می‌کنیم. این گزارش‌ها را از طریق لینک «گزارش تخلف» که درکنار هر نظری آمده به ما بدهید. از آنجا که بیش‌تر نظرها پس از ارسال باید تایید شوند، ممکن است شما قبل از سردبیر سایت، نظری مشکل‌آفرین را ببینید، خوب است از این امکان گزارش‌دهی استفاده کنید تا مساله به سرعت حل شود. ما از مخاطبان خود مصرانه درخواست می‌کنیم که از این امکان استفاده کنند تا به ما اجازه دهد که این فضا را برای همگان بهتر کنیم. وقتی ما برای حفظ محیطی مناسب و گرم و صمیمی مسئولیت قبول می‌کنیم، نفس بحث و گفت‌وگو نیز بهبود پیدا می کند و همه افراد درگیر در آن بهره‌مند می‌شوند.

۲- ما هرجا که لازم باشد نظرها، ارسال مطالبی از بولتن‌ها یا اعلامیه‌ها، مقالات و پست‌های وبلاگی را حذف می‌کنیم. اگر نظری ناقض قوانینی که در بالا ذکر شده باشد این نظرها توسط تیم ما پاک می‌شوند. امیدواریم این کار به نظر اقتدارگرایانه نیاید و ما هم واقعا تمایل نداریم نظری را پاک کنیم، اما اعتقاد داریم این بهترین راه برای حفظ مکانی مناسب برای اکثریت مخاطبان ماست. (گاهی از ما می‌پرسند که چرا نظرهای توهین‌آمیز یا حملات را در سایت باقی نمی‌گذاریم تا کسانی که مطالب را می‌خوانند بتوانند افرادی را که وب‌چرخی می‌کنند شناسایی کنند. این در عمل مترادف است با رفع نظارت از سایت و معیارها و اصول مجموعه را بلاموضوع می‌کند و به نظر ما برای گفت‌وگوها مفید نیست)

۳- حتی اگر تنها بخشی از یک نظر از نگاه ما ناقض آئین‌نامه باشد کل نظر حذف خواهد شد. ما نظرها را برای تغییر معنی، املاء و یا هرچیز دیگری که منظور کاربر بوده ویرایش نمی‌کنیم.

۴- گاهی وقتی یک نظر حذف می‌شود لازم می‌شود که کل نظرهای بعدی که به آن نظر رجوع می‌کنند یا چیزی از آن نظر نقل می‌کنند را هم حذف کنیم تا روند مکالمه حذف شود. یکی از دلایل این کار می‌تواند این باشد که یک نظر بعدی، ممکن است مستقیما بخش‌های مشکل‌ساز نظر اصلی را نقل کند که تنها به مشکل دامن زده و آن را استمرار می‌بخشد. در چنین مواردی، هر مورد حذف به طور جداگانه مشخص نخواهد شد، چون نظرها را به هم خواهد ریخت. به جای این کار، نشانگر نظرِ اصلی نشان خواهد داد که چه اتفاقی برای آن نظر افتاده است.

۵- هنگامی که نظرهای یک صفحه بسیار زیاد شود یکی از دبیران ممکن است تذکری بدهد و پیشنهاد کند که مکالمه جای دیگری ادامه پیدا کند. این امر از این روست که بخش نظرهایی که طولانی شده‌اند، باعث کندی بالا آمدن صفحه برای همگان می‌شود. همچنین یکی از دلایل این کار می‌تواند به حاشیه رفتن و دور شدن از بحث باشد. بعد از مدتی که تذکر مربوطه ارسال شده باشد، شاید بخش نظرها مسدود شده یا کلا پاک شود. بحث‌ها یا پیام‌های طولانی به تشخیص و مصلحت دبیر سایت حذف خواهند شد.

۶- دسترسی شرکت‌کنندگانی که به طوری جدی، مستمر و عامدانه استانداردها و آئین‌نامه‌های مشارکت و قوانین را زیر پا بگذارند مسدود خواهد شد. ما این کار را سرسری نمی‌گیریم و با آن دلبخواهی برخورد نمی‌کنیم. اما هدف ما ایجاد و حفظ تجربه‌ای آنلاین است که هم‌ساز با ارزش‌های مجموعه ما باشد، و ما سزاوار این حق هستیم که تصمیم‌هایی بگیریم که احساس می‌کنیم به نفعِ آن ارزش‌هاست. پیش از هر گونه تعلیق یا مسدودیت امکان نظردهی، ابتدا تذکر به فرد نظردهنده داده می‌شود و فرصتی در اختیارش گذاشته خواهد شد تا روشش را اصلاح کند. لطفا آگاه باشید که دبیران ممکن است از طریق ایمیل‌تان با شما در خصوص نحوه مشارکتتان تماس بگیرند، به ویژه وقتی که مساله‌ای درباره معیارها و اصول مجموعه پیش بیاید.

۷- نظـارت بـر نظرهـا کاری بیـش از سـر و کله زدن با مشـکلات اسـت. گاهی مـا هـم بـه بحـث میپیونـدیم تـا کمـک کنیـم بحـث بر سـر یک موضوعـی متمرکز بمانـد و یا مـردم را تشـویق کنیـم در بحـث شـرکت کنند.

بـه طـور خلاصـه، هدف کلـی ما این اسـت کـه هرگز هیـچ بحـث و گفتوگویی را محـدود نکنیـم، بلکـه هـدف مـا ایجـاد و حفظ محیطـی دلپذیـر و صمیمی برای همگان اسـت.

http://zamaaneh.com/blog/10/2008/post_119.html

«کامنت» فارسـی نیسـت. شـما کـه داریـد بـه اصطـلاح فارسـی مینویسـید چـرا از واژههـای فارسـی اسـتفاده نمیکنیـد؟

سرفراز , Oct 6, 2008

....

با سلام.

خیلـی خـوب اسـت کـه بـه مدیریـت کامنتهـا میاندیشـید. بـرای برخـی انـگار کامنت گـذاری تبدیـل شـده بـه امکانـی بـرای تسـویهحسـابهای شـخصی. جای تاسـف اسـت. اما نکتـهای هم کـه به نظر من بایـد توجه کـرد، واکنش نویسـندگان یا تهیـه کنندهگان برنامه ها اسـت. متاسفانه در مـواردی دیده ام که با عصبیت پاسخ گفته میشـود . فکر میکنم کـه این مـورد هم بایـد مدیریت شـود. این که نویسـندگان یا تهیـه کننده های برنامه ها هم از این امکان

برای بحث یا توضیح به مخاطب استفاده می کنند، خودبه خود بد نیست، اما به جا و مفید و مختصر. در بعضی پاسخ‌ها، آن‌ها هم در دام همان عصبیت‌ها می‌افتند و واکنشی را نشان می دهند که شاید مورد نظر کامنت گذار بوده است.

هرچند که در این امتحان سخت تمرین دمکراسی، تجدیدهایمان زیاد است، اما امیدوارم با کمک هم و در فضایی که سایت‌هایی مثل رادیو زمانه در اختیار می‌گذارند، نمره قبولی خوب یا حداقل قابل قبولی بگیریم.

شاد باشید

پروانه , Oct 7, 2008

....

🔵 پایه گزاری یک آیین نامه در همه حالی خوب است. تنها نکته نگران کننده این است که شماری از گفتگو ها - به ویژه در بخش اندیشه - در مورد مسائلی هستند که مستقیما به تعصبات و تابو های موجود در زمینه های اجتماعی و دینی مربوط می شوند و خواننده متعصب شاید هر نوع پرسشی را توهین و بی احترامی به باور های خود بداند. در اینجا توقع شخص من به عنوان یک کاربر از سایت ارزشمند زمانه این است که احترام قلم و ارزش آزادی بیان را ارج نهاده و از استفاده از سانسور در جهت رضایت متعصبین و قشریون خود داری کنند که تا به امروز نیز خوشبختانه کم و بیش چنین بوده و از دلایل محبوبیت زمانه و تفاوت آن با بسیاری از دیگر رسانه های فارسی زبان و پر مخاطب است.

شبیر , Oct 7, 2008

....

🔵 دورود

دیروز برای مطلب «گفتگوی خودمونی» با شهرنوش پارسی پور کامنت گذاشتم. کامنت هم مبتنی بر متن بود و طبق عادت از حاشیه رفتن پرت نوشتن هم حذرکردم. منظورم اینه که برای چیزی که دارم مینویسم وقت میزارم مطلب مربوط رو خوب می‌خونم و درارتباط با اون مینویسم.

متاسـفانه علیرغم اینکه در اولین سـاعت های نشـر اون مصاحبه _ گفتگو با خانم پارسـی پورکامنـت گذاشـتم و البته با وجودیکـه مصاحبه کنندگان دو نفر بودند تا امشـب نه اثری از کامنـت مـن بـود و نه دیگر کامنتهـا . این درحالیه که معمول مسـائل مطـروح از طرف خانم پارسـی پور تا حدی باعث بحث و جدل هسـت و نفس کار خود ایشـون و بالطبع کلامشـون در مصاحبـه منتج به واکنش های مختلفی میشـه که خود این واکنشـها در دل همدیگـه بحث هـای تازه تری رو باعث میشـن .

امـا اگـه قرار باشـه بازخوردها و ری اکشـن هـای یک مطلب که قرار بوده مثلن روشـنگر و پاسـخ گـوی بر مباحث پیشـین باشـه ۲۴ سـاعت بعـد یعنـی زمانی که مطلـب بیات و دقیقـن آرشـیوی شـده عیان بشـه که دیگه فکـر میکنم نـه اون مطلب قابلیت اسـتفاده رو داره و نـه بازخوردهـاو واکنشـهای مربـوط به اون . گسـتردگی سـایت و این همه مراجعه کننـده در حداقـل انتظـار و توقـع باعـث ایـن حـس خواهـد بود که سـطح پاسـخگویی همطـراز و هـم سـرعت بـا دیگـر بخـش هـا منجملـه طـرح مطالـب جدیدپیش بـره اما متاسـفانه در مـواردی مثل مـورد فوق اینچنین نیسـت .

در ضمن به خانم پارسی پور یاد آور هستم

قواعد پاسخ گویی به سوالات و اشکال ها جز این بود که شما انجام دادید .

وقت خوش

امید صیادی , Oct 7, 2008

....

○ شما بسیاری از مطالب ارسالی را با مارکهایی چون توهین به قشری از مردم و ...

و یـا بـه قـول یکی ازدوسـتان در بـالا برای خـوش آمدیادلگیرنشـدن عـده ای از آقایان و خانمهـا سانسـورا بعبـارت صحیحتـر از درج آنهـا خـودداری میکنید.مثلا در مورد مبلغ قـرارداد بعضـی از خانمهـای هنرمند صدا وسـیما در زمـان معاونت مالی آقـای کردان که مسـتقیما توسـط ایشـان یا بـه ظاهر تهیه کنندگان منعقدشـد هیـچ یک رامنتشـر نکرده تا حتمـا توهین و تهمتی متوجـه بازیگران تلویزیون نشـود.

سهراب , Oct 8, 2008

● *مطالـب بـدون سـند و مـدرک یـا صرفـا ادعـا چه بـه نفع یا ضرر کسـی یـا گروهی از جامعـه باشـد منتشـر نخواهد شـد. اما گذشـته از آن موضوع باید اهمیت رسـانه ای و خبـری هـم داشـته باشـد و زمانـه وارد هـر بحثی کـه فاقـد ارزش رسـانه ای ارزیابی شـود نخواهـد شـد. در مـورد آقـای کردان هـم زمانـه صرفا بـه موضوع مدرک ایشـان مـی پـردازد کـه قابـل تاییـد و پیگیـری روزنامـه نگارانه اسـت و علاقه ای بـرای طرح شـایعات نـدارد. زمانه*

....

○ فارسـی را درسـت بیـان کنیـد و درس بنویسـید! در پاسـخ بـه سـهراب (Oct ۸,۲۰۰۸) جمله«زمانه وارد هر بحثی که فاقد ارزش رسـانه ای ارزیابی شـود نخواهد شـد» نادرسـت اسـت ودرسـت آن«زمانه وارد هیچ بحثی که....» اسـت . درمقابل آن می گوییم«زمانه وارد هـر بحثی که دارای ارزش رسـانه ای باشـد خواهد شـد».

شیرازی , Oct 10, 2008

....

○ بعد از عرض سلام،

امضا، مستعار نیست و امیدوارم مطلب زیر را مثله و سانسور نفرمایید.

بـه نظـر مـن بهتر بود بـه جای ترجمـهء «آییـن نـگارش» گاردین، کـه در مقام مقایسـه با کار شـما، قیـاس کامـلاً مـع الفـارق اسـت؛ بیان نامـه و یـا مرامنامه و یـا به قـول خودتان «مانیفسـت زمانـه» را بـه فارسـی ترجمـه می فرمودیـد که نه زحمـت خواننده و شـنونده را مـی جسـتید و نـه وقت خـود را تَلَف مـی کردید. مخصوصـاً آن قسـمت از مرامنامه را توضیـح مـی دادیـد، که مـی فرمایید:

Zamaneh is not a platform for the Iranian opposition. Iran needs independent thinkers – writers and journalists who are able to think outside traditional "boxes".

(زمانـه، سـکویی برای اپوزیسـیون ایرانی نیسـت. ایـران نیازمند متفکرانـی صاحب قلم (و یا اندیشـه ورانی نویسـنده) مسـتقل و روزنامه نگارانی اسـت که خارج از «محدودهء» (یا

چهار چوب) سنتی قادر به تَفَکُّر باشند.» این حرف چه معنی می دهد؟ آیا منظور شما از آن استمالت از حضرات آیات و حجج است و یا دهن کجی به دگر اندیشان ایرانی؟ مگر شما حزبی سیاسی و یا گروه عقیدتی و فلسفی بخصوصی هستید که مانیسفت داشته باشید؟.

در پاسخ به آن خوانندهء سهراب نام نوشته اید: «مطالب بدون سند و مدرک یا صرفا ادعا چه به نفع یا ضرر کسی یا گروهی از جامعه باشد منتشر نخواهد شد. اما گذشته از آن موضوع باید اهمیت رسانه ای و خبری هم داشته باشد و زمانه وارد هر بحثی که فاقد ارزش رسانه ای ارزیابی شود نخواهد شد».

اهمیّت رسانه ای و خبری یعنی چه؟

همه می دانند که فحش و افترا و اِتّهام و هتاکی جایی برای انتشار در هیچ رسانه ای ندارد و گمان هم نمی کنم کسی وقت خود را برای فحش نویسی تَلَف بکند و از شما انتظار انتشار مطلب خود را داشته باشد. وانگهی آیا این همه مطالب منتشر شده در زمانه در بارهء دیسکو، سفرنامهء کوبا و پختن حلوا و غیره، ارزش رسانه ای و خبری داشته و دارد؟!

البته امیدوارم حرف های من حمل بر جسارت و گستاخی نباشد و دلیلی هم ندارد تَصَوّر کنید که نیت سوئی در ورای آن نهفته باشد، بلکه وقتی می بینم که سایت هایی - با قدمت و پیشینه ای ممتد و عمری دراز تر از زمانه - در اینترنت هستند که برای دوام و بقای کار خود از این و آن تقاضای کمک می کنند ولی در عوض عده ای وابسته به یک طیف سیاسی بخصوص در پارلمان هلند اجازهء تخصیص بودجه به گروهی می دهند که اپوزیسیون و دگراندیشان کشوری را مورد ممیزی و سانسور قرار بدهند (عملی که در مورد اپوزیسیون هلند و یا هر کشور دیگری غیر از گروه های آدمکش و هفت تیرکش غیر قانونی امکان پذیر نیست)؛ متاسف می شوم. پارلمان هیچ کشوری (جز برای مصارف داخلی و پرداخت حقوق کارمندان خود) پول و بودجه ای در اختیار ندارد تا رادیو و تلویزیون راه اندازی کند، بلکه وظیفهء پارلمان، تصویب بودجهء مملکت و نظارت بر نحوهء هزینه شدن آن توسط دولت و دستگاه های اجرایی است.

مـن معتقـدم اگـر اجـازهء هزینـه کـردن چنیـن بودجـه ای را پارلمـان بـه دولـت هلنـد داده مـی
دهـد، بهتـر اسـت بـه جـای تخصیـص همهء آن بـه یـک پـروژهء خـاص و قـرار دادن آن در
دسـت یـک گـروه بخصـوص، آن را بـه چنـد بخـش تقسـیم کنند تا نویسـندگان و اندیشـه
وران دیگـر هـم از آن برخـوردار شـوند.

امیـدوارم چنیـن پیشـنهادی، بـه زودی توسـط یکـی از نماینـدگان پارلمـان هلنـد، در یکـی از
جلسـات نظـارت بـر عملکـرد دولـت مطـرح بشـود.

با درود بی پایان

Oct 10, 2008 -- Rassoul Pedram

....

◌ مـن یـک میهـن پرسـت (nationalist) نیسـتم امـا از انجایـی کـه میپنـدارم کـه بـار اصلـی
و بسـیار بـزرگ هـر فرهنگـی بـر دوش زبـان آن فرهنـگ اسـت ،چنانچـه شـما نیـز بـا مـن هـم
فکـر هسـتید،شـما را بـه

اسـتفاده درسـتتر از زبـان فارسـی فـرا مـی خوانـم. مـی تـوان بـه جـای واژگان کاملـن بیگانـه بـا
ایـن زبـان ماننـد: ادیتور، کامنـت، کیبـرد،سـایت، وب سـایت و... از جایگزینهـای فارسـی آنهـا
اسـتفاده کـرد. کار دشـواری نیسـت تنهـا بـه انـدکی توجـه بیشـتر نیـاز داریـم.

چنانچـه مـا از فرهنـگ خـود نگهـداری نکنیـم دیگـران اینـکار را بـرای مـا نخواهنـد کـرد.
خـوب ولـی سـاده اسـت بـی وقفـه و البتـه بـه درسـتی ـ از حکومـتِ دشـمنِ فرهنـگ ایـران
انتقـاد کـرد امـا همزمـان بایـد در پـی کمـک بـه ایـن فرهنـگ بسـیار آسـیب پذیـر هـم بـود.
خواهـش و التمـاس میکنـم ایـن موضـوع را جـدی بگیریـد . خیلـی دشـوار نیسـت.

سپاسگذارم.ب.همایون

بدون نام , Oct 12, 2008

تغییرات آینده‌نگر دویچه‌وله و
بی.بی.سی و آینده زمانه

دویچه‌ولــه اعــلام کرده اسـت کـه برنامه‌هایـش را به نفـع تمرکـز بیش‌تـر بر بخش آنلایـن خـود کاهـش می‌دهـد. بی‌بی‌سی با طراحـی زیبایی وبسایت خـود را بار دیگـر بـه مرکـز توجه دوستـداران خبر تبدیـل کرده اسـت. هر دوی ایـن تحولات در بنیـاد بـه ایـن موضـوع اشاره دارد کـه رسانه‌ها بـه ضرورت‌های آنلایـن شـدن اعتنای جدی دارند. وب بر سرنوشـت رسانه مسلـط شده اسـت.

تحول دویچه‌ولـه تحولی بنیادین اسـت. دل کندن از موج کوتاه تصمیم دشـواری بوده اسـت کـه دویچه‌ولـه سـرانجام با شـجاعت بـه آن تن داده و رونـد حـذف آن را شـروع کـرده اسـت. اطمینـان دارم کـه گروه‌های همچنـان بانفوذی از رسانه‌پـردازان کهنـه‌کار در آلمـان، چنانکه در هلند، هسـتند کـه معتقدند رادیو یعنی مـوج کوتاه! از پـس ایـن گروه برآمـدن و رفتن به سـوی رسانه‌های نو آسـان نبوده اسـت.

یـادم هسـت کـه در اوایـل کار زمانه یکـی از همین کهنه‌کاران هلنـدی برای چند روزی مهمـان زمانـه بـود تـا از تجربیاتـش به مـا بیامـوزد. اما وقتی گفت که شـما

بهتـر اسـت نیرویتـان را روی رادیـو بگذارید و وبسـایت را تعطیـل کنید، فهمیدیم راهمـان خیلـی از هـم جداسـت. زمانی هـم که زمانه مـوج کوتاه را کنار گذاشـت، دوسـتان متعـددی فکـر می‌کردنـد که خطایـی اسـتراتژیک اتفـاق افتاده اسـت. اما اسـتراتژی جدیـد رسـانه‌ای همانـی نیسـت کـه حتـی ده سـال پیش بود چه رسـد بـه پیـش از آن. جهـان رسـانه کسـانی را کـه عقب افتاده باشـند بـه زودی فراموش می کند.

دکتـر فاروقـی مدیـر دویچه‌ولـه فارسـی به‌درسـتی **می‌گویـد**: «جهان رسـانه‌ها دسـتخوش تغییـری بنیادیـن شـده اسـت. شـتاب تغییـر و دگرگونی در ایـن زمینه بسـیار زیـاد اسـت. همه کسـانی کـه در رسـانه‌ها فعالیت دارنـد، ناگزیرنـد خود را بـا ایـن تحـولات سـریع همـراه و هماهنـگ سـازند. نمی‌خواهـم مدعی شـوم که عمـر رادیـوی مـوج کوتـاه به پایان رسـیده اسـت. امـا باید اعتـراف کرد کـه تعداد کسـانی که برای دسـتیابی بـه اطلاعـات از رادیوهای مـوج کوتاه اسـتفاده می‌کنند، بـه شـدت کاهـش یافتـه اسـت. ایران نیـز از ایـن قاعده مسـتثنی نیسـت. در تهران و شـهرهای بـزرگ، مـردم عمدتـا بـا اسـتفاده از ماهـواره و اینترنـت کسـب اطلاع می‌کنند. جمعیت کشـور جوان اسـت و اطلاع‌رسـانی برای جوانان با اطلاع‌رسـانی سـنتی از طریـق موج کوتـاه تفـاوت می‌کند.»

وب رسـانه‌ای جـوان اسـت و رسـانه جوانـان اسـت. بنابرین می‌شـود پیش‌بینی کـرد کـه دویچه‌ولـه بیش‌تـر و بیش‌تـر به سـوی جوانـان گرایش یابـد. همین حالا هـم وضـع دویچه‌ولـه از بعضـی رسـانه‌های دیگـر فارسـی‌زبان بهتـر اسـت و در فهرسـت ده وب‌سـایت پرمراجعـه اهـل وبـلاگ قـرار دارد. ایـن ظرفیتی اسـت که می‌توانـد گسـترش یابـد. چرخـش به سـوی کار فشـرده‌تر روی آنلاین چرخشـی مهـم اسـت کـه بـا تـوان دوسـتان مـا در دویچه‌ولـه می‌تواند جایگاه مناسـب این رسـانه را بازتعریـف کند.

هفته گذشته ساعتی را به دیداری کوتاه از بی‌بی‌سی فارسی گذراندم. طبقه هفتم بوش هاوس هر که را دیدم جوان بود و سرشار از زندگی. فضای خودمانی جوانانه و رسانه‌پردازان خلاق. وقتی **وبسایت جدید بی‌بی‌سی** را دیدم دریافتم که آن جوانی جای خود را باز کرده است نه فقط در تلویزیون که در وبسایت و در نگاه و بینش رسانه‌ای. وبسایتی که این اواخر بوی کهنگی گرفته بود. اما بی‌بی‌سی دوباره به تازه کردن خود پرداخته است. این استعداد بزرگ بی‌بی‌سی است. رسانه‌ای که زود به زود تازه نشود می‌میرد. باز شدن بی‌بی‌سی به روی نگاه و سبک جوانان و گرایش دویچه‌وله به آنلاین اتفاقاتی هستند که نمی‌توان نادیده گرفت. **برنامه‌های تلویزیون بی‌بی‌سی** را هم که مرور می‌کردم ذوق امروزی رسانه‌پردازان جوان را در آن به روشنی می‌شد دید هم در نوع برنامه‌ها و نام برنامه‌ها و هم در درک امکانات و سمت و سوی رسانه‌های جدید. رسانه‌هایی که به قول **جاناتان مارکس** دیگر نیو-مدیا (New Media) محسوب نمی‌شوند بلکه ناو-مدیا (Now Media) به شمار می‌روند. وب و امکانات مردمی بودن آن «رسانه اکنون» است.

زمانه چه خواهد کرد؟ زمانه اکنون به سرعت رقبای تازه‌ای پیدا می‌کند که فلسفه رسانه‌ای مشابهی برمی‌گزینند. زمانی آنچه زمانه از آن سخن می‌گفت در بازار رسانه‌ای فارسی ناشناخته و کمترشناخته بود. شاید هنوز هم بسیاری از نسل قدیم‌تر رسانه‌پردازان و طبعا مخاطبان آن‌ها با این مفاهیم و روش‌ها و محتواسازی غریبه باشند. اما دیر و زود این «رسانه اکنون» و امکانات خودمانی شدنش عمومی خواهد شد و جهان رسانه فارسی هم راه‌های تازه‌ای را تجربه خواهد کرد.

زمانه دستخوش تغییراتی در ساختار است. بخشی از آن ناشی از الزامات اداری جدید از سوی پرس ناو است که باعث می‌شود گرداندن امور اداری را بر عهده بگیرد و این فی نفسه می‌تواند نیروی تولید را از دغدغه‌های مالی و

اداری رهـا کنـد تـا بـر طراحـی و تولیـد متمرکـز شـود ولـی بخش دیگـر آن ممکن است بازگشـت نوعی نگـره کلاسـیک رادیویی بـر مدیریت کلان بنیاد زمانه باشد کـه بـه چالشـی میـان زمانه چنـان که هسـت و نگره‌هـای قدیمی‌تـر بیانجامـد. آنچه دوسـتان دیگر مـا در بی‌بی‌سـی و دویچه‌وله شـروع می‌کنند مـا در شـرایطی سـخت و دسـت تنهـا شـروع کردیـم و چون نسـبت به فضای عمومی رسـانه‌های فارسـی در آن زمـان زیـاده غریبـه و آوانـگارد دیده می‌شـدیم در این مدت مقاومتی شـکل گرفتـه اسـت کـه اکنون می‌توانـد زمانه را بـه دوره‌ای از رکود دچار کنـد. امیدوارم چنیـن اتفاقـی نیفتـد و زمانـه بتوانـد در محتواسـازی خـود و طراحی رسـانه‌ای‌اش هم‌چنـان در نقـش آزمایشـگاه ایده‌هـا کار کند. اما اگر تغییرات از سـاختار اداری بـه محتـوا عبـور کند بـه معنای آن اسـت کـه در حالی کـه دیگـران ایده‌هایـی را که زمانه بـا الهـام از آن‌هـا شـروع کـرده در سـاختار خـود وارد کرده‌انـد و راه تازه‌ای آغـاز می‌کننـد زمانـه ممکـن اسـت بـرای دوره‌ای تحولات خـود را آهسـته‌تر کند تـا از میـزان آشـنایی‌زدایی خـود کم‌تر کـرده باشـد. شـاید جایـی در کمرکش راهی دوبـاره بـه جاده اصلـی بازگشـتیم. جـاده‌ای که اکنون بـه تدریج همه رهسـپار آنند.

زمانـه این روزهـا خسـته اسـت. بـرای همکارانـم نشـاط رسـانه‌ای آرزو می‌کنم. همکارانـی کـه بـه تخیل خـلاق آن‌هـا ایمـان دارم و به آن‌هـا می‌بالم. زمانـه بازترین رسـانه فارسـی اسـت و ایـن تـوان را دارد که با تکیه بر خلاقیتـی کـه در آن نهادینه شـده راه خـود را همچنـان ادامـه دهد و نکته‌هـای نـو بـه نو کشـف کند. داسـتان زمانه بـه یـک گرهگاه اصلـی رسـیده اسـت. همه چیـز در گـرو باز شـدن این گره اسـت تـا داسـتان ادامه پیدا کنـد. از من نپرسـید آخر داسـتان چه می‌شـود. وقتی راه افتادیـم مثـل یـک داسـتان خـوب نمی‌دانسـتیم بـه اینجا می‌رسـیم. از اینجا به کجـا می‌رسـیم هـم مسـاله‌ای اسـت کـه نمی‌دانیـم. اما نوشـتن خـلاق ادامـه دارد. نتایـج پیش‌بینی‌پذیـر نیسـت. زندگـی ابـداع اسـت و امـر بدیـع بنـا به خصلت خـود پیش‌بینـی را برنمی‌تابـد.

Radio Weblogistan
(Editorials of Radio Zamaneh 2008-2006)
Volume 2
Author/Editor: Mehdi Jami

Copyright © Radio Zamaneh & Red Intellect
Cover and Layout: Davood Safari - Red Intellect
ISBN: 9789492675071
283 pages

Red Intellect books@redintellect.org
Amsterdam, 2019